歴史学入門

だれにでもひらかれた14講

前川一郎 編

INTRODUCTION TO
HISTORICAL
STUDIES

昭和堂

はしがき

　わたしたちの生活は，日頃から歴史の話題であふれています。歴史を題材にした映画やドラマや本はたくさんありますし，ゲームやアニメの世界でも，歴史は人気のコンテンツです。そうです，わたしたちは世代を超えて，それほど深く意識することなしに，歴史をたのしんでいるのです。

　ところが，そんな日常から少し離れて，専門的な学び，すなわち歴史学はどうかといわれたら，いかがでしょうか。

　あくまで私の印象ですが，学問として歴史に向き合うとなると，思わず身構えてしまうとか，あるいはテストや受験で味わった暗記一辺倒の悪夢がよみがえってしまうとか，みんながみんなポジティブなイメージばかりを抱いているわけではなさそうな気がします。ひょっとしたら，「歴史は好きだけど，歴史学はつまらない（控えめにいって，めんどうくさい）」といったあたりが，おおかたの印象ではないかなと感じるときもあります。

　しかし，そうだとしたらもったいない。

　これが，本書がなにより伝えたいメッセージです。なぜなら，歴史学は堅苦しい学問ではないし，個人的な関心や興味を深めてくれるし，その基本的な見方や方法は，日常生活のなかでこそきっと役に立つはずだからです。

　もっとも，本書の執筆者は歴史研究や教育の関係者ばかりで，だからそのように感じているだけではないか，といわれてしまうかもしれません。たしかにそうです。歴史学はたのしいし，大切だとも思っている。「歴史は好きだけど，歴史学はつまらない」とだれかにいわれたら，おそらく次のパターンのどちらかで（あるいは別の方法で），歴史学の擁護に努めることでしょう。

　ひとつは，「歴史好き」だけでは困る，歴史を学ぶ意味や大切さをきちんと理解すべきだと，「歴史学はかくありき」の啓発をはかるパターンです。

　もうひとつは，そういいたい気持ちはわかるけれど，啓蒙とは異なるアプローチもあるだろうというパターンです。私は，どちらかといえばそういう

立場です。くわしくは第1章で述べますので，こちらのパターンに興味を
もっていただけるのなら，もう少しおつきあいください。ここではひとこ
と，世の中すべての人が歴史学者ではないし，そうなる必要もないわけで，
ならば歴史学はかくありきと力説したところで，（内輪のコミュニティならま
だしも）社会にはなかなか突き刺さらないだろうと述べるにとどめます。

　そうした考えを前提にしているので，私は本書を編纂するにあたり，フル
スペックの「史学概論」を講じることは考えませんでした。日本史や世界史
の各論とは別に，歴史学の目的や方法，意義を理論的に検証する史学概論は
大切です。ですが，それらを専門家並みに身につけなければならないほど，
歴史学はハードルが高い学問だっただろうか。歴史学を無理なく日常にとり
こむことはできないものか。少なくとも，だれもがこのくらいは共有できる
といった歴史学の見方や方法，たのしさや効用（どう役に立つのか）はどん
なものかと思案し，吟味していく必要もあるのではないかと考えました。

　同じような理由で，第1章では，日頃から歴史をたのしんでいるわたした
ちの現実をまえにして，「歴史学こそが歴史を語る」といわんばかりに物語
やフィクションを一刀両断してしまう態度にも留保しています。

　歴史学の専門家からすれば，「けしからん」とお叱りをうけるかもしれま
せん。それは承知のうえです。ただ，歴史学者の看板をおろすわけではあり
ません。その逆です。事実と資（史）料にこだわっています。そのうえで，
どうしたら「歴史学はおもしろい，役に立つ」とだれもが思えるのか，歴史
をもっとたのしむために歴史学をどう活用できるのか，そういうことを柔軟
に考えることによって，歴史学の擁護に努めたいと思っています。

　本書は，そのようにだれにでもひらかれた歴史学を考える入門書です。執
筆者ひとりひとりが，程度や強調点に違いはあっても（それこそ歴史学の魅
力ですが），〈歴史学をより身近なものにするために〉という一心で書きまし
た。どうか幅広い読者層に本書をたのしんでいただきたいと願っています。

編者　前川一郎

目　　次

第 I 部

歴史学の見方と方法

　第 I 部は，歴史学の見方や方法に重点をおいて考えていきます。

　第 1 章「歴史学——事実にこだわり，過去を通じて今を知る」は，だ
れもが共有できる歴史学のポイントを三つあげています。すなわち，①
歴史学は事実にこだわること，②その方法を試行錯誤していること，③
そうした過去への探求が今を深く知る手助けになること，の三つです。
本書全体のイントロダクションとなります。

　第 2 章「歴史学の基本ルーティン——研究方法と論文の書き方」は，
このうち最初のポイントを，著者の経験を通じて具体的に示していま
す。つづく第 3 章「科学史——歴史的視野で科学の営みをとらえる」
は，過去を「客観的」に明らかにするときの拠りどころとなるはずの
「科学」自体が，じつは「科学とはこういうものだ」という人びとの思い
込みの対象になりやすかった複雑な事情を論じています。

　第 4 章「史学史——歴史学はいかに世界を認識してきたか？」と第 5
章「海——海洋中心史観は陸地中心史観を超えるか？」は，歴史を探求
するわたしたちの認識の枠組みを大きく広げてくれます。第 4 章は現代
歴史学（そして，それを学ぶわたしたち）が近現代世界をどうとらえて

きたのかを明らかにし，第5章は国や地域など「陸」を中心に歴史をとらえる見方を再考します。いずれも，わたしたちがこれまで当然のこととして疑わなかった歴史学の視点を省みるという点で，②のポイントの現在地を示しています。

　そのうえで第6章「政治・社会思想史──歴史の天使は未来をまなざす」と第7章「歴史教育──公教育で歴史を学ぶとは」は，③のポイントにかかわって，過去を通じて現在と未来を見通す歴史学の魅力と効用を論じています。第6章は時代と地域を横断して未来を展望する思想史の可能性を，第7章は現在理解・未来展望の力を養う歴史教育の実践を描いています。

　実際に読み進めていただければおわかりのように，三つのポイントはそれぞれ密接にからみあっています。各章は，それらのポイントの順に沿って配置されています。どこから読んでいただいてもけっこうです。これで歴史学入門の要点はしっかりとおさえることができるはずです。

第1章

歴 史 学

事実にこだわり，過去を通じて今を知る

前川一郎

　本書は，だいたいこのくらいはおさえておきたいと思われる歴史学の基本的な見方や方法を整理して，だれもが歴史をより深く味わうために活用していただけるような入門書を目指しています。とくに，事実にこだわり，過去を通じて今を知る，そんな歴史学の強みと魅力にフォーカスしています。

　その意味では，歴史学を専門にしているかどうかにかかわらず，幅広い読者層に手に取っていただきたい本です。本章では，そもそもどうしてそのような歴史学入門を書こうとしているのか，そして「だいたいこのくらい」とはどんなものかについて説明していきます。このあと各章を読み進めるまえの軽いウォーミングアップかイントロとして読んでいただければと思います。

　もっとも，本章が序論ではなく，あえて独立した第1章として編集されているのには理由があります。ここでの議論はあくまで筆者である私の見解であり，ほかの執筆者の考えを代弁するわけではないことを示すためです。

　あとでも述べますが，歴史学の特徴のひとつは，さまざまな見方や方法をむやみに拒絶せずに，試行錯誤しながら取り込んでいくその柔軟性にあります。間口の広い学問ですので，「ザ・歴史学」というものはありません。私の実感でいうと，それこそ論者の数だけ歴史学があるといった具合で，むしろその柔軟性こそが，この学問の魅力のひとつだろうと思います。

　以下本章では，そうしたなかでも「だいたいこのくらい」は共有できるだろうと思われる歴史学のポイントを概観していきます。

1　だれにでもひらかれた歴史学入門

(1)　歴史学者は唯一の歴史の書き手ではない

　なぜ本書は従来の史学概論とは異なるタイプの歴史学入門を目指しているのか。その背景について説明するところからはじめましょう。

　最初に誤解のないように述べておくと，私は，史学概論はいらないなどといっているのではありません。あとで触れるように，客観的事実だの主観的解釈だのといった論点や，文書以外に過去の断片をとどめる素材をどこまで求めていくのかといった資料論などは，学問としてとことん追求すべきですし，学界で相互批判を繰り返して精度を高めていく必要があると思います。

　他方で専門家は，それらの研究活動とは別に，その学術的知見を幅広い読者層に向けて積極的に発信してきました。専門家と読者とをつなげるプラットフォームは，書物から映像メディア，市民講座などさまざまありますが，いちばんわかりやすいのは，みなさんもよく親しんでいるはずの新書や選書，ブックレットの類ではないでしょうか。最近では，専門的内容を読みやすい文章であらわした本が多くなり，学者が語る「史論」をエッセー風にまとめた本もよく読まれているようです（藤原 2022）。分量も手頃で，読みやすく，学術的知見がたっぷりつまったこれらの本は，たとえば「一般教養書」として文字通りわたしたちの教養を高め，歴史への興味を刺激してくれますし，ネット時代の今でも大きな存在感を示しつづけています。

　つまり，専門書か一般書かというのではなくて，どちらも大事で，それぞれの役割があるし，必要に応じて好きなように読めばいいのだと思います。

　そうしたことを前提にしての話なのですが，本書は，その専門書と一般書の中間あたりの立ち位置をねらっています。もちろん，中間とは，どこまでいっても程度の問題です。新書ひとつとっても，専門書よりのものもあれば，そうでないものもある。ですが，次に述べるように，社会における歴史研究の位置づけが大きく変わってきていることを考えると，そうした中間的

な立ち位置こそが大事になってくるのではないか，と思われるのです。

　振り返れば，これまで歴史の学びとか学校教育といったものは，まずは専門家——歴史家，研究者，教員など呼称は問わず——が学術的作法に準じて歴史を書き，教え，読者や学生がこれを学ぶという，ある種の生産関係が歴史の書き手と読み手のあいだに成立していることを前提に営まれてきたところがあります。専門家の手による一般書にしても，専門家が書いて読者が読むという構図に変わりはありません。科学コミュニケーション論でいうところの「欠如モデル」，つまり知識が欠如している大衆に専門家が啓蒙するというイメージは，これまでの歴史コミュニケーションについてもおおむねあてはまるといってさしつかえないでしょう。

　そうした歴史の書き手と読み手のあいだの関係——社会における歴史学の位置——が，この数年，大きく変わってきているようなのです。

　私がこのことにはたと気づかされたのは，『教養としての歴史問題』という本を編纂したときのことでした（前川 2020）。同書で社会学者の倉橋耕平は，歴史修正主義（本章では，今日のそれを歴史否認主義と記します）は歴史学にとって問題だが，歴史学の問題ではない（つまり社会の問題）といったことを示唆しています。今日の歴史否認主義は，歴史学や学校ではなく，雑誌やマンガ，ゲーム，ネットなど日常にあふれる大衆文化——「ネット de 真実」だの「教科書が教えない『真実』」だの，どこかで耳にしたことがあるはずです——によって育まれてきたのであり，そうしたなかで「専門家が書き，読者が学ぶ」という歴史の書き手（＝生産者）と読み手（＝消費者）の関係，つまり歴史コミュニケーションの型が変容しているということです（前川 2020：5-7）。

　学者は今でも歴史の書き手ではあるが，唯一の書き手ではない。少なくとも世間ではそう思われている。となれば，それは歴史学にとって問題です。

（2）　歴史が語られ，消費される空間の広がり

　しかし，考えてみれば，わたしたちが歴史を学ぶ機会は，これまでも専門書以外にたくさんあったはずでした。たとえば某局「大河ドラマ」の原作と

もなる歴史小説の数々などは，専門書や新書とはひと味違う教養主義の代表格として，これまで多くの読者に愛されてきました（福間 2022）。

　こういうと，歴史小説は事実そのものではない，史実でなく物語だといった指摘が，歴史学の側からなされることがあります。歴史学と物語の問題は厄介で，あとで触れます。ここではさしあたり，歴史が語られ，消費される空間は，学知を超えた広大な地平に広がっているとだけ述べておきます。そうした日常に歴史学がどう溶け込んでいるのかというところに，本書の（歴史学者としての私の）問題関心があるからです。だれにでもひらかれた歴史学入門のありかたを模索する理由もここにあります。

　といっても，近年の歴史学は，こうした地平の広がりをおおよそ意識しているようにも思われます。たとえば小田中直樹は，欠如モデルが通用しない社会で，歴史学が従来のパラダイム（物の見方やとらえ方）に安住してはダメだ，それでは歴史がつまらなくなる，と明快に述べています（小田中 2022）。小田中も着目する「パブリック・ヒストリー」は，その名の通り，学者だけが歴史の語り手ではない現実を受け止めて，パラダイム・シフトを志向する動きだといえます（菅・北條 2019）。

　なんといっても，最近の歴史ブームです。先行きのみえない，もやっとした不安が社会に漂い，未来をつかみあぐねているとき，わたしたちは歴史に学ぶ気持ちが強くなるものです。それにしても，たとえばメジャー級の古典E・H・カー『歴史とは何か』の新訳（カー 2022）が，出版後ただちに版を重ねているのは，翻訳の見事な手腕に読者が魅了されてのこととはいえ，背景にある歴史を求める地平の広がりを雄弁に物語っているかのようです。

　本書は，こうして従来の歴史コミュニケーションの型が変容するなかで，多くの方々に歴史学の知見を十分に活用していただけるように，だいたいこのくらいはおさえておきたいポイントを考えていこうと思います。

　もっとも，本格的な史学概論を紐解けば，数百ページにわたって細かい論点が目白押しです（桃木 2022；福井 2019）。概論や入門と銘打っていても，実際には専門的な修練を前提としなければついていけないような難題も少なくありません。また，歴史学研究会編の『現代歴史学の成果と課題』とか，

『岩波講座世界歴史』や同『日本歴史』を読めば，日本の歴史学の研究水準が示されています。史学科の学生や，心得がある読者に対してなら，それらを一読することを躊躇なくおすすめしますが，ここでは趣旨が異なります。

　以下，私なりにそれらの論点をかみ砕き，必要なら換骨奪胎して，大まかに三つのポイントにまとめてみたいと思います。歴史学の知見を一般に活用するうえで役に立つはずの，これだけはおさえておきたいポイントです。

2　歴史学は事実にこだわる——第一のポイント

(1)　事実の〈不確かさ〉

　第一に，歴史学でまっさきにおさえておくべきは，なんといっても事実へのこだわりです。歴史学者ほど，数ある歴史の書き手のなかで事実に執着してきた者はいませんでした。そもそもわたしたちが近代歴史学とみなしている学問のかたちは，書かれた史料をもとに過去の事実をありのままに客観的に記すことができるという見通しに立って，これを学術的に探求したところからはじまっています。今日，これを「実証史学」と呼んでいますが，その学術的作法を確立したとされる 19 世紀ドイツの歴史家レオポルト・フォン・ランケの名は，みなさんもどこかで耳にしたことがあるかもしれません。

　そのランケが活躍した 19 世紀のヨーロッパは，いわゆる国民国家の時代でした（第9章参照）。客観的な「史料」は，国家の公文書，つまり政府や行政の記録にあると考えられていました。歴史学者が描く歴史とは，それらの公文書を使って書かれた国家や国民の政治史，教科書に出てくるようなナショナル・ヒストリーとなるのが常でした。20 世紀に入ると，政治だけでなく社会や経済の歴史へ，そして国境を越えたトランスナショナルやグローバルなヒストリーへと，歴史学の視点や方法は広がっていきました（北村 2018）。今日では，国だろうが地域だろうが，歴史学はこれまで地球の表面の 3 割を占めるだけの「陸地中心史観」に囚われてきたと，そうした視点を乗り越えようとする考察もなされています（第5章参照）。いずれにしても，

その「実証」の精度がさまざまなかたちで問われてきたのに変わりはありません。

　歴史学には，こうした学問の変遷に着目し，それらが映し出す時代の様相や，歴史学の学問的特徴や傾向，その変化が意味することを理論的に考察し，わたしたちの視点や方法を省みる機会となす「史学史」という分野があります（第4章参照）。ですが，ここではそれには深入りせずに，近代歴史学において問われつづけてきたある問題について言及しておきたいと思います。すなわち，わたしたちが過去の無数の事実を認識する際にどうしても避けられない，過去の事実がもつそのあいまいさや〈不確かさ〉についての問題です。

　実際，タイムマシンにでも乗って過去にさかのぼり，直接に目撃でもしない限り，わたしたちは過去の事実をありのままに知ることはできません。まして人の心の内などわかるべくもない。いくら目を凝らして史料を読み，考察を繰り返しても，どうしたって過去の事実は完全に再現できないのです。

　歴史学は，このいかんともしがたい現実に直面し，この事実の〈不確かさ〉をできるだけ最小限に抑えることを心がけて，試行錯誤を繰り返してきたのでした。歴史学は事実にこだわりますが，より正確には，その〈不確かさ〉に執着してきたのです。

(2)　歴史学の基本的な作業工程

　ならば，歴史学はいかに事実の〈不確かさ〉を最小限に抑えようとしてきたのか。ここで，歴史学者ならだれもが踏襲している歴史学の基本ルーティンについて，複雑になりすぎない程度に確認しておくことにしましょう。

　なお，学界のなかでの話をひとつ紹介しておくと，歴史学が事実の〈不確かさ〉に執着する背景の一部には，近年，認識論的立場から事実の存在そのものを懐疑的にとらえる批判が高まってきたことがあります（小田中 2022：93-120）。「言語論的転回」と呼ばれる反実在論で，これは現象界（実在するもの）を扱う歴史学はもちろん，あらゆる人文社会科学に衝撃を与えました。

　ですが，ここではいまだ決着をみない問題には踏み込まずに，そのような

批判を通じて，過去の客観的事実を探求する学術的技法がかえって精緻化されていったと指摘するので十分ではないかと思います。たとえば遅塚忠躬著『史学概論』などは，そうした近年の認識論的な批判を正面から受け止め，そのうえでオーソドックスな歴史理論をアップデートし，国内外の研究水準を高めた重要な著作のひとつに数えることができるでしょう（遅塚 2010）。

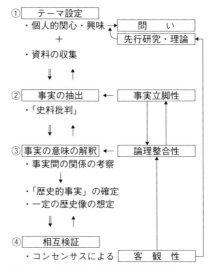

図1-1 歴史学の基本的な作業工程

図1-1は，その遅塚の著作のほか史学概論系の研究書が多かれ少なかれ認めている——そのように書けば歴史学の専門書や学術論文として認められる——基本的な作業工程のうち，骨格の部分を簡略化して示したものです。

①の「テーマ設定」は，自分の興味や関心からはじまり，先行研究を広く参照し，議論や検討を繰り返しながら，なにをどこまで明らかにしたいのか，ある程度のあたりをつけておく作業です。いわゆる「問いを立てる」というやつで，最近では高校の探求学習や，大学のアカデミック・スキル系科目でやっているそれです。研究の出発点です。

どんな研究でもここまでは同じですが，歴史学の場合，慣れてくるとこの段階で関係ありそうな資料の所在がだいたいみえてくるので，それらの資料を可能な限り収集します。語学の問題とか閲覧制限など諸事情が加わりますが，「史料渉猟」という言葉があるくらい，できるだけ集めます。

そのうえで，ここからが歴史学の本領です。集めた資料を読み解き，事実を特定し，その意味を解釈し，そこから一定の歴史像を提示するのです。

これはふつう2段階の作業工程を繰り返しておこなわれます。

まず，②の「事実の抽出」では，資料に記された無数の事実から重要なも

のを抜き出したり，疑わしい箇所は複数の資料を照合して信憑性を確かめたりします。つまりはウソの事実を選別し，逆にテーマに関する大事な部分をなるべく多く抜き取るわけで，「史料批判」と呼ばれる工程です。

そのうえで，③の「事実の意味の解釈」に進み，ここで得た事実を並べ，そのあいだの因果関係や相互関係を考察したり比較したりしながら，それらの事実がどんな意味をもっているのかを解釈します。たとえば因果関係から歴史の発展の道筋を見出したりして，一定の歴史像を導き出すわけです。

過去の無数の事実は，そんないくつもの手順を経て，ようやく一定の歴史像を構成する「歴史的事実」として示されることになります。といっても，これだけではなかなかイメージしにくいかもしれません。本書では第2章で実際の研究例を通じて論じていますので，ぜひ参考にしてください。

ここで重要なのは，事実を認識するとひとくちにいっても，実際にはこのように大変に骨の折れる作業である，ということです。しかも，①から②，③にいたる工程は，あくまでロジックの順番です。図の矢印が往還しているように，実際には工程間を行ったり来たりしながら進められます。①であたりをつけて資料を探したものの，②がうまくいかず，①に戻ったりする。あるいは，③まで来たものの，諸事実の関係に論理的な道筋を見出すことができず，②をやり直すなど，常に同時進行です。そうした複雑で骨の折れる作業を何度も何度も繰り返す。こうして事実を精査する工程自体が，事実の〈不確かさ〉をある程度まで抑えていく機能を果たしているといえるでしょう。

ですので，自分の主張に沿った資料がひとつあれば，記述が一行でもあれば，それで自説を裏づけられるなどと，歴史（とくに近現代史）研究は想定していません。もちろん，新資（史）料の「発見」が通説を覆すことはありえますが，その際にはあとで述べる④の工程が必ず組み込まれています。

（3）コンセンサスによる客観性

ただし，そうはいっても，事実の〈不確かさ〉は完全に払しょくされたわけではありません。③は最初から最後まで主観的解釈の世界ですし，②にしても，事実を抽出する際にどうしても人のバイアスがかかってしまう。これ

を突き詰めると，事実など人間が恣意的に認識しうるにすぎないという，認識論的なレベルで現象界そのものを問題視する，例の懐疑論となります。

それでも歴史学は，事実の〈不確かさ〉を最小限に抑えることができるという前提で話を進めます。そもそも事実にウソがあってはいけないわけで，②の「史料批判」の精度は研究の信頼性を左右するものとして，大げさないい方ですが，歴史学者として身命を賭しておこなうものです。好き勝手なことをいう余地はありません。おかしなことをいったら淘汰される厳しい結果が待っています。③にしても，究極的には②の精度にその信頼性を依存していますが，支離滅裂なプロットを描いては同様に淘汰されるだけです。

遅塚は，この②に関する「事実立脚性」と③に関する「論理整合性」とが他者からの批判に耐えうるあいだは，歴史学の客観性を担保しているといってよい，と繰り返し述べています（遅塚 2010：1-3 ほか）。他者からの批判に耐えうるというのがミソです。それは，独り善がりではない，だれもがおおむね納得できる意見だと認められている，ということだからです。自然科学の実験や状況設定を通じた検証と比べると甘さが目立つようですが，もとよりそんな実験が許されない過去と人間社会を対象としている以上は，こうしたコンセンサスに客観性を求めるほかありません。これは，遅塚や小田中の著作をはじめとして近年の歴史学がだいたい認めているところです。

だからこそ，ここで図の④にある「相互検証」，つまり他者の眼を通じて恣意的な憶測や偏見（先入観）をチェックする過程が，歴史学の基本ルーティンにおいて必要不可欠になってくるのです。図にあるように，この④の矢印が②と③にバックしているのは，歴史学の中心となる作業工程をチェックする働きを示しています。①に戻っているのは，この検証を何度も繰り返して先行研究が蓄積されていくことで，わたしたちが歴史への興味や関心を「問い」に変換する際に参照できる材料が増えていくことを意味しています。

関連してつけ加えると，こうした工程をはたして科学と呼べるのかという問題があります。ここには，そもそも近代の大学や学校制度が整備されるなかで，学問が学問たりうる資格として，その科学性が問われてきたという背景がありました。とくに日本では，「科学としての歴史学」へのこだわりが

強かったという事情もあります。かつて人びとを戦争に誘導する背景をなした「皇国史観」への反省のもと，イデオロギーと距離をおいた学問の科学性が追求されてきたからです。遅塚も，認識論的な批判を受けて，わざわざ「ソフトな」という断りを添えて，歴史学は科学だといいきっています。

　しかし，第3章が科学史という観点から論じているように，問題は思いのほか複雑です。少なくとも，戦後日本の歴史的経緯に発している議論と，そもそも科学と疑似科学との線引きを意識し，人間の認識の確かさに注意深くあろうとする科学哲学系の議論とは，いったん分けて考えるべきでしょう。

　いずれにしても，ここでみてきた歴史学の基本ルーティンが想定する客観的事実の認定プロセスが有効であることに変わりはありません。

3　歴史学は社会の変化とともに進化する
——第二のポイント

(1)　ファクト・チェックと物語

　もっとも，急いでつけ加えますが，だからといって歴史学の基本ルーティンがこれから先も見直される必要はないなどといっているのではありません。とりわけ先に触れた歴史コミュニケーションの変容を考えれば，歴史学は社会との関係でより柔軟な姿勢を求められることになるのではないでしょうか。たとえば，少し挑発的ないい方になりますが，昨今の歴史否認主義の風潮をまえにして，事実にこだわる歴史学はどこまで社会に通用してきたといえるでしょうか。

　たしかに歴史学は，学術的作法を通じて得た事実を掲げて，社会に訴えなければならないときがあります。〈ホロコーストはなかった〉などとバカげた妄言を繰り返す人たちに，歴史学は「歴史的事実」を突き付ける必要があります。事実そのものを論じるとき，歴史学は，歴史否認主義と同じ目線に立ってはいけません。かれらと同じ土俵に立ってはいけません。上から目線といわれようが，欠如モデルを地のままに貫徹しなければなりません。

　しかし，これが常に功を奏するとは必ずしもいいきれないのです。実際，事実の重みを声高に訴えるだけでは，歴史否認主義をまえに歴史学が劣勢を強いられた現実は変わらなかったというのが私の印象です。歴史否認主義に対峙して，歴史学者は詳細なファクト・チェックを重ねてきましたが，歴史学が事実に執着しているあいだに，否認主義の側は大衆文化を介して，新しい「国民の物語」を人びとに提供してきたのでした（前川 2020：6 ほか）。

　こうしてわたしたちは，先に触れた物語なり文学なりの問題に立ち返ってきます。小説でもドラマでも，物語はすべてを事実に負っているわけではありません。ですが，事実だけで論じていない点では歴史学も同様なのです。歴史学において主観的要素の余地は決して小さくありません。

　加えて，最近では資料論においても，実証史学が信じてきた前提に根底から疑問を投げかける議論が登場しています。たとえば，保苅実著『ラディカル・オーラル・ヒストリー』は，ローカルな口伝や個人的な思念（と，わたしたちなら断じてしまいそうな記憶や感情や物語）を公文書と同等に扱うべきだと提唱します（保苅 2018）。これは，資料論を超えて，文字通り「ラディカル」（根源的）に歴史学全体を揺さぶる問題提起といわねばなりません。

　要するに，歴史学は事実にこだわるとはいえ，あらゆる局面で主観的要素を全否定することはできないのです。その点で歴史学は，好むと好まざるとにかかわらず，ほかのさまざまな議論と交わる余地を存分に備えている。ならば，歴史学ははたしてどこまで内輪のコミュニティにとどまりうるでしょうか。歴史コミュニケーションはいったいどうなっていくのでしょうか。

　ここらへんは百家争鳴で，『教養としての歴史問題』でもさんざん議論しました（前川 2020：第6章）。もちろん，専門書の役割や歴史教育の内容は重要です（第7章を参照）。ただ，そのベースになるのは，やはり社会との関係をどうとらえるかという問題意識ではないでしょうか。歴史否認主義の問題に引き付けていえば，辻田真佐憲が指摘するように，否認主義的物語に代わる「良質な物語」をいかに紡ぎ出すかを，歴史学の側でもきちんと考えてみる必要はあるでしょう（辻田 2020）。フィクションとノン・フィクションを対立的にとらえるのではなく，どのように組み合わせればわたしたちの歴

史への理解を深めることにつながるのか，そういうことを柔軟に考えてみなくてはならないのではないでしょうか。少なくとも，歴史小説やドラマや映画を一刀両断するような態度は控えねばなりません。

(2)　記憶と感情の歴史

　繰り返しになりますが，ここでみなさん（とりわけ歴史学の専門家の方々）に考えていただきたいのは，ファクト・チェックの意義を否定するのでは毛頭ないわけですが，社会との関係を考えると本当にそれだけでいいのか，ともすれば素朴実証主義と五十歩百歩になりやしないか，という問題です。大量の資料の束に圧倒されながら，ひとつの事実を拾い出すときに味わう，あの苦しみとか恐ろしさとか，感動だとか畏怖だとか，あるいは密かな愉しみだとか，そんなことをいくたび経験しても，そう思われてならないのです。

　同じようなことは，昨今の歴史否認主義が，記憶や感情の歴史に真摯に向き合う必要性をもわたしたちに要請していたことを考えるとき，なおさら強く感じられます。

　実際，「『慰安婦』は売春婦」とか「ホロコーストはなかった」とか強烈なヘイトをともなう歴史否認主義の言説が，それぞれ地域色を装いつつも，いずれも戦争や植民地主義の過去を問い直す近年の潮流に反発して顕在化したことは，はからずも記憶や感情の歴史研究を推し進めることになりました。冷戦崩壊がもたらした力の変化を背景に，人びとが個人レベルでも集団レベルでもそれまで不問に付されてきた過去の加害や苦しみの記憶や感情の承認を求めたとき，いっせいに沸き上がった強烈な反動こそが歴史否認主義の正体だったからです（前川 2020：第 2 章）。こうしてにわかに政治化した記憶と感情の歴史についても，歴史研究は果敢に切り込んでいます（橋本 2018）。

　記憶や感情（「心性史」と呼ばれた分野も含めて）の歴史については，奇しくも近代歴史学のパラダイム・シフトを説く著作の多くが大きな期待を寄せています（ローゼンワイン ＆ クリスティアーニ 2021）。私見ながら，それらの期待が，ともすれば物語や新しい資料論に対して示されるいささか受け身の姿勢と対照的に映る点は気になりますが，いずれにしてもこれらのテーマの

進展が従来の歴史学に足りない部分を示唆しているのだとすれば，歴史学の基本ルーティンも当然のこと再考を余儀なくされることでしょう。

　ただ，そうなったところで，むしろ望ましい変化だといえるのではないでしょうか。心の内に触れ，物語の書き手とともに歴史を語り，文書以外の資料を取り込むことが，事実を探求し，より豊かな歴史像を導く限り，「ソフトな」学問たる歴史学は試行錯誤を重ね，必要ならば大胆に刷新するくらいの柔軟さは持ち合わせている，と私は理解しています。

　要するに，歴史学は未来永劫変わらないわけではないし，むしろ社会の変化に応じて進化しつづけている学問だということです。過去の事実を探求する基本ルーティンも，これまでそうだったように，これからも工夫次第でいくらでも機能しうるでしょう。遅塚の著作や類書が指摘しているように，この創意工夫の可能性こそが歴史学の魅力のひとつであって（遅塚 2010：23），私が考えるに，おさえておくべき第二のポイントであると思います。

4　歴史学はわたしたちが生きる現在を見通す
　　——第三のポイント

(1)　今を知る学問としての歴史学

　そのうえで，あとひとつ加えておきたいポイントがあります。歴史学は過去を探求しますが，そのことを通じてわたしたちは，じつは自分たちが生きる社会の性質や特徴をより深く理解することができるようになるのです。カーの有名なフレーズ「現在と過去のあいだの終りのない対話」で知られているように，今を知る学問としての歴史学の効用です（カー 2022：43）。

　これは，歴史学の基本ルーティンの①や③の工程で，わたしたちが主観的に歴史を考えるところから導かれる帰結でもあります。本書の各章も，現在を読み解く事例をさまざまな角度から示しています。論より証拠で，それらを読み進めていただいたほうが具体的に理解できると思われるので，ここでは全体にかかわると思われる三つの点を簡潔に述べるにとどめます。

　第一に，歴史の探求の出発点は常に現在にあるということです。そもそも
わたしたちは，日常的に抱く関心や興味に駆られて，歴史に思いを馳せるも
のです。たとえば，いつか本で読んだりドラマでみたりした昔の風景に，な
ぜだか感じてしまうノスタルジー。会ったこともない遠い昔の先祖たちの
「ファミリー・ヒストリー」への関心。歴史上のヒーローやヒロインへの憧
れ。無名の民衆の生き様に抱く尽きない興味。あるいは，今の社会に不満が
あったり，批判的にみたりして，どうしてそうなったのかと歴史を振り返る
とき。そしてグローバリゼーション，自由，民主主義，差別，戦争など，現
代世界を貫くテーマの来歴を知り，未来を見通したくなるとき，など。

　つまり，わたしたちは常に現在の関心や興味に突き動かされて，過去の扉
をノックしているのです。基本ルーティン①にあるように，歴史学は現在の
関心や興味にはじまります。「問い」はそのあとで付け足されるのです。

　第二に，重要なのは，こうしてルーティンの②と③に移り，過去を探求し
ているうちに，わたしたちは現在に戻ってくる，すなわち自分たちが生きて
いる時代や社会に対する理解と認識を次第に深めていく，ということです。

　どうしてそうなるか。それこそ数ある史学概論で触れられているのです
が，ひとことでいえば，基本ルーティン③の工程に，わたしたち自身の個性
や価値観が大きく反映されるからです。わたしたちは，事実から意味を見出
すとき，徒手空拳でそうしているのではありません。必ずなにかの理論や先
行研究を参照軸にしています。どんな参照軸をとるかは，その人の価値観，
つまりその人の生き方のなかで培われた感覚に左右されます。加えて歴史学
では，基本ルーティン④の工程を通じて，何度も何度もそうして導いた解釈
を自他ともに吟味されて，そのたびに自分が依拠する価値観を揺さぶられる
瞬間を味わうことになります。ときには，自分がこれまで信じてきた世界観
を放棄し，異なる価値観を抱くようになることもよくあるのです。

　第三に，こうして過去を通じて現在への理解を深めていくなかで，わたし
たちは当然，未来を展望するようになる，ということです。ただ，これには
ひとつ注意が必要です。それはあくまでも結果としてそういえるのであっ
て，これを目的に歴史を書くわけではない，ということです。

　たしかに，あるべき未来や教訓を示そうと，一定のイデオロギーが前面に出た研究もないわけではありません。ですが，個人的な関心や興味にはじまる歴史学に，「べき」論はありません。歴史学は，現代世界が抱える諸問題の歴史的背景を明らかにし，現状認識を深める材料を読者に提供することはあっても，政治学や経済学がおこなうような政策提言の学ではありません。

　しかし，そうした知見を通じてわたしたちが理解を深め，そこからなにかしらの（「歴史的」）教訓を得たり未来を展望したりすることは，大いにありうると思います（遅塚 2010：448 以降ほか）。「これが教訓だ」と受け止めたり批判したりする判断は，最後は読み手のわたしたちの側に委ねられているからです。欠如モデルや啓蒙などと肩肘を張った構えなどせずに，これこそ学知と社会のよい関係ではないかとさえ思えます。社会にコミットするのは，歴史学そのものではなく，歴史を学んだわたしたち自身なのです。

　繰り返しになりますが，つまるところ歴史学は，このように本来的に自分の興味を追求する学問で，本気でやればやるほど，いつのまにか自分が生きている時代や社会のことを考えてみたり，信じてきた価値観を見つめ直したりする，そうして自分の世界がどんどん広がるのを実感できるもので，だからたのしいはずなのです。自分の関心にはじまり，時空を超えて往還する歴史学のおもしろさは，思想史を題材に第 6 章が生き生きと描いています。

(2)　だれもが身につけることができるアカデミック・スキル

　本章はこれまで，歴史への関心や興味を深めるために，これだけはおさえておきたい歴史学の視点や論点について整理してきました。私が考えるに，文字通りの「入門」としては，これで十分なはずです。このあと各章を読み進め，最後まで読み終える頃には，歴史学が事実にこだわり，過去を探求する有効な方法を試行錯誤しているということ（そしてその方法はよりよい方向へ進化する柔軟性を備えているということ），そうして過去を探求することが，ひるがえって今の時代と社会をより深く理解する大きな助けになるということ，さらになによりも，それはわたしたち自身がそれぞれ抱く歴史への個人的な関心や興味を豊かにしてくれるということを，みなさんはご自身の関心

に引きつけて考えていただけるのではないでしょうか。そこから本格的に歴史研究の道に進むのもよいですし，あるいは歴史学の視点や方法を取り込んで，気になっている歴史上の人物や出来事や時代をより深く味わっていただくのもよいかと思います。

　いずれにしても，本章でみてきた歴史学の基本ルーティンは，決して秘伝めいたものではなく，ごく常識的なアカデミック・スキルだということを，最後に強調しておきます。専門的に学ぶのに必要な語学を修得したり，膨大な文献を読み込んだりする時間が必要になってきますが，それらをいったん脇におくならば，それはだれもが身につけることができる力なのです。

　最近どこでも学びや知識が「役に立つか」と問われるようになりましたが，その議論の是非は別にして，歴史学は「役に立つか」と聞かれれば，私は迷うことなく「役に立つ」と答えるでしょう。端的にいって，証拠を丁寧に提示して，多角的な視点で物事を分析し，発信する力は，就活に際してはもちろん，日常生活でこそ最も活かされてくるのではないでしょうか。

　近年，高校の授業に「歴史総合」が導入されたのは，そうした歴史学的な物の見方や方法の「有用性」が，社会で再認識されていることを暗示しているようにも思えます。詳細は触れませんが，問いを立て，資料を検討し，現在を読み解く思考力と判断力，そして表現力を養うといった「歴史総合」のねらいは，先にみた歴史学の基本ルーティンとそのまま重なっています。

　さて，紙幅もつきました。いいつくせないことばかりで忸怩たる思いに駆られもしますが，ともあれ入門の入門はここまでです。このあと歴史学の視点や方法を論じた第Ⅰ部，そして過去への探求を通じて現在を理解する実例を示した第Ⅱ部と，歴史学のエッセンスが詰まった選りすぐりのテーマをたくさん用意しています。ちなみに，このテーマ別の学習もまた，通史ではなく歴史学的思考を鍛えることに力をいれた「歴史総合」の特徴です。せっかくの学びの足を止めないように，どんなテーマからでもご自由に，好きなやりかたで本書を活用していただくことを，編者として心から願っています。

参考文献

小田中直樹　2022『歴史学のトリセツ——歴史の見方が変わるとき』ちくまプリマー新書。

カー，E・H　2022『歴史とは何か　新版』近藤和彦訳，岩波書店。

北村厚　2018『教養のグローバル・ヒストリー——大人のための世界史入門』ミネルヴァ書房。

菅豊・北條勝貴編　2019『パブリック・ヒストリー入門——開かれた歴史学への挑戦』勉誠出版。

遅塚忠躬　2010『史学概論』東京大学出版会。

辻田真佐憲　2020「歴史に『物語』はなぜ必要か——アカデミズムとジャーナリズムの協働を考える」前川一郎編『教養としての歴史問題』東洋経済新報社，184-211 頁。

橋本伸也　2018『紛争化させられる過去——アジアとヨーロッパにおける歴史の政治化』岩波書店。

福井憲彦　2019『歴史学入門　新版』岩波書店。

福間良明　2022『司馬遼太郎の時代——歴史と大衆教養主義』中公新書。

藤原辰史　2022『歴史の屑拾い』講談社。

保苅実　2018（初版 2004）『ラディカル・オーラル・ヒストリー——オーストラリア先住民アボリジニの歴史実践』岩波現代文庫。

前川一郎編　2020『教養としての歴史問題』東洋経済新報社。

桃木至朗　2022『市民のための歴史学——テーマ・考え方・歴史像』大阪大学出版会。

ローゼンワイン，B・H & R・クリスティアーニ　2021（原書 2018）『感情史とは何か』伊東剛史・森田直子・小田原琳・舘葉月訳，岩波書店。

●推薦図書── 一歩先に踏み出すために

小田中直樹『歴史学のトリセツ』
　　本書は「歴史学の歴史」を通じて，近代歴史学の問題の所在を教えてくれま
　　す。とにかく，わかりやすい。そして読みやすい。それでも，歴史学に対す
　　る自分の視点や姿勢を省みる素材をたくさん提供してくれるという意味で，
　　本書はかなり本格的な史学概論です。［筑摩書房，2022］

前川一郎編『教養としての歴史問題』
　　手前味噌で恐縮ですが，今日の歴史否認主義の問題に加えて，歴史学と社会
　　のかかわりを考えるうえで役に立ちます。［東洋経済新報社，2020］

遅塚忠躬『史学概論』
　　本格的な史学概論としては，最もバランスがとれた名著だと思います。緻密
　　に論理を組み立てる筆致は，感動すら覚えるかもしれません。カーの『歴史
　　とは何か』を筆頭に，ほかにも「定番」はありますが，一冊といわれたら私
　　は本書をあげます（もっとも，私自身は，本書のあまりにもリジットな議論
　　にしばしばとまどうこともないわけではないのですが）。［東京大学出版会，
　　2010］

第2章

歴史学の基本ルーティン

研究方法と論文の書き方

小林和夫

　この章は，歴史学の研究方法と論文準備の基本を示します。具体的には，論文を執筆する際に注意すべき点——テーマの設定，先行研究・史料の集め方と読み方，ノートのとり方，道筋を立てた論述，文章表現の注意点や注の役割など——を取り上げます。

　論文とは，自分で問いとそれに対する仮説を立て，史料や理論などによって仮説の妥当性を論理的に検証（論証）して結論（主張）に到達するものです。また，論文で展開される議論は，同じ手順に基づくことで他の人が再現できるものでなければなりません。さらに，論文ではオリジナリティ（独自性）が求められるため，先行研究で明らかになった知見と比べて，どこが違うのかはっきりと示す必要があります。

　以上のポイントは，客観的な科学とみなされる条件です。自然科学では，追試験によって命題の妥当性を確認できます。しかし，歴史学では，二度と戻ることがない過去を対象とするため，追試による証明はできません。この点について，歴史家の遅塚忠躬は，提示された命題の論理整合性（論理的矛盾がないか）と事実立脚性（命題の根拠をなす事実を覆す事実がないか）といった2点において，命題が反証されない限り，客観性が担保されると論じています（遅塚 2010：4）。本書の第1章でも述べられている通り，「他者からの批判に淘汰されない」，つまり，相対的なコンセンサスを得ることは，歴史学の客観性にかかわってきます。

1　研究テーマを決める

　研究をはじめるうえで最初に多くの時間を費やすことになるのが，研究テーマを絞り込む作業です。どの問題をどこまで明らかにするのかを定めます。研究テーマは，自分が明らかにしたい問題とそれに対する仮説から成り立ちます。自分自身が関心をもって取り組めるテーマを選ぶべきですが，以下の三つの場合に難航することがありえます。

　ひとつめは，研究テーマに関連する史料が存在していない場合，または，アクセスが困難な場合です。史料がなければ，仮説を裏づけることができません。つまり，客観的ではなくなってしまうわけです。これは，先に述べた論文の特徴「同じ手順に基づくことで他の人が再現できる」という点とかかわります。

　二つめは，おもに外国史にかかわるテーマの場合，史料や先行研究があったとしても外国語で書かれている場合が多く，その言語能力を修得していなければ読むことができません（日本語訳された，あるいは，自分が読める外国語で刊行されている史料集があるのであれば話は別です）。現在では，Google 翻訳（google translate）や DeepL などの自動翻訳ツールもありますが，細かなニュアンスの正確さを考えると，あまりお勧めできません。背景知識がなければ，機械翻訳の妥当性を判断することは難しいからです。

　三つめは，先行研究がない場合です。わたしたちは先行研究を読むことで，なにをどのように論じる（解き明かす）べきか，目星をつけることができます。この点については，次節であらためて説明します。

　このように，実際には，「研究したいテーマ＝研究できるテーマ」となるとは必ずしもいえません。先行研究を読んでみたら，すでに研究されている（新しいことがいえそうにない）ことが判明して，対象時期や事例などを変更する必要に迫られることは普通です。紆余曲折を経て，最初に考えたテーマと異なるテーマに落ち着くことは，決しておかしなことではないのです。そ

のため，最初は少し広めのテーマを想定して，先行研究を読み，史料の利用可能性を探りながら，少しずつテーマを絞るのがよいでしょう。テーマ設定と先行研究と史料は，それぞれ切り離せない関係にあります。

　ここでテーマの絞り方について，私の経験に基づく例をあげてみましょう。私が学部3年生で卒業論文のテーマを探していた2006年秋のことです。イギリスでは翌年に奴隷貿易廃止200周年を控え，当時の首相トニー・ブレアが雑誌インタビューで，過去にイギリスが奴隷貿易に深く関与したことについて遺憾の意を表明しました。この発言がきっかけとなり，奴隷の子孫を名乗る人びとから補償を求める動きが出てきました。過去の出来事が現在もなお色褪せることなく大きな意味をもちつづけていることに衝撃を受け，イギリスの大西洋奴隷貿易に目を向けるきっかけになりました。その少しまえに大学の授業で，大西洋奴隷貿易を通じてアフリカ大陸から連れ去られた黒人奴隷の人数をめぐって激しい論争があることを学んでいたことも関係しています。

　しかし，イギリスの大西洋奴隷貿易だけでも膨大な研究蓄積があり，また，当時の私にとって，文献史料へのアクセスは時間的，また経済的に容易ではありませんでした。そこで，卒業論文では，イギリスの大西洋奴隷貿易と産業革命の関係を強調したエリック・ウィリアムズの議論が，現在にいたるまでどのように継承されてきたのかという研究の歴史（研究史）を整理することにしました（ウィリアムズの代表的な主張のひとつについては，第12章を参照してください）。このタイプの論文は「研究動向」と呼ばれます。私が卒業論文に取り組んだときには，英語で発表された主要な研究動向をおさえると同時に，日本語で発表された研究はすべて網羅するように意識しました。そうすれば，日本におけるイギリスの大西洋奴隷貿易研究がどの程度の水準なのか明らかになるからです。

　これはテーマの絞り方の一例にすぎません。大学の演習科目（ゼミ）の担当教員と相談してテーマを絞るのもよいでしょう。また，テーマは具体的であるべきです。たとえば，「19世紀前半のイギリスにおける奴隷制廃止と補償——○○の史料を中心に」といった具合に，研究対象とする時期・国（あ

るいは地域・都市），出来事などを設定し，さらに，おもに使用する史料や分析方法を明確にするのが望ましいです。そのまま，論文のタイトルとして使うことができます。

2　先行研究・史料を集めて読む

(1)　先行研究を集める

　研究テーマがある程度定まったら，次は先行研究を収集します。ここでの大原則は，関連する文献を網羅的に集めることです。そして集めた先行研究を整理することで，これまでの研究ですでにどこまで明らかにされていて，なにがまだ解明されていないのかを把握することができます。そうすることで，自分の立ち位置が明確になります。これこそ先行研究の収集と整理の目的なのです（松沢・高嶋 2022：28）。

　この段階で，しばしば「先行研究がない」という状況に直面することがあります。先行研究がないというのは，これまでの研究者がそのテーマについて，なんらかの理由で研究しようがない，あるいは研究に値しないと判断した可能性が少なからずあります。しかし，実際には，先行研究がまったくないわけではなく，見つけられていないだけという可能性もあります。たとえば，ある特定の地域のある制度についての先行研究が見つからない場合でも，別の地域で同様の制度を取り上げた研究が存在するということはありえます。先行研究を調べる際には，時代や国・地域などの切り口を変えて調べることも必要です（村上 2019：45-47）。逆に，検索ツールで調べてみたら，膨大な数の文献がヒットすることもあります。その場合，テーマがまだ大雑把な可能性が高いので，焦点をもっと絞り込むべきです（松沢・高嶋 2022：20）。先に述べたように，先行研究の利用可能性に応じて，論文のテーマを書きやすそうなものに変更するのはアリです。

　そこで，次に先行研究の探し方・集め方を紹介します。先行研究を探せといわれたら，すぐにインターネットで Google 検索しよう（ググろう）とす

るかもしれませんが，まずは大学の図書館に行きましょう。

　図書館で最初に調査すべき文献は，史学会が刊行している『史学雑誌』という学術誌です。この雑誌は，毎年 6 月に「〇〇年の歴史学界——回顧と展望」という特集を組んでいて，そのまえの年に公表された研究成果を網羅的に紹介しています。自分の興味のある国・地域と時代の項目を探して，どのような研究が発表されているのかチェックしてみましょう。その際にバックナンバーも調べて，とりあえず過去 10〜20 年分ほどの「回顧と展望」から，自分の関心に近い文献をすべて洗い出します。ただし「回顧と展望」は基本的に日本国内に拠点をおく研究者を対象にしているので，海外の研究をおさえるためには，後ほど紹介するような文献にも目を通すべきです。

　『史学雑誌』の「回顧と展望」以外にも，学術誌のバックナンバーから，読むべき文献を探すことができます。日本語で刊行されている歴史学全般の学術誌のなかでは，『史学雑誌』と『歴史学研究』（歴史学研究会），『史林』（史学研究会）が最も有名です。経済史・経営史であれば，『社会経済史学』（社会経済史学会），『歴史と経済』（政治経済学・経済史学会），『経営史学』（経営史学会），国際関係史であれば，『国際政治』（国際政治学会）に当たってみましょう。ほかには，日本史であれば『日本歴史』（日本歴史学会），西洋史であれば『西洋史学』（日本西洋史学会），東洋史であれば『東洋史研究』（東洋史研究会）や『東方学』（東方学会）などの学術誌があります。

　なお，英語圏の学術誌になりますが，関心があれば，また必要に応じて，次の学術誌を調べてみましょう。最も権威があるものとしては，*American Historical Review*（歴史学全般），*Past & Present*（歴史学全般，とくに社会史），*Economic History Review*（経済史）などがあげられます。世界史研究では，*Journal of World History* と *Journal of Global History* がツートップです。地域史だと，*Journal of African History*（アフリカ史），*Journal of American History*（アメリカ史），*Modern Asian Studies*（近代アジア史）などをはじめとするさまざまな学術誌があります。

　学術誌に加えて，講座シリーズから研究動向を探ることもできます。講座といえば，岩波書店の岩波講座がよく知られています。『世界歴史』や『日

本歴史』をはじめ，さまざまな講座シリーズがあります。やや古い刊行物ですが，歴史学研究会の『講座世界史』や『日本史講座』などもあります。

　学術研究団体の記念事業刊行物にも，先行研究を調べるうえで便利なものがあります。たとえば，歴史学研究会編『現代歴史学の成果と課題』や社会経済史学会編『社会経済史学の課題と展望』などがあります。社会経済史学会は，設立 90 周年事業として『社会経済史事典』（社会経済史学会 2021）を刊行しました。これも各研究分野の最前線を知るのに役立ちます。

　それから，ミネルヴァ書房から出ている論点シリーズも，みなさんにとって心強い存在になるでしょう。これまでに『論点・西洋史学』『論点・東洋史学』『論点・日本史学』が刊行されています。歴史学の重要な研究テーマについて，それぞれ見開き 1 ページで，史実（背景），論争，研究の現状と今後の課題，必読文献などが紹介されています。ミネルヴァ書房は，論点シリーズのほかに，『ハンドブック日本経済史』のように，優れたハンドブックも多く出しています。

　さらに，山川出版社や名古屋大学出版会から出た研究入門書も手にとってみましょう。山川出版社は，イギリス史，アメリカ史，フランス史，ドイツ史，中央ユーラシア史などの研究入門書を刊行しています。また，名古屋大学出版会からは，アジア経済史や中国経済史の研究入門書が出ています。これらの研究入門書は，先行研究だけでなく，それぞれの国・地域の歴史研究に必要な史料探しの情報も収録しています。

　このようにして読むべき文献をチェックしたら，今度は図書館の電子カタログから，各文献の所蔵状況を確認します。もし文献が所蔵されている場合，配架先まで足を運んで実物を探します。それが雑誌論文や論文集に収録された論文であれば，コピーをとりましょう。本であれば，その場で少し読んでみてから，借りてもよいでしょう。他方で，もし図書館に所蔵されていない場合，図書館の受付に行って，学外図書館から資料貸出サービスを受けたい旨を伝えましょう。

　最後に，インターネットでの文献調査について述べておきます。国立情報学研究所が提供している CiNii（https://cir.nii.ac.jp/）というデータベース群は

よく知られています。一見，便利そうなデータベース群ですが，正直なところ，初学者には使い勝手が悪いように思います。その理由は，厳密な査読を経ていない質の不確かな（他者からの批判に耐えられない，つまり，相対的なコンセンサスを得られない）刊行物が多く含まれているためです。歴史学関連であれば，先ほど述べた学術誌のいずれにも掲載されたことがない著者の著作は，優先的に読む必要はないと思ってよいでしょう。このようなデータベース群は，上記の方法で見つけた文献の著者が，過去になにを書いていたのかチェックするために使う分には便利です。そのような目的であれば，科学技術振興機構が運営する研究者データベース researchmap（https://researchmap.jp/）や個人ウェブサイトなどを参考にすることも可能です。

　インターネットから先行研究を調べるときに，Wikipedia や個人ウェブサイトを使いたいと思う人もいるかもしれません。これらはさっと目を通す分には構いませんが，歴史学の論文を書くための参考資料としては不適切です。その理由は，どのような人物が，どの文献や史料を根拠にして，どの部分を執筆しているのか，文章の責任の所在が不明確であるからです。また，YouTube 上で視聴可能なタレントや自称評論家による世界史・日本史動画を資料にしようと考える人もいるかもしれません。しかし，これも同様に，どの文献や史料を根拠にしているか不明であったり，なかにはハウツー本（≠入門書，概説書，研究文献）に依拠していたりして，学術的な評価に耐えられないため，論文の資料として不適切です。インターネット上には，便利そうなウェブサイトや動画が多くありますが，歴史学の先行研究を集めるにあたっては，どのような人物（専門家）が，どのような史料・研究文献を用いて，なにを論じているのかといった点に注意してください。

(2)　先行研究を読み，整理する・ノートをとる

　先行研究を収集したら，どんどん読みましょう。探し出した（サーチした）だけでは，まだ研究した（リサーチした）とはいえません。先ほど述べたように，文献を読み込んで，これまでになにが明らかになっていて，これからなにを明らかにすべきかを把握しなければなりません。

　一生懸命集めてきた文献の山に圧倒されて，すべて隅々まで読まないといけないのかと脱力してしまう人もいるかもしれません。しかし，実際には，まるごと読むべき（精読すべき）文献と部分的に目を通すだけでよい文献に分かれるので，あまり恐れる必要はありません。

　再び個人的な話を挟んでしまいますが，私は，2010年秋から1年間，イギリスのキングズ・カレッジ・ロンドン歴史学科に在籍していました。最初のターム（学期）に開かれた同学科博士課程の新入生を対象にしたセミナーに出たところ，担当教員のリチャード・ドレイトン教授から，歓迎の言葉につづいて，時間は有限であるのだから，すべての文献を端から端まで読む必要はないと心得よ，とアドバイスを頂戴しました。文献の読み方は，探し求めている内容に応じて柔軟に変えればよいのです。

　背景知識がおぼつかないようであれば，手始めとして，入門書や概説書を一冊丸ごと読むべきです。その一方で，研究書（専門書）の場合，「はじめに（序章）」，「おわりに（終章）」，などを先に読んで，著者の問いと論旨，本の構成をおさえましょう。そこに記されている内容が自分の問いと大きく重なるようであれば，自分にとって重要な文献である可能性が高いとみなせますので，慎重かつ丁寧に読むようにしましょう。部分的に自分の研究関心と結びつくようであれば，該当する章・節を中心に読みましょう。この読み方は，論文を読む場合にも応用可能です。

　文献を読むときには，ノートをとります。紙のノートでも構いませんが，パソコン（Word, Excel, Pages, Numbersなど）を活用すれば，あとで検索しやすくなります。どの形態をとるかは，好みで選んでください。

　ノートに記録すべき内容は，まず読んだ文献の書誌情報です。著者名，文献名，出版社，出版年，ページ数を記録しておきましょう。論文集や学術誌に収録された論文であれば，編者名と書名または誌名（巻数・号数）もメモします。その文献がどこに所蔵されているのか，あるいは，過去にどこで閲覧したのかもメモしておくと，なにかのきっかけでもう一度確認しなければいけなくなったときに便利です。

　次に，著者の問い，仮説，方法，おもな史料，意義（先行研究との違い）

などを記録して，重要だと思った主張については，引用しやすいように一字
一句正確に書き出しましょう。そのときに，該当するページ番号も忘れずに
メモしておきます。そうすると，論文を書く際に，直接引用したり，自分の
解釈を加えて論じたりすることができます。

　それから，文献を読んだときに見つかった疑問点や納得のいかなかった点
も書き出します。その場合，なぜ疑問に思ったのか，納得できなかったの
か，簡単に理由を添えておきましょう。たとえば，用語や理論に馴染みがな
い，あるいは，著者の論証が十分でない（と思われた）といったことです。
用語や理論の知識不足であれば，入門書や事典を調べます。著者の論証に不
備があれば，先行研究と自分の研究との差異化につながる重要なポイントか
もしれません。研究を進めるなかで疑問点が解決したら，ノートに加筆して
おきます。このようにして，問題点や疑問点を少しずつ解決していきます。

　さらに，本や論文のなかで引用・参照されていた文献にチェックすべきも
のがあれば，書誌情報をメモして，次に読む文献の候補にしましょう。

（3）　史料について

　史料は，歴史学の研究で事実を明らかにするために必要不可欠なもので
す。史料とは，過去に関する記録やデータ，とくに文字で記された文献史料
（文字史料）を指します。文献史料には，典籍，文書（もんじょ），碑文，記録，書簡，帳
簿などが含まれます。似たような単語として資料があります。こちらは，文
字で記録された史料に限ることなく，景観，建造物，用具などの「もの」や
無形のもの（音声資料や記憶など）まで広く包含するようです（福井 2019）。
両者を含めて，史資料と表記することもできますが，以下では，文献史料を
想定して話を進めるので，史料のほうを用います。

　史料を探すには，さまざまな手段があります。最近では，インターネット
上で閲覧可能な史料も増えてきましたが，まずは，どこで，どのような史料
をみるべきか，あるいは，アクセスすることができそうか目星をつけておく
ことが重要です。先に述べたように，先行研究を読むときに自分の研究テー
マにかかわりそうな史料をメモしておけば，スムーズに作業を進めることが

可能でしょう。史料は，大学図書館や公共図書館，文書館や博物館で閲覧できるものもあれば，個人や企業で所蔵されているものもあります。実際に文書館や図書館に足を運んだら，アーキビスト（文書館にいる史料の専門家）や司書に自分が閲覧したい史料について相談してみるのもよいでしょう。ただし，学部生や大学院生の身分だと容易にアクセスできない史料もあります。企業史料と農村史料の探し方については，『経済史・経営史研究入門——基本文献，理論的枠組みと史料調査・データ分析の方法』（岡崎 2022）の第 III 部のなかで整理されています。

　史料から事実を抽出するうえで，わたしたちは史料批判をおこないます。これは，史料の性格や価値を理解する重要な作業で，その方法は大きく二つに分かれます。ひとつめは，史料編纂や伝来の経過を踏まえて史料の性格・価値を検討し，史料の形態や表現に注目して捏造や改竄の証拠の有無を調べる方法です。これは「外的批判」と呼ばれます。二つめの方法は，史料を書き残した人物の立場や時代背景などから，事実を歪めた可能性がないかを検討することで，「内的批判」と呼ばれます（桃木 2022：49）。

　こうした作業を通じて，いつ，どこで，だれが（どのような人物が），なにを目的として，だれに向けて書きとどめ，なぜ現在まで残っているのかといった点をおさえるようにしましょう。

　史料には多くの情報が含まれていますが，史料批判を通じて，重要な事実を抽出します。ここでは誤った情報を選別して，事実を特定していくことになります。ひとつの史料を読んだだけでは判然としない事柄も，複数の史料と突き合わせることで明確になることもあります。

　ここでまた具体例をあげましょう。私は，19 世紀前半（西ヨーロッパ諸国が奴隷貿易を廃止したあと）の西アフリカにおけるインド綿布の輸入動向を調査したことがあります。ある先行研究では，この時期の西アフリカでは，イギリスの産業革命を背景として大量のマンチェスター製品（綿製品）が輸入されて，競合商品のインド綿布を圧倒するようになったことが指摘されていました。これは，イギリスの貿易統計のみを分析して得られた主張です。しかし，当時の西アフリカにとって，イギリスだけでなく，フランスも重要な

貿易相手でした。そこで私は，イギリスの貿易統計に加えて，フランスの貿易統計も調査しました。その結果，フランスの植民地であったセネガルでは，他の西アフリカ沿岸部と異なり，インド綿布のほうがヨーロッパ製の綿布（イギリス綿布も含まれます）よりも多く輸入されていたことが明らかになりました。複数の史料を組み合わせることで，先行研究が見落としていた事実（＝セネガルの特異性）を発見したのです。このような発見的事実は，さらに当時の人びとが書き残したさまざまな記録とも突き合わせて，セネガルの消費者の嗜好を調査するきっかけになりました。この点は，新たな事実の発見が新たな研究テーマを導き出す可能性があることを示しています。その詳細に関心があれば，小林（2021）の第 1 章と第 2 章をご覧ください。

　上の例にもあてはまりますが，複数の史料を突き合わせて，そのあいだになんらかの関係を読み取ろうとするとき，つまり，事実の意味を解釈しようとするとき，わたしたちは史料から読み取った事実を先行研究や歴史理論などと比べて，どこまでが先行研究や理論と一致していて，どこが異なるのかを突き止めます。その過程で，先行研究が見落としていた事実や読み誤っていた点が明らかになるということは，しばしば起こります。そのような発見（研究の潮流に対する貢献）は，論文のハイライト（オリジナリティ）になるはずです。このようにして，新たな歴史像を提示することができるわけです。

　関連する事例として，私がイギリスの大西洋奴隷貿易（16 世紀半ば～19 世紀初め）を研究したときの話を挟みましょう。大西洋奴隷貿易と聞くと，ヨーロッパとアフリカ大陸と南北アメリカ大陸（カリブ海域を含む）からなる「三角貿易」という用語を連想する人もいるかもしれません。その用語から，大西洋周辺の三地域のなかで完結した話のような印象をもっている人もいるかもしれません。しかし史料を調べると，実際には，そのような状況ではなかったことがわかります。

　アフリカ大陸は黒人奴隷の供給地でしたが，沿岸部にやってくるヨーロッパ商人は，マラリアなど熱帯の疫病に対する耐性がなく，また土地勘も乏しかったため，アフリカの現地商人や消費者の求める商品を持って行かない限り，奴隷や現地産品を購入することはできませんでした。そこで私は，イギ

リスの貿易統計を用いて，イギリスからアフリカに輸出された商品を調べて
みました。すると，1720年頃からインド綿布が最も重要な商品であったこ
とが判明しました。当時のインド綿布は，色合いや柄，丈夫さといった点
で，現地の消費者の嗜好に合ったものとして人気を博していたのです。イギ
リス商人が運んだインド綿布の多くは，イギリス東インド会社によって，ア
ジアからロンドンに輸入されていました。これらの事実は，大西洋奴隷貿易
が拡大するうえで，ヨーロッパのアジア貿易が重要な役割を果たしていたこ
とを示しています。「三角貿易」として語られる歴史解釈は，その実態を適
切にとらえていません。アジアを組み込んだモデルを考える必要があるので
す。そのため，私は，大西洋貿易とインドを結びつけた「傘モデル」を提示
しました（小林2021：250-259）。

　史料を読み込むなかで，最初に研究テーマを設定した時点では予想してい
なかった発見に遭遇し，新たに掘り下げるべき課題（論点）が浮かび上がる
ことがあります。それによって，おさえるべき先行研究や史料が増えて，論
文の方向性が変わることはよくあります。膨大な時間と労力を費やすことに
なりますが，そのように作業を進めていくことではじめて，わたしたちは，
なにをどこまで「確かなもの」として主張できるかをおさえることができる
のです。

3　論文を書く

(1)　全体の構成を考える

　研究テーマを決めたあと，先行研究と史料を読み――すなわち，事実を特
定して先行研究との関係を考察しつつ――，ノートに整理する作業をつづけ
ていくと，大まかな歴史像を想定できるようになります。そこまで到達した
ら，論文全体の構成についてアウトラインを作ってみましょう。書く作業の
入口です。アウトラインを作成することで，実際に論文を執筆するときに，
自分がどの位置まで作業を進めてきたのか目星を付けることができます。

　アウトラインの作成にあたって，論文が全部で何節（学位論文であれば何章）から構成され，各節でどのような文献・史料を用いて，なにを論じようとしているのか（明らかにしようとしているのか）を書き出します。この作業のなかで，説明すべきポイントが抜けている箇所を確認することもできるでしょう。その場合，いったん，先行研究や史料を読む作業に戻ります。その意味で，アウトラインの作成は，先行研究や史料の読み込みと同時に進行するプロセスといえます。

　アウトラインを作成する際，それぞれの節や項がどの程度の分量になりそうか，大まかな目安をメモしておいてもよいでしょう。もしそのときに，ある節は長いのに，別の節は極端に短いということがわかれば，書くべき内容と分量を見直しましょう。

　また，それぞれの節が他の節とどのように結びついているのか，論文全体のなかでの位置づけも明確にしておきましょう。節の分け方は，焦点を絞り込んでいくタイプ，時系列で区切るタイプ，事例によって分けるタイプなど，いくつかあります。自分の論文でなにを論じたいのかという目的に合わせて選んでください。先行研究を読むときにも，論文がどのように構成されているかに注目すると，このあたりの感覚を磨くことができます。

(2)　「はじめに」を書く

　「はじめに」は，論文のなかで最も重要なパートです。ここでは，論文全体の見取り図が示されます。ここがうまく書けていれば，読み手は論文に対する関心を高めて，さらに先を読みたいと思うでしょう。それだけに書くときには慎重さが求められ，最も時間をかけて執筆するパートといっても過言ではありません。

　「はじめに」は，その名の通り，論文の冒頭に位置していますが，書く順序としては必ずしも初めでなくても構いません。最初は下書き程度にして，論文全体をひと通り書き終えてから，あらためて書き直すというのも手です。むしろ，ひと通り書いたあとに「はじめに」の執筆に戻ると，論文全体の内容が頭のなかで整理されているので，なにが必要な情報か適切に取捨選

択することができるでしょう。

　「はじめに」のなかで一番重要なのは，最初の一文，つまり，論文の一丁目一番地です。読者の関心をつかむために凝った出だしにすべきかと不安に思う人もいるかもしれませんが，シンプルな文で十分です。たとえば，「本論文では，□□について○○という視点から（○○という史料の分析に基づいて）論じる。それによって，△△を明らかにしたい」といった程度で構いません。論文のテーマと目標が簡潔に示されていれば，それでもう十分です。

　上の点に加えて，この節で書くべきことは，論文で取り上げる問題（問い），先行研究と研究の意義，そして，論文の構成です。

　先行研究と研究の意義とは，自分の研究が先行研究のどの部分を補い，発展させているのか，すなわち，研究のオリジナリティを簡潔に示すことです。先行研究では，自分が論文で取り上げる問題について，その分野で「古典」と呼ばれるものから最近の研究にいたるまで，どのように議論されてきたのか，研究の展開と課題を示します。ただし，研究史の整理は研究の羅列ではありません。次の例をみてください。

　　　例：研究者Aは，□□について，○○という史料を用いて，△△を明らかに
　　　　　した。研究者Bは，□□について△△と主張している。研究者Cは，□
　　　　　□とは△△と論じた。

　これでは，各研究者の発見・主張が他の研究とどのように結びついているのかが不明瞭です。研究史の整理では，先行研究の知見がどのように継承（批判・展開）されてきたのかを示します。次の例をみてください。

　　　例：○○貿易の利潤率について，研究者Aは○％と主張して，X国の経済成
　　　　　長に大きく寄与していたと論じた。そのあと，研究者Bは，研究者Aの
　　　　　利潤算出方法における誤りを指摘して，△％とわずかに下方修正した
　　　　　が，それがX国の経済成長に大きく結びついたことは認めている。しか
　　　　　し，研究者Cは，研究者AとBの研究には，□□という視点が抜けてい

ることを指摘している。Cが利潤率を再計算した結果，▽％と大幅に下
方修正され，○○貿易とX国の経済成長のあいだに強い結びつきはな
かったと結論づけられた。

　このように書けば，研究者Aの主張がその後の研究でどのように修正・否
定されているのかがわかります。研究史は，論点ごとに時系列に沿って整理
するのがよいでしょう。
　それから，「はじめに」の最後のパラグラフ（段落）では，論文の構成を
簡単に紹介します。論文が何節から構成されているのかを示し，各節の焦点
を一文ずつ紹介する程度で構いません。この部分を読むことで，読者はどの
ような道筋で議論が展開されるのかが把握できます。

(3)　各節（個別事例）と「おわりに」を書く

　各節にも，導入部と結論部にあたるパラグラフがあります。これらのパラ
グラフでは，節の目的や論点を提示します。また，導入部で前の節とのつな
がりを，結論部で次節とのつながりに言及すると，論文全体のなかで，その
節がどのような位置にあるのか可視化されます。
　個別事例の節を書き終えたら，最終節である「おわりに」を書きます。こ
の節では，論文全体の内容を要約します。「はじめに」で述べた問いに対す
る答えの提示など，「はじめに」の内容に対応させながら書きましょう。
　また，「おわりに」では，各節の議論の抽象度を上げて，論文を大きな文
脈のなかに位置づけてください。たとえば，論文で，Pという換金作物生産
について，ある村落の事例に焦点を絞ったとしたら，その事例研究がその村
落を含む地域全体のなかでどれほど代表性があるのかを論じます。
　さらに，「おわりに」では，論文の限界に言及することで，どのような研
究課題が残されているのか示すとよいでしょう。論文をいくつか読んでみる
と，「○○については，さらなる研究が必要である（今後の研究が俟たれる）」
といった表現に遭遇すると思います。このような表現は，残された研究課題
に関する常套句です。

(4)　参考文献一覧を作成する

　論文の本文をひと通り書き終えたら，参考文献一覧を作成します。一覧のスタイルは何通りもありますが，歴史学の論文であれば，基本的に，史料と二次文献を分けます。

　外国語文献を使用した場合，日本語文献と外国語文献をどのように配置すればよいのでしょうか。ひとつの方法としては，日本語文献は著者名（姓）の五十音順で，外国語文献（欧語文献の場合）はアルファベッド順で並べます。別の方法としては，日本語文献でも欧語文献でも関係なく，著者名をアルファベッド順で並べることもあります。

　参考文献リストを作成する際に気を付けるべき点は，書誌情報の表記統一です。この点については，所属先（学部・学科・ゼミなど）で独自のルールが決められている場合があるので，ご自身の所属先に問い合わせるなり，指導教員に尋ねるなりして確認してください。この作業は，それなりに時間がかかります。半日以上の時間を費やすつもりでいるとよいでしょう。

(5)　文章表現・注・推敲

簡潔明瞭な文章

　学術的文章を書く際には，簡潔明瞭な文章にすることを心がけてください。一文の長さは無駄を省いて短くして，2行以上の長い文はなるべく減らすべきです（簡潔な文章）。もし長い文になる場合，読点（，）を適切に打ちます。読点を打つ箇所は，実際に自分で音読してみて，どこで息継ぎをするべきか考えるとよいでしょう。

　また，読み手に多義的な解釈をさせない明瞭な文を書く必要があります。格好つけた表現や勿体ぶった言い回しは，読み手に独りよがりな印象を与える恐れがあります。なお，学術的文章を書く際に役立つ日本語表現の手引きとして，『留学生と日本人学生のためのレポート・論文表現ハンドブック』（二通ほか 2009）をあげておきます。

　文章の明瞭さにかかわる点ですが，各文の文頭と文尾は対応させて，主語

と述語は明示してください。慌てて文を書くと，文頭と文尾が対応していなかったり，主語や述語が抜けたりしていることがあります。主語と述語が対応していない場合，文として成立していないことを意味します。それは，読み手に余計な思考を要求する悪文というものです（戸田山 2012：215-233）。

パラグラフ

　次に，パラグラフ（段落）について説明します。日本語で「段落」というと，文章のひと区切りを意味します。しかし，学術的文章を書くうえで「パラグラフ」という場合には，もう少し限定的な意味合いをもちます。木下によれば，パラグラフは，「文章の一区切りで，内容的に連結されたいくつかの文から成り，全体として，ある一つの話題についてある一つのこと（考え）を言う（記述する，主張する）もの」（木下 1994：180）を意味します。基本的に，パラグラフは中心文（トピック・センテンス）という，パラグラフで取り上げる話題（トピック）をひと言で述べた文章に加えて，(a)その内容を具体的に説明する展開文，もしくは，(b)そのパラグラフと他のパラグラフの関係を示す文章から成り立ちます。したがって，ひとつのパラグラフのなかに，中心文と関係のない文や，中心文と対立する内容の文を書き込んではいけません（木下 1994：182-183）。

　パラグラフは，文章構造の基本単位です。パラグラフが変わることは，主眼が変わることを意味します。そのため，各パラグラフのトピックを追っていけば，論文全体の論理構造（論理展開）を理解することができるのです。学術的文章を書くにあたっては，必ずパラグラフを意識してください。

事実と意見の区別（注の使用）

　学術的文章では，客観的事実と主観的解釈を区別して記述することが求められます。事実とは，根拠に裏づけられたものです。そのため，しかるべき手段（テストや調査）によって，記述の真偽を客観的に判定することができます。これに対して，意見は，なにかについて人が下す判断です。学術的文章で示す意見もまた，根拠が求められます。しかし，他人がその意見に同意

するとは必ずしもいえません。具体例として，ある人物をめぐる評価が分かれるケースがあげられるでしょう（木下 1994：36-45）。

　事実の記述にしても意見の記述にしても，論文のなかで根拠を示すにあたり，注をつける必要があります。他人の意見を引用する場合にも，どの文献に依拠したのか必ず注のなかで示さないといけません。逆に，注がつけられていない提出物は，形式不備として，論文とみなされず，授業課題や卒業論文であれば評価対象になりません。学術的文章を書く限り，注をおろそかにすることは許されないのです。なお，注には，脚注や文末注（後注）がありますが，どの形式を用いるかは，所属先のルールに従いましょう。

　注は，記述や引用の典拠を示すほかに，補足説明のために用いることもできます。本文中で説明すると論旨が外れてしまうが，どうしても説明しておきたい事柄があるケースが，これに該当します。その他の役割については，『論文作法──調査・研究・執筆の技術と手順』（エーコ 1991：202-204）を参照してください。

4　論文を仕上げる

　以上のように，歴史研究では，研究テーマの決定，先行研究と史料の収集・読解（事実の抽出と歴史像の解釈）を同時並行的に進め，書くべきポイントがある程度定まったら（アウトラインができあがったら），論文として具体化させていきます。そのようにして，論文を書き上げていくのです。

　論文をひと通り書き終えたら，今度は推敲です。これは，論文を提出するまえに必ずおこなう作業です。誤字や表記の不統一，「はじめに」と「おわりに」の内容の一致，主張が史料や文献によって裏づけられているか，パラグラフ間のつながりに問題はないか，本文と注の内容が一致しているか，図表をつけた場合には本文で図表を説明しているか，参考文献一覧をつけ忘れていないかなどを確認しましょう。このプロセスにどれだけの時間を当てることができるかによって，論文の完成度が大きく変わるといっても過言では

ありません。少なくとも1週間は，推敲作業に費やしたいところです。

　パソコンの画面上だと，目が滑って誤字等を見落とす恐れがあるので，原稿を紙に印刷することをお勧めします。そして，原稿を最初から最後まで音読して，文章の意味が通っているかどうか確認しましょう。このときに，読み手に余計な思考を要求しない，明瞭な文章になっているか意識するとよいでしょう。その作業を終えれば，論文を提出することができます。提出要領にしたがって，論文を提出してください。

参考文献

エーコ，U　1991『論文作法——調査・研究・執筆の技術と手順』谷口勇訳，而立書房。

岡崎哲二編　2022『経済史・経営史研究入門——基本文献，理論的枠組みと史料調査・データ分析の方法』有斐閣。

木下是雄　1994『レポートの組み立て方』筑摩書房。

小林和夫　2021『奴隷貿易をこえて——西アフリカ・インド綿布・世界経済』名古屋大学出版会。

社会経済史学会編　2021『社会経済史学事典』有斐閣。

遅塚忠躬　2010『史学概論』東京大学出版会。

戸田山和久　2012『新版　論文の教室——レポートから卒論まで』NHK出版。

二通信子・佐藤勢紀子・因京子・山本富美子・大島弥生　2009『留学生と日本人学生のためのレポート・論文表現ハンドブック』東京大学出版会。

福井憲彦　2019『歴史学入門　新版』岩波書店。

松沢裕作・高嶋修一編　2022『日本近・現代史研究入門』岩波書店。

村上紀夫　2019『歴史学で卒業論文を書くために』創元社。

桃木至朗　2022『市民のための歴史学——テーマ・考え方・歴史像』大阪大学出版会。

●推薦図書—— 一歩先に踏み出すために

金澤周作監修『論点・西洋史学』
　　ヨーロッパとアメリカ大陸の歴史（西洋史）に関する主要な研究テーマの最前線を学ぶことができます。アジア・アフリカ史に関心があれば，吉澤誠一郎監修『論点・東洋史学』，日本史は岩城卓二監修『論点・日本史学』を手にとってみてください。類書は本章のなかでもあげているので，関心に合わせて読むのがよいでしょう。［ミネルヴァ書房，2020］

松沢裕作・高嶋修一編『日本近・現代史研究入門』
　　日本の近現代史だけでなく，歴史学の論文を書きたい人にも有益な一冊です。論文の準備・執筆から各分野の大まかな研究動向までを知ることができます。［岩波書店，2022］

戸田山和久『新版　論文の教室——レポートから卒論まで』
　　大学1年生のヘタ夫と問答形式で，レポートや論文とはなにか，どのように準備・執筆するべきかといった基本を解説した本です。学術的文章のルールを手軽におさえたいという願望にも十分に応えてくれます。［NHK出版，2012］

第3章

科 学 史

歴史的視野で科学の営みをとらえる

隠岐さや香

　科学は「役に立つ」もの，あるいは時に「正しさ」と結びつくものという感覚をなんとなくもっている人は少なくないと思います。しかし，実際の科学の姿をみなさんは知っているでしょうか。

　この章では，まず，科学の歴史をとらえるために存在する，科学史という分野の考え方について説明します。それは理科や数学の教科書に載っている事項の由来を知る営みであるのみならず，科学研究が実際にはどのような営みで，さまざまな時代の文化，経済，政治などとどうかかわってきたのかを理解することでもあります。

　次に，科学の歴史を考えるうえで人びとが陥ってきた勘違いや見落としについて考えます。じつは科学の歴史は他の分野の歴史と比べても思い込みが支配してきた分野です。たとえば「科学は西洋にいる天才がつくった」というイメージがそれにあたります。これに対し，近年の科学史では，科学の歴史が従来思われていたよりも豊かで，複数の由来や地域的広がりをもつものであることを示します。

　最後に，科学者という職業の発展の歴史をたどりながら，今日における科学・技術と社会の関係はどのようにつくられてきたのかという問題を科学史的に考えてみたいと思います。それにより，人びとの思い込みのなかにある「こうあってほしい」あるいは「こうあるべき」科学とは違う実態もみえてくるはずです。

1　科学の歴史を記述するには

(1)　「科学」という言葉の意味と由来を考える

　科学の歴史を考えるまえに，「科学」という言葉について深く考えてみましょう。まず，科学と聞いてなにを思い浮かべますか。では，技術だとどうでしょうか。じつは，この二つはとても違うものです。科学（science）は基本的には理論や知識であり，言語で記述されるものです。たとえば論文を思い浮かべてください。それに対し，技術（technology）はその知識がモノとして人間の必要に応じて使用可能な姿になった状態を示します。たとえば，コンピュータなどを思い浮かべてください。そして，現代の技術はしばしば科学の知識を用いているため，科学に基づく技術という意味を込めて「科学技術」と呼ばれることがあります。

　日本で生まれ育った人は科学と技術の区別が曖昧だといわれます。たとえば「有名な科学者を一人あげてください」と訊くと，アインシュタインなどの名前に交じり，蓄音機や白熱電球を発明したトーマス・エジソンの名前をあげる人がいます。しかし，エジソンは発明品というモノを作るために努力した人ですので科学者ではなく技術者にあたります。

　「科学」も「技術」も，もともと日本語にはない言葉でした。明治時代に近代化のために欧米の学問を輸入する過程で，中国の古典の知識を使ってつくっていった訳語なのです。少なくとも社会制度や科学に関する日本語は，実態としては西洋の言葉とのハイブリッドのようなものです。ただ，漢語で置き換えているのでその実態が一見してわからなくなっているだけです。scienceを訳すために選んだ「科学」はもともと，「分科の学」という中国の古典にあった言葉に由来します。それは「分野ごとに分かれている学問」の意味でした。「技術」については「史記」に出てくる「てわざ，方術」などを意味する語を選んだようです。

　このように，もともとまったく由来の違う言葉を西洋の言語に重ねていま

すので，意味のずれはしばしば発生します。このずれは science の場合に顕著でした。英語を例に取ると，もともと science というのはラテン語の「知識」を意味する名詞，scientia に由来しており，宗教から思想にいたるまであらゆる「知」を意味する広い意味をもっています。この意味は日本語の「科学」にはありません。そうなった背景ですが，日本が明治維新を迎えた1860 年代から 70 年代にかけてというのは，欧州や北米で science にあたる言葉の指し示す内容が大きく変化した時代でもありました。この頃，science が自然の諸現象を扱う「自然科学」をもっぱら意味するようになったのです。また，自然科学自体がさまざまな専門分野に分かれ，実験などの厳密な方法によって法則などを明らかにする近代的な科学になっていました。そのため，science の新しいイメージに対応する訳語として「科学」が選ばれたのです。

(2)　さまざまな科学史のあり方

はじめに断っておくと，科学史は科学と非科学を区別したり，「科学の本質はこれである」といったことを論じたりする分野ではありません。それは科学哲学という領域の仕事です。

科学史は，現代あるいは過去の人びとが「科学」と呼んできた営みの生々しい実態に迫ることを得意とします。すなわち，教科書に書かれた定義や規範を外れている場合も含めた「科学のあり方」を検証するのが科学史なのです。

インターナルな科学史としての「科学の学説史」と「科学思想史」

科学の歴史というと，理科の教科書のコラムに有名な発見のエピソードが書いてあったというかたちで出会う人は少なくないでしょう。事実，科学史の研究を最初に熱心におこなったのは科学者たち自身でした。新しい発見をするためには「どこまで研究が進んでいるか」を調べる必要があったからです。こうした内容を「科学の学説史」と呼びます。たとえば太陽の周りを地球が回っていると考える地動説の歴史を知るために，だれが，いつ，どのような発見をしたのかについてさまざまな資料を確認し，細かく検証していき

ます。また，科学にはさまざまな分野があるので，その内容はたいてい，数学史，物理学史，天文学史，生物学史，化学史といった個別科学史に分かれています。最近だとコンピュータの発展の影響を受けて，情報科学史なども発展しています。

　「科学思想史」では，学説そのものではなく，その背景にあった思想や哲学の歴史を研究します。コペルニクスの地動説の例で説明しましょう。彼は『天球の回転について』(1543) という書物で地動説のモデルを表明しましたが，ここには謎があります。まず，当時の彼はキリスト教徒ですが，聖書は天動説を前提として書かれています。この状況でどうしてコペルニクスは地動説を思いつき，発表することができたのでしょうか。こうした発見の背景を探るためには，コペルニクスが触れていた思想や宗教観なども検証する必要があります。たとえば，彼の時代のキリスト教は，聖書と違う内容を真理だと主張するのでなければ，学者が比較的自由に仮説をつくることを許容していました。仮説ならば真理か否かはまだ決まっていません。そのため，地動説について考えることもできたのです。また，彼が古代の哲学者プラトンの影響で，宇宙が秩序だった数学的な姿をしているという考えをもっていたことも熱心な探究の助けになったでしょう。このように，思想史では科学以外の思想的・哲学的な文脈が個人の科学的な発見に与えた影響に着目することができます。

　学説史や思想史は基本的に科学の中身にかかわる歴史なので，インターナル（内的）な科学史と呼ばれることもあります。これに対し，科学の中身ではなく外部，すなわちその営みを支える社会のあり方や，経済状況，人びとの文化などを研究する科学史をエクスターナル（外的）な科学史と呼びます。エクスターナルな科学史にはさまざまなものがありますが，以下では「制度史」「文化史」の二つに分けてご紹介したいと思います。

「科学の制度史」と「科学の文化史」

　「科学の制度史」では個々の科学者の発見や論争の外側にある社会のレベル，たとえば科学研究がおこなわれた組織や科学研究を可能にした教育の歴

史などを研究します。ここでいわれる「制度」というのは，人びとの社会生活をかたちづくっている共通の約束事や仕組みのことだと考えてください。たとえば，科学研究にしても，今でこそ多額の資金が国家から投下され，大学などで研究がおこなわれていますが，400 年くらいまえには，まったく社会のなかで認められていませんでした。長い月日をかけて，科学の研究が大学や研究所，企業などで給料を得られる職業となっていったのです。そのためには大学に科学者となる人を教育するための理工系学部をつくるなど，科学研究活動を成り立たせるための仕組みがつくられる必要がありました。こうした教育・政治・経済にかかわる仕組みづくりが歴史研究の対象になるのです。

　科学の制度史は，現代の問題を知ることにも密接にかかわります。たとえば，大半の先進国が税金に由来する莫大な公的予算を科学研究に投資していますが，それでも博士号をとった若い科学の研究者には仕事がなかったりします。いったいなぜそうなったのかを考えるには，歴史的に検討しないとわからない場合があります。

　「科学の文化史」では，科学研究が社会にもたらした文化的な産物を幅広く扱います。そのため，科学がかかわる文学や映画，科学についての報道やコミュニケーションのあり方から，ニセ科学や疑似科学の歴史にいたるまで扱うことができます。たとえば，ニュースや新聞の内容でどのように科学が扱われたかということだけでなく，SF 映画やアニメ，ゲームがどのように科学を伝えてきたかといったことも歴史研究の対象となるのです。

　文化史の視点を用いると，科学的にはおかしいとされた学説が世間で流行した過去の事例も扱うことができます。例をひとつあげると，19 世紀には頭蓋骨の形でその人の人格や能力がわかるとみなす「骨相学」が流行しました。骨相学は 19 世紀のうちに科学的には間違っていると否定されたのですが，その後もなぜかイギリスやアメリカで流行しました。20 世紀の初頭になっても「新人採用の面接のときに，つい骨相学を意識してしまう」ビジネスマンが存在していたようです。なぜそのようなことが起きていたのかを知ることは，人間がもっているバイアスや，普通の人の科学とのかかわり方に

おける特徴を知ることにもつながります。このように，学問的な科学の最先端の変遷を追うだけではみえてこない，科学と文化のかかわりあいを探るのが科学の文化史の面白さです。

　なお，科学の制度史と文化史をあわせて「科学の社会史」と呼ぶこともあります。

その他のアプローチ

　近年ではテーマ別のアプローチによる科学史も関心を集めています。たとえば，「科学のジェンダー史」というアプローチでは，ジェンダー差別により見落とされがちであった女性科学者の業績を掘り起こす研究が進んでいます。

　「植民地科学史」では，植民地になった地域固有の社会条件を踏まえ，そこでどのような科学研究がおこなわれたかを検証します。さらに近年では，グローバル経済の進展に従い，感染症のように国境を越える対象に着目した歴史研究も盛んです。グローバルに広がる疫病に着目した感染症対策の科学史はコロナ禍のなかで注目を集めました。また，環境問題への関心から，科学とそれを用いた産業が自然環境とどのようにかかわってきたかを中心に考察するというアプローチも盛り上がりをみせています。

2　近代西洋以外に科学はあったのか
──進歩史観と西洋中心主義の克服

(1)　科学とはなにか，いつからあったのか

　他の分野の歴史と比べて科学史が特徴的なのは，「現代の私たちにとって『科学』にみえるものは過去にはなにであったのか」という問いが研究と切り離せないことです。冒頭で，江戸時代以前の日本にはそもそも「科学」という言葉が，少なくとも現在の意味では存在しなかったことに触れました。ではそうすると，江戸時代に天体観測をおこなったり，複雑な計算ができたりする人びとは，いったいそれをなにとみなしていたのでしょう。

　さらに考えていくと，西洋世界において「科学」はいつからあったのかという問題にもつきあたります。たとえば，教科書に載っている「三平方の定理（ピタゴラスの定理）」を用いないとできない計算が，従来考えられていたよりも古い時代，4000年以上前の古代バビロニアの粘土板から見つかりました。しかし，古代バビロニアの人びとはそうした計算ができる一方で，占星術をも真剣に追求していました。この場合，占星術も「科学」と呼ばなければならないのでしょうか。「科学の歴史」を語るためには，こういったことをいちいち考えないといけません。

　昔の科学史研究者はこの問題を単純にとらえていました。たとえば，20世紀中頃の科学史家，ハーバート・バターフィールドであれば，真の科学は17世紀頃にガリレオ，ニュートンといった天才たちの革命的な発見による「科学革命」が起きたあとの「近代科学」であるとみなしていました。すなわち，西洋世界の17世紀頃に地動説や万有引力の法則の発見といった画期的な発見があり，その後も科学が次々と業績を積み重ねて進歩し，ついには近代以外の西欧世界の世界支配をもたらしたというのです。しかもその「支配」については西洋からもたらされた技術革新で産業が発展し，生活が便利になるといった物質的なレベルにとどまらず，科学が西欧以外にも伝わることで，各地で近代化と精神の解放をもたらしたという理解がなされていました。

　しかし，現在ではこのような考え方には多くの見落としや問題があることがわかっています。つまり歴史的事実を十分に反映していないのです。以下では，どういう問題があるのかを順番に考えていきましょう。

(2)　唯一の「科学革命」を疑う

　まず，見落としから考えてみます。17世紀に「科学革命」が起きたという考え方は，中世と呼ばれるそれより前の時代には未発達であった科学が飛躍的な発展を遂げたというイメージに基づいています。しかし，近年の研究によればこれは正確ではありません。それどころか，中世が迷信に満ちた暗い時代だったというのは，17世紀以降の人びとの偏見であったとすらいわれます。

　実際には，科学の発展は緩やかに起きたものであり，しかも遠い過去の人びとによる営みの積み重ねのうえに立っていました。たとえば，17世紀にガリレオ・ガリレイがどうして「それでも地球は回っている」と地動説を主張できたのかを考えてみましょう。それはコペルニクスの主張を検証して正しいと信じたからです。

　では，コペルニクスはどうでしょうか。じつは彼の唱えた地動説を読み解くと，新しい考えだけでなく古代や中世の知識を多く含むことがわかります。たとえば彼は古代から伝わるプトレマイオスの天文学に従い，天体の軌道が真円を描くとみなしていました。その「常識」を破り，軌道が楕円を描くという発想を取り入れたのは，彼より1世紀後に生きたヨハネス・ケプラーです。

　17世紀から科学が「あるべき姿」になり，そのまえの科学は迷信的だったと考えるのも正確ではありません。プトレマイオスとその後継者たちはたしかに地球を中心にすべての天体が真円の軌道を描いて回るという天動説の支持者でしたが，天体観測をもとに天動説のモデルを改良していました。その結果，一言で天動説といっても非常に複雑なモデル（図3-1）ができあがっていたのですが，ここで重要なのは「観測をして理論を修正する」ことができていたという事実です。観測による理論の修正は現代でも科学研究に必要な態度です。

　しかも，天体現象の予測という点においては，

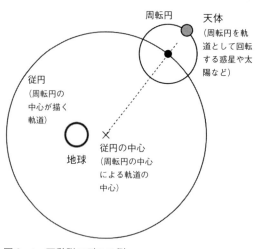

図3-1　天動説モデルの例
注）実際の夜空に浮かぶ天体の動きに合わせるため，「周転円」や諸天体の回転の中心を地球の中心と一致させない「離心円」などの仕組みが導入された。この図の従円が「離心円」となっている。

コペルニクスの地動説が同時代の改良を経た天動説より優れていたわけではありません。地動説が天動説よりも天体予測に優れていることが示されたのは，真円軌道を捨てて楕円軌道を採用したケプラーの理論以降のことです。さらに，肉眼ではなく望遠鏡を用いた精度の高い天体観測データを用いるようになると，ますます地動説の優位は高まりましたが，いずれもかなりあとのことなのです。

　コペルニクスは天動説があまりにも複雑な姿をしていることに疑問をもち，よりシンプルなモデルとしての地動説を提示しました。その発想にはたしかに新しさがあり，ある種の「革命」とはいえます。ただ，ここまでにみてきたように，彼のアイデア転換だけがすごかったとはいえません。したがって，歴史上唯一の「科学革命」があるのではなく，長い時代にわたり複数の革命的な新しい発見があったと考えるほうが妥当でしょう。

(3)　西洋中心主義を乗り越える——知の実践的・物質的側面への着目

　じつは，コペルニクスの地動説が本当にヨーロッパ文明だけの貢献によるものといえるかどうかをめぐる議論があります。彼の書物には，彼より少しまえを生きたイスラム世界の学者たちの考えに近い内容が出てくるからです。とくにマラーガという，今のイランにあたる場所の天文台にいた学派が考案した「トゥスィーの対円」という考え方に似た内容がみられることは，科学史研究者の注目を浴びてきました。「トゥスィーの対円」を含む写本がルネサンス期のイタリアに伝わっていたことや，コペルニクスが同地のパドヴァ大学に滞在したこともわかっています。そのため，コペルニクスの地動説はおもに西洋のルネサンスのなかで独自に発見されたものだとする立場と，イスラム世界の発見に大きな影響を受けたとする立場とが対立しました。コペルニクス本人はなにも書き残しておらず，どちらの仮説にも決定的な証拠はないため，現在でも対立には完全な決着がついていません。

　証拠がないのにいろいろと憶測する人が出てくるのには理由があります。それは，西洋の学者たちによるヨーロッパ文明の産物だったと考えられていたものが，じつはさまざまな地域の先行する発見から恩恵を受けていた事例

も見つかっているからです。たとえば，先に述べた「ピタゴラスの定理」も，古代ギリシア由来であると思われていたのが，紀元前 2000 年前後のバビロニア地域にいた名もない人の考案にまで遡る可能性があることが最近，示されました。当時の人びとが土地の測量計算のため用いていた粘土板に，三平方の定理を用いないとできない計算内容が記載されていたのです。

　ここから推察されるのは次のような経緯です。まず先に日常的な実務で用いられていた計算があり，それは「学問」としてではなく土地の測量という具体的な仕事のための知識として長いあいだ伝わっていました。その後，紀元前 5〜6 世紀頃，古代ギリシアの『原論』という書物が証明可能な「幾何学」の定理としてその内容を記録し，それが現代に伝わっているのです。したがって，実務計算を幾何学の定理というスタイルの内容に仕上げた功績は古代ギリシア人のものですが，それをかれらだけの発見ということはできません。

　18 世紀以降の「近代科学」と呼ばれる高度な科学が発展する時代になると，たしかに教育を受けた西洋の学者だけが導いた発見も増えていきます。それでも，非西洋世界からの実務的な知識が科学に貢献した例は少なくありませんでした。とりわけ，地域固有の知識が必要となる医療や動植物学の分野においてはそれが顕著であったようです。そして，そのなかには今からみれば知識の「盗用」といえるような実態もありました。

　科学史研究者のカピル・ラジは『近代科学のリロケーション』（2016）という書物でその様子を描き出しています。大航海時代以降，ヨーロッパの商人や医者，軍人たちは拡大しつつある植民地ネットワークを通じて，さまざまな国，地域に出向きました。かれらはいわゆる研究者ではありませんでしたが，現地で必要に応じて医療の知識や書物を手に入れたり，珍しい動植物の標本を集めて本国に送ったりしました。その際に，現地の宗教者や医師などが蓄えていた秘伝の知識を，断りなく本にして出版することもありました。このような慣行はかなりあとまで続き，20 世紀に入ってようやく問題視されました。そうなるまでに，さまざまな地域の伝統知識が西洋科学の一部になり，それを欧米の製薬企業などが勝手に知的財産化して収益をあげる

といったこともなされたのです。

　近年の科学史では，こうした過去の反省を踏まえ，さまざまな地域でモノ
や人の具体的な交流を通じて科学の知識がつくられていく過程に注目するよ
うになっています。

3　拡大する知のネットワークと科学の責任──17〜21 世紀

(1)　知のネットワーク形成とその永続化

　今ある科学の知識は世界中のさまざまな人の貢献の結果存在しています。
近代以降も，それは膨大な人びとの分業の結果築かれていったものです。そ
れでも多くの人がその一部しか記憶せず，しかも科学を「西洋のもの」と認
識しているのは，なぜなのでしょうか。すぐに思い浮かぶ理由は，現代人の
記憶に残る優れた業績が 17 世紀以降のヨーロッパや北米で多く生まれ，今
にいたるまでずっと途切れずつづいてきたということです。それ自体はたし
かに嘘ではありません。

　ここで「なぜすごい発見が西洋でつづいたのか」と問うのではなく，歴史
研究らしく，「なぜ，科学の営みが途切れずに西洋で継承されたのか」と問
うてみることにしましょう。なぜなら，素晴らしいということは，決して忘
れられない理由にはならないからです。事実，古代文明の成果はヨーロッパ
の人びとの記憶からいったんは消えていました。しかし，コペルニクスやガ
リレオたちの発見にそれが起こらなかったとしたら，それはなぜなのでしょ
うか。

　ひとつ着目すべきは，西洋ではある時期から科学研究が専門的な職業にな
り，それが現在までも継続しているという事実です。科学の「専門職業化」
とよばれるこの事態は，複数の段階を経て起こりました。

　まず，ガリレオの生きた 17 世紀前半までは，大学の理工系学部などな
く，科学を研究する人びとのための社会的・制度的な支援もほとんどありま
せんでした。存在していたのは，数学や天文学，その他の自然探究に情熱を

燃やす人びとによる同好会サークルのようなものだけです。科学を研究した
い人は，本業の傍ら知的な趣味として実験や観察にいそしんでいたのです。
しかも，趣味の団体ですから永続性もなく，中心人物が亡くなると解散して
しまうこともよくありました。

　しかし，17世紀半ば以降になると，このような科学研究をする人どうし
をつなぐネットワークの半永続化が実現します。ヨーロッパ内でいくつかの
科学同好会団体が王権の許可を得て，世代を超えて存在できるようになった
のです。最も早いものにはイギリスのロイヤル・ソサエティやフランスのパ
リ王立科学アカデミーといった組織があります。前者は今にいたるまで途切
れず存続しています。

　こうした組織は科学研究の発見を伝える学術雑誌の出版にも貢献しまし
た。たとえば，ロイヤル・ソサエティの関係者は『フィロソフィカル・トラ
ンザクション』という学術雑誌を編集し，最新の発見が掲載されるようにし
ました。また，そうした学術雑誌において少しずつ，一定の知見を有する人
物の査読により掲載論文の質を管理するという，科学の研究交流に欠かせな
い仕組みもつくられていきました。

　パリの科学アカデミーはさらに踏み込み，学者が王から年給を得られる仕
組みをつくったので，科学の探究のみで生計を立てていける地位が出現しま
した。科学は職業になったのです。また，同アカデミーは優れた業績を残し
た学者の偉業を称える読み物の出版や，科学の学説史を書き残すことも並行
しておこないました。

　こうして，半ば永続的に存在する研究のネットワークによって，質の高い
研究が評価され，過去の業績が後世に着実に伝わる仕組みが整えられたので
す。なお，イスラム世界など非西洋世界からの科学への貢献は18世紀の時
点ですでにみえづらくなっていました。

(2)　ネットワークのヒエラルキー化と科学の専門職業化

　18世紀のあいだを通じてヨーロッパ各地に科学のアカデミーが増えつづ
けましたが，なかでも有力な国の首都にあるアカデミーは，国内外の科学的

知識が集まり，かつ最先端の発見が発信される場所となりました。科学や数学に優れたヨーロッパの若者が地方都市の学校やアカデミーで才能を見出され，そこから首都を目指すようになったのです（ただし，女性や有色人種の若者は当時十分な教育を受ける機会がなかったので，その限りではありません）。

　また，並行してヨーロッパ諸国は世界各地に植民地を形成しており，科学を愛好する多様な人が軍人や技術者，医師としてそうした地域に滞在していました。科学アカデミーはそうした人びとからのさまざまな情報や知識が集まる場ともなりました。たとえば，フランス東インド会社に勤めたランプルールという人物は，インドに滞在するあいだに現地で見聞きした植物の知識を『オリシャの庭園』(1725) という書にまとめてパリ王立科学アカデミーの会員，ジュシューに送っています。自分の業績を高名な学者に認めてもらいたかったからです。ただし，ジュシューはあまり興味を示しませんでした。

　この話にはいわば，二重の搾取とでもいう現象を見出すことができます。ひとつはすでに述べたように，非西洋世界の人たちの知識が当人たちの知らないところでヨーロッパ人旅行者による収集や儲けのための対象になっていたという事実です。二つめは，そのような旅人の収集作業——それはそれで人手を雇ったり危険な場所に行ったりと苦労の結晶でもありました——をほぼ無料で手に入れることのできる，さらにヒエラルキー上位の人びとが本国のアカデミーにはいたということです。こうして18世紀末には，科学的な知と人材をヨーロッパの首都に吸い上げる世界的なネットワークができあがっていたのでした。

　知的交流ネットワークの形成に比べて，科学教育のための制度形成は遅れました。19世紀後半に大学で理学（自然科学）部が次々と成立するきっかけになったのは，ドイツのギーセン大学でリービッヒという化学者が1820年代からはじめた実験教育だといわれます。その教育では，学生は教員から実験のための手ほどきを集中的に受けたあと，そのテクニックをすぐに用いて教授の指導下で独自の研究をおこなうことができました。つまり，即戦力をもつ研究者を早くたくさん育てることのできる教育法だったのです。

　今日，「科学者」を意味する scientist という語がイギリスのウィリアム・

ヒューエル（1794〜1866）によりつくられたのは，このギーセン大学方式の確立とほぼ同時期です。先に書いたように science は「知」そのものを示す一般的な語であるのに対し，“-ist”という接尾辞は violinist（ヴァイオリン奏者）や dentist（歯医者）のように限定的な対象に知悉した人に用いられる語です。すなわち scientist とは，science が狭く深い専門知を必要とする営みに変貌したことを反映した語でした。そしてこのとき以降，科学の研究者が教育機関により多数供給されるようになります。この教育法に惹かれて多くの学生がドイツに集まり，各地にそのモデルを持ち帰って普及させたからです。

　より多数の人材が安定して科学者コミュニティに供給されるようになると，ますます多くの発見が知のネットワークを潤します。その成果はすでに進展していた産業技術の発展とも結びつき，西洋世界に富をもたらす原動力ともなっていきました。

(3)　テクノサイエンス化する科学とその社会的影響

　「西洋世界で発展した近代科学」という意識を各地の人びとが強くもちつづけているのは，とりわけ 19 世紀末以降，世界中が次第に西洋を中心とする科学的な知のグローバル・ネットワークの一部に組み込まれていったからです。それは植民地化と連動しておこなわれた強制的なものもありましたが，前述のように，科学の先進地に留学した人びとによる自発的な営みという側面もありました。

　特筆すべきは，19 世紀を通じて，科学的な知のネットワークが各地の才能を取り込むだけでなく，技術の営みとも密接なかかわりをもつようになったことです。よく誤解されるのですが，産業革命の初期に現れた技術は，科学の恩恵をさほど受けていませんでした。たとえば，ワットの蒸気機関の仕組みを説明できる熱力学が発展したのは，発明から数十年がたった 1820 年代のことです。

　しかし，19 世紀半ばになると専門職業化した科学者たちの集団が高度な数学と洗練された実験装置を用いて，技術的発明に直接貢献できるような知を生み出していきました。このように，技術と結びついた科学のことを「テ

クノサイエンス（technoscience）」，あるいは単に「科学技術」と呼びます。

　科学史研究者ジョゼフ・ニーダムによると，西洋世界の技術力が中国を含む東洋世界を上回ったのは 19 世紀半ばであるようです。こうして科学と結びついた技術力に支えられ，西洋世界は帝国列強として各地に植民地を建設していったのです。同時に，帝国の政治力と拡大した市場により支えられた知のネットワークはますます広大になっていきました。

　科学の成果が技術を通じて広い範囲に及び，世界への影響力が大きくなるにつれて，社会に対する科学者の責任という問題も大きく浮上してきます。その最初の大きな契機となったのは第二次世界大戦でした。それまで，科学による軍事技術への貢献は，おもに軍が科学者に依頼し実現していましたが，第二次世界大戦では科学者しか思いつくことのなかった原子爆弾がアメリカで開発され，日本に投下されたのです。爆弾製造を指揮する立場にあった科学者，オッペンハイマーによる「物理学者は罪を知った」という言葉は有名です。それは，科学・技術が無制限に発展をつづけてよいのかが，はじめて国際的な関心の的になった瞬間でもありました。また，あまり知られていませんが，核の恐怖は環境問題，すなわち人間による地球規模の生態系破壊という問題に科学者が関心を寄せる最初の機会にもなりました。

(4)　科学研究の社会的責任

　現在の科学者コミュニティは，かつてよりも科学の営みにあった負の側面や，社会において科学が果たすべき役割について，自覚的であろうとしています。とくに 2020 年代以降は，「責任ある研究とイノベーション（Responsible Research and Innovations）」という考え方により，科学の生み出す技術が社会にある経済格差や不平等を助長しないようにすることや，環境に悪影響を与えないようにすることが目指されるようになっています。それにともない，名もない人たちの科学への貢献をより可視化し，女性や有色人種，そして LGBTQ といった従来の科学者コミュニティに欠けていたタイプの人びとを科学の世界に引き込むことも先進国では奨励されるようになっています。

　このような動向は，21 世紀以降，科学による知のネットワークがさらに

深く，あらゆる場面に根を張るようになり，人びとの生活に影響力をもつようになったことと関係しています。事実，科学の営み自体がかつてのように大学や研究所だけでおこなわれるものではなく，企業やNPO，NGOなどの団体，さらには個人の自宅でもなされる幅の広いものへと変貌を遂げつつあります。たとえば，みなさんがもつスマートフォンはさまざまなデータを計測して科学者コミュニティのもとに届けるデバイスとなりえます。実際，環境科学の分野では市民に協力を要請して，科学者の目が届かない場所のデータを収集してもらうことがあるようです。

　このように，現代の社会では，みなさんひとりひとりが科学・技術ととても近い関係をもつようになっています。それは，気軽に科学研究に参加しやすくなったという正の側面と，逆に意図せず個人で集めた情報をだれかに利用されたり，ただ働きさせられたりしやすくなったという負の側面の両方を意味します。今まで以上に，社会のなかに浸透した科学・技術との向き合い方，使い方をひとりひとりが考えていかなければならない時代となっているのです。

参考文献

隠岐さや香　2018『文系と理系はなぜ分かれたのか』星海社新書。

佐倉統　2020『科学とはなにか』講談社。

佐藤靖　2019『科学技術の現代史——システム，リスク，イノベーション』中公新書。

中根美知代・佐藤賢一ほか　2009『科学の真理は永遠に不変なのだろうか——サプライズの科学史』ベレ出版。

日本科学史学会編　2021『科学史事典』丸善出版。

橋本毅彦　2010『〈科学の発想〉をたずねて——自然哲学から現代科学まで』左右社。

プリンチペ，L・M　2011『科学革命』菅谷暁・山田俊弘訳，丸善出版。

古川安　2018『科学の社会史』ちくま学芸文庫。

村上陽一郎編　2022『「専門家」とは誰か』晶文社。

山崎正勝・日野川静枝　1990『原爆はこうして開発された』青木書店。

ラジ，K　2016『近代科学のリロケーション——南アジアとヨーロッパにおける知の循環と構築』水谷智・水井万里子・大澤広晃訳，名古屋大学出版会。

Blåsjö, V. 2018. A rebuttal of recent arguments for Maragha influence on Copernicus. *Studia Historiae Scientiarum* 17(2018): 479–497. DOI:10.4467/2543702XS

HS.18.017.9337

Gingras, Y. 2018. *Histoire des sciences*. Paris : PUF.

Lightman, B. ed. 2016. *A Companion to the History of Science*. Chichester: Wiley Blackwell.

●推薦図書—— 一歩先に踏み出すために

古川安『科学の社会史』
　　科学の営みを制度や文化の視点から考えるという「科学の社会史」を理解するうえで代表的な本です。科学者共同体がどのように歴史のなかで出現し，変化してきたのかについて，過去から近現代にいたるまで豊富な事例とともに扱っています。［ちくま学芸文庫，2018］

佐倉統『科学とはなにか』
　　科学はいつも正しいのか，科学は役に立つのか。コロナ禍で迷いを感じた人もいるかもしれません。本書は「科学論」という分野の入門書ですが，科学史の事例も多く盛り込まれています。現代における科学との向き合い方を考えたい人にお勧めの本です。［講談社，2020］

隠岐さや香『文系と理系はなぜ分かれたのか』
　　筆者の本ですが，文系と理系という区分けがどうしてあるのかという問題について，科学史の視点から扱っています。自然科学史は理系の歴史であり，人文社会科学史が文系の歴史です。学問の全体像について考察したい人は手に取ってみてください。［星海社新書，2018］

第 4 章

史 学 史

歴史学はいかに世界を認識してきたか？

浅田進史

　本章では史学史，つまり歴史学の歴史を考えていきます。ただし，その目的は著名な歴史家の業績をたどることではありません。そうではなく，同時代の世界を視野に入れながら，日本の歴史学が模索した過程を振り返って考えようというものです。ここでの世界とは，世界全体を扱うという意味ではありません。それは日本の歴史学の軌跡が同時代の世界と相互関係にあったことを示すためのひとつの視点であり，またその関係性と広がりを視野に入れるための枠組みです。

　まず，一般に疑問なく受け入れられがちな，日本史・東洋史・西洋史の三区分が日本の歴史学においてどのように制度化されたのかについて述べていきます。その制度化は日本の近現代史と密接に結びついており，またわたしたちが世界を認識する枠組みに深く影響を及ぼすものでした。つづいて，歴史学がいかに時代を区分してきたかについて述べていきます。一定の時間を区切り，性格づけをおこなうことで，わたしたちに長期的な視野を与えてくれる時代区分論は，歴史学を特徴づける学問的営為であり，史学史を考えるうえで振り返らずにいられない議論といえます。最後に，再び世界を空間的に認識する方法論の問題に戻ります。日本史・東洋史・西洋史という日本の近代歴史学に内在化された世界認識を超えた広い視点に立って，歴史学がいかに世界を認識しようとしてきたかについて考察していきます。

1　生きつづける日・東・西

(1)　権力としての三区分

　日本の歴史学は，ながらく日本史・東洋史・西洋史の三区分を前提として
きました。それは日本・東洋・西洋に区分して世界の歴史を認識する枠組み
ですが，そうした世界の区分は決して自明のことではありません。この三区
分はどのように成立し，またそこにどのような問題があったのでしょうか。

　1887年2月に帝国大学（のちの東京帝国大学）にドイツからリースが招聘
され，9月に史学科が設置されました。史学科にはヨーロッパの歴史学が導
入されましたが，その2年後に日本史を対象とする国史科が設置されました。

　リースは実証史学として著名なランケに学んだ人物です。史料批判と客観
的叙述を主張したランケの歴史学は，実際には大国中心の政治外交史を重視
するものでした。国史科を主導した重野安繹は漢学系の考証史学者であり，
その立場からランケと同様に実証と政治史を重視し，ヨーロッパの歴史学の
導入に積極的な人物でした。つまり，日本の大学で歴史学が成立する際に，
たんにヨーロッパの歴史学が輸入されたのではなく，もとより実証史学の素
地があったということです（永原2003：16-18）。

　日清・日露戦争をきっかけに，日本でナショナリズムが高まり，大国意識
が現れるようになると，日本の歴史学のなかで欧米列強を「進歩」とみな
し，それと同じように「発展」することを前提とする風潮が強まりました。
その結果として，日本の歴史に欧米と同様の「発展」を見出すための歴史比
較が強く意識されるようになりました。「国史」である日本史は欧米的発展
の可能性を探求し，欧米諸国を対象とする西洋史はそのモデルを提供するこ
とが期待されるようになったのです。まさに日露戦争が勃発した1904年
に，東京帝国大学史学科に中国史を対象とする課程が設置され，さらに韓国
併合の年にあたる1910年に，「国史」「東洋史」「西洋史」の三専修科へと再
編されました（永原2003：43-47）。

　中国史・アジア史を対象とする東洋史は，欧米帝国主義列強のように，日本の対外拡張を学知の立場から支えることが期待されました。その東洋史は，「進歩」の側に立つ日本を，アジアから切り離し，そしてアジアを「停滞」するものとみなす蔑視観を内在するものでした。東京帝国大学で東洋史を担当したのは白鳥庫吉であり，彼はリースのもとでランケの実証史学を学び，その方法論をもって東洋史に取り組みました。同時に，彼は1908年に日本の国策会社であった南満洲鉄道株式会社東京支社内に，満洲・朝鮮の歴史・地理に関する調査室を設置させました。学術的見地に加えて，その意義として「満韓経営に関する実際的必要」をあげており，白鳥は日本の対外拡張政策に積極的に関与しようとしました（旗田 1966：208）。

　このように日・東・西の三区分は，日本史を東洋史から切り離し，欧米列強をモデルとして追求する歴史的枠組みを提供するものでした。ただし，それを担った歴史家たちは，自らの学問的営みが政治権力と結びついていたと認識していたわけではありませんでした。1951年に『朝鮮史』を著した旗田巍は，その例として中国経済史研究の加藤繁をあげています。加藤は自己の学問と思想を意識的に切り離し，その考証学的手法によって多くの業績を生み出す一方で，1932年に『絶対の忠誠』を著すほどに右翼的思想活動に傾倒しました。これは極端な事例ですが，多くの東洋史学者は，その思想・態度と学問を切り離し，戦争に動員されたとしても，自らは史料に基づく実証と客観性に基づいた純粋な学術的研究に従事していたと考えていました。旗田はこのような学問的態度について，「侵略体制のなかで学問の純粋性を守ろうと」する一方で，「現実との無責任な結合，権力への追随をもたらす危険性」に対して無自覚であったと批判しています。さらに，それは研究者が自らの思想を捨て去り，そこに生きた人びとの悩みや苦しみを欠く「人間不在の考証的研究」を重視し，「体系的把握そのものを軽視する傾向」を生み出したと指摘しました（旗田 1966：213-216）。

　1907年に史学科が設置された京都帝国大学にも，同じく日・東・西の三科制が導入されました。その東洋史を担当した内藤湖南は，アジア主義的な立場から，日本を東洋に位置づけようとしたと評価されています。それでも

全体としてみれば，日本の歴史学の三学科制は，日本の歴史をアジアという
歴史的文脈から切り離す役割を果たすことになりました。そして，発展のた
めのモデルであり，「進歩」を体現すべき西洋史は，帝国主義的拡張の対象
となったアジア・アフリカならびに中南米・オセアニアの先住民の歴史を，
ヨーロッパのそれと相互に関係するものとしてではなく，一方的に影響を与
えた対象として，また発展から「遅れた」地域として比較する認識枠組みに
陥ることになったといえるでしょう。

(2)　並走する戦間期の社会史とさまざまな異議申し立て

　政治外交史を重視するランケの実証史学と「正史」の伝統をもつ漢学系考
証史学の結合によって出発した日本の史学科は，政治・外交・制度史に比重
をおきました。そうであっても，当時，歴史に取り組んだ知識人や研究者が
社会・経済・文化的側面への関心をもたなかったわけではありません。文明
史・進歩史的な視点から『日本開化小史』(1877〜82) を描いた田口卯吉の
例のように，経済・社会への関心は，大学に歴史学が成立する以前からみら
れました。ただし，そのような歴史学の実践は，主として日本では，史学科
という制度的枠組みを超えたところで取り組まれました。その一例として，
社会経済史をあげることができます。日本では，1930 年 12 月，社会経済史
学会が設立されました。その発起人に史学科出身の歴史学者はごくわずかし
かみられず，経済学部を中心に歴史を志向する社会科学系諸部門の研究者が
集った学会でした。大学の垣根を超えた学会組織として発足し，その会誌
『社会経済史学』が研究発表の場を提供しました（永原 2003：23-25, 109-
110）。
　第一次世界大戦から世界恐慌へいたる当時の世界情勢を思い浮かべれば，
社会経済史への関心の高まりが日本に限られたものではなかったことは，容
易に想像できるでしょう。第二次世界大戦後における社会史研究の世界的な
興隆に大きく寄与した『アナール（年報）』は，1929 年にフランスのストラ
スブール大学で公刊されました。この雑誌は，ドイツの『社会経済史四季
報』をモデルとし，創刊当初は『社会経済史年報』というタイトルでした。

　このアナール学派は，地理学・政治学・社会学・心理学・宗教学などますます学際性を志向し，「全体史」としての社会史を前面に押し出していきます（竹岡 1995：3-12）。

　さらに視野を広げれば，この時代に戦後の歴史学の潮流に連なる多様な試みが世界的かつ同時並行的に存在していたことに気づきます。日本のマルクス主義を志向した歴史家たちは，国家権力によって発売停止，あるいは削除・伏字を強いられながら，1932 年から翌年にかけて，岩波書店から『日本資本主義発達史講座』を刊行しました。それを機に，明治維新以降の日本資本主義の性格規定をめぐる日本資本主義論争と呼ばれる一大論争が生まれました。この論争の枠組みは，あえて大ざっぱにいえば，日本資本主義の封建的性格を重視するか，それともすでに独占段階までに発達した高度な資本主義とみなすかというものでしたが，その焦点は世界資本主義に組み込まれるなかでの日本の近代社会の特質を問うものでした（永原 2003：92-95）。

　女性史に目を向ければ，日本では，家父長制イデオロギーに挑むため，家族史・女性史に取り組んで母系制を歴史的に研究した高群逸枝，あるいはヨーロッパでは，1933 年に近世・近代の西南ドイツにおける女性および家族類型の歴史的変化に関する博士論文を書き上げたフロイデンタール＝ザリスのような，高等教育機関で学んだ女性が自ら女性史に取り組むような事例が現れました。ただし，高群が熊本女学校を中退し，フロイデンタール＝ザリスが社会学で博士号を取得したように，どちらも歴史学の教育・研究制度の外部から提出された成果であったことは留意すべきでしょう。

　歴史的観点から帝国主義・植民地主義を批判的に分析した学問的成果も見逃せません。大西洋奴隷貿易・奴隷制の歴史から資本主義を問い直した，1944 年に刊行されたウィリアムズの『資本主義と奴隷制』のもととなった博士論文は，すでに 1938 年に完成しています（ウィリアムズ 2020）。植民地主義の問題に女性史の視点を重ねて分析した研究もすでにみられます。抗日運動に身を投じながら，歴史的な視点を加えて，1938 年に植民地支配のなかでの民族解放と女性解放について 2 本の論考を著した朴次貞の例もあげることができます（宋 2009：58-59）。

　再び当時の日本の史学科に目を向けてみましょう。その実証史学としての特徴を説明しましたが，実際のところ，近代天皇制国家のもとにあった日本の歴史学に，天皇制・軍事・植民地支配などの国家権力の根幹にかかわる分野については，当初から研究の自由はありませんでした。たとえば，1891年に「神道ハ祭天の古俗」を『史学会雑誌』に発表した久米邦武は，天皇制に害をなすものとして非難を浴び，帝国大学を離職せざるをえませんでした。そして，戦間期から戦時期へと思想統制・弾圧が強まると，記紀神話を史実とみなし，「万世一系」を謳う天皇制国家の優位性を説く皇国史観が現れます。それは実証史学に不満をもった平泉澄が中心人物でした。東京帝国大学国史学科で教鞭を執った彼は，1932年に『国史学の骨髄』を著し，教育・学問へ影響を及ぼすために，政界・軍部に人脈をつくり，政治的な宣伝活動に邁進しました（永原 2003：127-129, 137）。

(3)　戦後歴史学と三区分

　敗戦後，世界史が歴史学の新たなスローガンとなりました。世界史は史学科に制度化されていた日本史・東洋史・西洋史の三区分に対置されるべき枠組みでした。きっかけは，1949年4月に高校の新しい教科として，西洋史と東洋史を合併させた社会科世界史が導入されたことでした（南塚 2007：33-34）。同年に開催された座談会を収録した『世界史の可能性』（1950）には，世界史に対する当時の歴史研究者や高校教員の思考を垣間見ることができます。参加者のひとりである遠山茂樹は，戦時にみられた日本中心ではなく，また「ヨーロッパ帝国主義の東洋植民地化政策の立場に立つ世界史を克服した，新しい世界史というものが生まれなければならない」と述べています（尾鍋 1950：25）。

　同じく1949年に，歴史学研究会は「世界史の基本法則」と題した統一テーマを掲げて年次大会を開催しました。1932年に設立されたこの学会は，当時，東京帝国大学の日本史・東洋史・西洋史の三分科制に批判的な姿勢をもち，大学の垣根を越え，より自由にかつ「科学的な研究」を目指していました。しかし，戦時中の思想弾圧の激化によって検挙される会員も現れ，

1944 年に同会は活動を停止しました。先ほど発言を紹介した遠山茂樹は，1944 年 12 月時点で同会幹事に名を連ねていた人物です（永原 2003：141）。彼は，1949 年度大会で掲げた「世界史の基本法則」が「西ヨーロッパ諸国の歴史発展を典型」とするものであり，その対比で日本や中国の歴史の発展段階が議論されたと自省的に回顧しています。そのうえで，アジア・アフリカ・ラテンアメリカにおける民族解放闘争を視野に入れながら，「世界史構想の転換」について論じています（遠山 1966：3-4）。世界史は，西欧モデル，自民族中心主義，日本史・東洋史の差別化など，日本の近代歴史学が内在していた見方を克服するための視点・方法として期待されていたのです。

　そうであっても，世界を日本史・東洋史・西洋史の三つに区分する思考と制度的枠組みは，現在でも生きつづけています。1889 年，当時の帝国大学，現在の東京大学に設立された史学会は，会誌『史学雑誌』を発行していますが，毎号，国内で刊行された歴史学関係の書籍・論文の目録を掲載しています。その分類に日本史・東洋史・西洋史の三区分をみることができます。

　それでは，なぜこの三区分が今なお生きつづけているのでしょうか。2020 年からミネルヴァ書房から「論点」を冠した歴史学の入門書的なシリーズが刊行されており，そこでも日・東・西の三区分が採用されています。そのなかの一冊として 2022 年に刊行された『論点・東洋史学』の序説のなかで，「東洋史」という枠組みの意義が述べられています。そこではまず，「東洋史学」は「日本人が発明した学問領域」であると指摘されています。たしかに，ヨーロッパで成立したのは東洋学（Oriental Studies）であり，東洋史（Oriental History）という用語を目にすることはほとんどありません。その日本で生まれた東洋史学は，その対象を中国から中央アジア・西アジアへと広げていきました。それはたんに「西洋史」に対置するものとしての東洋史が目指されていたではありません。そして『論点・東洋史学』は，現在のアジア・アフリカ関係の多様な結びつきを念頭に，21 世紀にふさわしい東洋史として，「アジアとアフリカの歴史を広く視野に入れて展望」することを提唱しています（吉澤 2022：1-3）。

2　歴史学はいかに時代を区分してきたか

(1)　古代・中世・近代の創造

　日本の近代歴史学が前提とした時代概念，つまり古代・中世・近代という三区分も，決して自明のものでも，価値中立的なものでもありませんでした。本節では，まず視点をヨーロッパに移します。

　この三区分は，ルネサンス期のイタリア人文主義者に由来します。この時代の新しい文化運動を担った知識人・学者は，ギリシア・ローマ古典古代を自らが生きる時代のモデルとみなし，その再生・復興を目指しました。1550年に『画家・彫刻家・建築家列伝』を著したヴァザーリは，自らが生きる時代を，「蛮族」の侵入によって破壊された古代の再生の時代と解釈しました。イタリア人文主義者たちは，「いま」新しい時代に生きているという意識をもち，自らが生きる時代とそれ以前の時代を分け隔てました。「近代」を意味するモダンは，まさに「いま」「現在」を意味します。そして，モデルとすべき古代と自らが生きる新しい時代とのあいだの時代を「中間の時代」，すなわち中世を「暗黒の時代」として否定的な評価を与えたのです（徳橋 2020）。

　現在の歴史学では，このような「暗黒の中世」という見方は否定されています。ハスキンズが提唱した「12世紀ルネサンス」論以降，中世における古典文化復興運動に光が当てられ，その時代の「先進性」や豊かさが論じられるようになりました。その復興運動の中心となるギリシア哲学に関する知識は，ビザンツ帝国やイスラーム世界を経由するかたちで，ヨーロッパ世界へと伝えられました（小澤 2020）。このような歴史学の成果によって，「ルネサンス」という時代概念をもって，中世から近代への移行を，劇的な社会の転換と解釈する見方は拒絶されることになりました。

　しかし，「近代」の立場から古代・中世の性格を規定する三区分は，19世紀に成立した実証主義的な歴史学に受け継がれることになりました。16世紀以降，ヨーロッパ列強は，世界各地で植民地化あるいは勢力圏を拡大しま

した。啓蒙の時代を経て，さらに 19 世紀に科学として成立した実証史学は，ヨーロッパとアジアを対比させ，それぞれに「文明」「進歩」と「専制」「停滞」という対照的な特徴を与えました。ヨーロッパ近代に成立した歴史学はその世界支配を正当化し，イデオロギー的に支えたのです（岡崎 2003）。

(2)　近世論

　それでは「近世」をどのように考えればよいのでしょうか。英語圏で近世は通例，early modern（period）と表記されますが，字句の通りに解釈すれば，「初期近代」，つまり近代の一部と理解できます。この初期近代のあとに，イギリスのマルクス主義歴史家ホブズボームのいう二重革命の時代，つまり産業革命とフランス革命の時代がつづきます。

　この「近世」という時代区分について，日本の歴史学界は，これまで特別な意味合いをもって議論してきました。日本史では「近世」は，「近代」とは別の，「おおむね江戸時代を中心とする時代」として理解されています。それはまた，普遍的な近代に対して，近代的な萌芽がみられつつも封建的性格を残した「日本史的特殊を一身に体現する」時代区分として解釈されてきました（朝尾 1991：9, 14-15）。1950 年代以降，日本の中国史学界でも，唐宋変革後の中国社会を中世から近世への転換とみるか，古代から中世への転換とみるかという論点をめぐる時代区分論争が生じました（岸本 2017）。いずれもヨーロッパの封建制を基準に，古代・中世・近代へと社会が一方向的に発展していくことを前提とした議論でしたが，それと同時に，ヨーロッパの近代歴史学が想定していたアジア停滞論，つまりヨーロッパのように資本主義に移行せず，アジアが「東洋的専制君主政」のまま「遅れた」段階にあるとみなすような歴史認識を実証的に乗り越えようとした試みでした。

　しかし近年，日本の歴史学界だけではなく，世界的にも，16 世紀から 18 世紀までの「近世」を「固有の構造とサイクル」をもつ時代として理解する研究潮流が生まれています。それは，1980 年代以降，人文社会科学全般に大きな影響を与えたウォーラーステインの世界システム論を批判的に受容するものでした。世界システム論では，世界はひとつの構造として理解され，

その構造における同じ時間を共有する相互関係性，つまり共時性が重視されます。世界システム論のヨーロッパを中心とする歴史理解を批判しつつも，その新しい研究潮流は，広域的な構造を念頭に，地域の固有性と同時に，共時的な地域間の相互関係性を重視します。ここでの「近世」とは，近代歴史学が想定した近代化に行き着くとは限らない，多元的で多様な可能性をもった時代として理解されています。とくに，商業の活発化，新たな軍事技術の導入，さらに新たな国家形成といった共時的な現象に注目が寄せられています。先述した歴史学研究会の会誌『歴史学研究』による 2006 年の「近世化」特集は，世界システム論に対する日本の歴史研究者によるひとつの応答と位置づけられています（岸本 2017）。

(3)　現代史はいつからか，いつまでか

　近代，すなわちモダンが「いま」「現在」を意味するならば，現代はいつからはじまるのでしょうか。近代化と訳語が当てられる modernization は，文脈によって現代化とも訳されます。それではなぜ，近代とは別の時代区分として「現代」が生まれたのでしょうか。

　英語圏では，「現代史」は contemporary history と表記されます。日本がその実証史学を導入したドイツ語圏では，Zeitgeschichte と表記されます。これらは日本語では「現代史」だけではなく，「同時代史」とも訳されます。その言葉には，歴史家を含めたわたしたちが今生きている時代，つまり「同時代」を扱う歴史という意味が込められています。しかし，それでは歴史家自身の時代感覚に規定される時代区分となってしまいます。

　実際に，ヨーロッパ史では，通例，第一次世界大戦以降の歴史が，日本史では第二次世界大戦以降のそれが，現代史と理解されています。2014 年に岩波書店から刊行された第一次世界大戦をテーマとした 4 巻本のシリーズ名は「現代の起点　第一次世界大戦」です。第一次世界大戦は，主戦場となったヨーロッパの同時代人にとって「破局」の体験であり，その戦後には，「新ヨーロッパ」のような新しさ，時代の転換を含意した標語が叫ばれ，旧い時代からの転換が強く意識されました。ただし，その時代が同時にファシ

ズムを生み出し，第二次世界大戦を呼び込んだことも歴史的事実です。

　日本の歴史学にとって，アジア・太平洋戦争の敗戦が歴史の転機となりました。つまり，アジア侵略を支えた日本の近代歴史学を批判し，新たに戦後歴史学として再出発することが求められたのです。そして，1960・70 年代には「現代歴史学」を掲げる入門書や論集が現れるようになりました。1971 年に歴史学研究会が『現代歴史学の課題——新しい歴史科学を学ぶために』を刊行したことはその一例です。そこには，戦前日本の政治体制やそれを支えた社会のあり方，またアジア侵略の過去を批判し，新しい歴史学を確立しようとする歴史家の意識が読み取れるでしょう。

　それでは，いつまでが現代なのでしょうか。本書を手にとって歴史を学ぼうとするみなさんにとって，上記のような二つの世界戦争に規定された「現代」を「同時代」として理解していくことは難しいでしょう。それは「現代」という時代感覚の変化でもあります。現代史の対象は，時代を下って，欧米諸国や日本の高度経済成長，朝鮮戦争やヴェトナム戦争のようなアジアの「熱戦」，「アフリカの年」に象徴される脱植民地化，1970・80 年代以降の民主化運動の世界的な広がりと冷戦体制の崩壊に広がっています。2000 年代以降も，すぐに現代史の対象になるでしょう。

　現在の時代区分論は，もはや三区分に限られるものではありません。近世をひとつの独自の時代として把握する研究動向を紹介しましたが，通史的な教科書には，20 世紀を 10 年ごとに区切って，それぞれの年代の世界を通観して理解する試み（北村 2021）など，さまざまな取り組みがみられるようになりました。こうした新たな時代区分論は，わたしたちがその時代・社会を新たに解釈する，あるいは深く理解する可能性に満ちています。

3　歴史学は世界をいかに区分してきたか

(1)　三区分とアメリカ大陸

　日本・東洋・西洋という区分は，日本を中心にした世界認識の方法でした

が，そもそもアジア・アフリカ・ヨーロッパという世界認識も自明のもので
はありません。この三区分は，紀元前 5 世紀に古代ギリシアのヘロドトスま
でさかのぼることができます。彼は世界をアジア（アシエー），ヨーロッパ
（エウローペー），そしてリビア（リビュエー）の三大陸に分けました。ペルシ
ア戦争を叙述する際に，ヘロドトスはヨーロッパを代弁するギリシアに「自
由」，アジアを代弁するペルシアに「隷属」という性格づけをおこなってい
ます。つづく古代ローマの時代に，リビアはアフリカと呼ばれるようになり
ました。もとはカルタゴおよびその周辺を指す言葉でしたが，ローマがその
北アフリカ支配地域を拡大するとともに，「アフリカ」がその大陸全体を指
すようになりました（岡崎 2003）。

　この古代ギリシア・ローマの世界認識は，中世ヨーロッパのなかでキリス
ト教認識に改変されたかたちで受け継がれました。それは 7 世紀頃から作成
されるようになった TO 図に現れています（図4-1）。世界を円状にオーケ
アヌスが囲み，中心に聖地イェルサレムがおかれます。東の果てに楽園があ
ると考えられたため，アジアが上半分に配置され，ドン川・ナイル川をはさ
み，下半分にアフリカとヨーロッパがおかれ，それを地中海が隔てていま
す。オーケアヌスをO，三大陸を分ける二つの川と地中海をTに見立ててい
ます。それぞれの大陸には大洪水後のノアの子孫，つまりアジアはセム，ア
フリカはハム，ヨーロッパはヤペテの子孫が住むと考えられました。しか
し，7 世紀以降，イスラーム教世界が中東・北アフリカ・ヨーロッパの一部
へと拡大すると，ヨーロッパではキリスト教世界としての自己認識が強ま
り，ほかの大陸を異教徒が住む世界，さらにはその端には怪物が住んでいる
と解釈されるようになりました（岡崎 2003）。

　このヨーロッパにおける世界観は，15 世紀末から 16 世紀初頭にかけてア
メリカ大陸の存在を認識することで崩壊しました。コロンブスは，自らが到
達したカリブ海のバハマ諸島をインドの一部と考えていましたが，その後の
ヴェスプッチの探検航海によって，ヨーロッパに未知の大陸であると確認さ
れ，彼の名であるアメリゴにちなんでアメリカ大陸と呼ばれるようになりま
した。このアメリカ大陸への到達は，イスラーム世界を迂回してアジアへの

図 4 - 1　TO 図の例

出所）Woodward 1987: 302; Beazley 1900: 380.
　注）左はセビーリャのイシドルス『語源』（7 世紀頃）の TO 図（1472 年，アウクスブルク，ツァイナー版），右はサルスティウス地図（11 世紀，ライプツィヒ）。

道を開拓しようとしたヨーロッパの対外拡張の一環でした。そして，19 世紀半ばにいたるまでの 3 世紀以上ものあいだ，ヨーロッパ列強は，アジア・アフリカ・アメリカ・オセアニアで植民地化を進め，同時に大西洋奴隷貿易を大規模に展開し，かつカリブ海地域を中心に南北アメリカで奴隷制プランテーションを拡大しました。

　このヨーロッパ勢力による世界各地の植民地化と支配体制は，近代ヨーロッパの優位性を前提とした「文明化の使命」論によって正当化されました。この「文明化の使命」論には，古代ギリシア・ローマとそれを「再生」したルネサンス，そして啓蒙の時代を経て，産業革命にいたるまでを直線上に結びつける思考がみてとれます。1987 年にバナールは『ブラック・アテナ——古代ギリシア文明のアフロ・アジア的ルーツ』を発表し，学界に衝撃を与え，大きな論争を呼びました。彼は，古代ギリシア文明をヨーロッパにではなく，アフリカ・アジアの歴史に位置づけることで，ヨーロッパ近代が前提とした歴史観に挑戦したのです。現在の歴史学では，古代ギリシアの歴

史は，もっぱらヨーロッパ史へと包摂させるのではなく，アジア・アフリカ
を含めた東地中海世界の歴史として理解されるようになっています（岡田
2008）。

(2)　「東」から考える

　アジア＝「停滞」あるいはアフリカ＝「野蛮」のように，地域概念はなん
らかの政治性や蔑視観を帯びる傾向があり，これまでみてきたように，それ
には近代科学によって強化されてきた歴史があります。あらためて「東洋」
「東」「アジア」について考えてみましょう。1978 年にサイードが著した『オ
リエンタリズム』は，近代ヨーロッパで体系化された「東洋学」がその帝国
主義支配を支える文化的様式であると論じました。その学問は「東洋」に停
滞・非合理的・受動的といった属性を付与し，それに対比するものとして西
洋の自己認識を創り上げました。さらに同書は，その西洋／東洋観認識を
「東洋」が自ら内面化してしまう問題も指摘しました（サイード 1993）。

　このように，東西の区分によってそれぞれの文化的・社会的優劣を論じ，
さらに現実の支配関係に反映させた例は，ヨーロッパ内部にもみられます。
18 世紀に東欧を旅行した啓蒙主義知識人が書き綴った旅行記や手紙を分析
することで，ウォルフはいかに東欧という地理概念が創出され，「停滞」「未
開」という見方が定着したかを論じました（Wolff 1994）。また，歴史家がよ
り直接に関与した例として，第二次世界大戦中にナチ・ドイツが支配した
ポーランドなどの東部占領地でおこなわれた「東方研究」があげられます。
その研究は同占領地でのユダヤ系住民の強制移送に加担するものであり，そ
れに参加した歴史家には，大戦後の西ドイツ歴史学界で指導的な地位にあっ
た者も含まれました。この問題は，1998 年のドイツ歴史家大会でようやく
本格的に議論されるようになりました（シェットラー 2001）。

　現実の国際政治が地域概念を創出した例として，「東南アジア」をあげる
ことができます。東南アジアがひとつの歴史的・空間的にまとまりをもつ地
域として国際的に認識されるきっかけは，アジア・太平洋戦争期における日
本による東南アジア占領でした。戦後，この地域は冷戦構造に組み込まれ，

アメリカの世界戦略のなかで，地域研究の一分野として東南アジア研究が組
織化されることになります。また，冷戦構造のなかで ASEAN（東南アジア
諸国連合）のような地域統合が進んだことも，この地域概念の定着をうなが
しました（古田 1998：43）。

　たとえアジアがヨーロッパによって規定された地域概念であったとして
も，ヨーロッパ中心主義的な見方を克服するアジア史像を再構成すること
は，アジア史研究者にとっての大きな課題でした。そのひとつの成果とし
て，1993・94 年に東京大学出版会から刊行された全 7 巻のシリーズ「アジ
アから考える」をあげることができるでしょう。また，日本の近代歴史学に
成立した日・東・西の三区分が東洋史から日本史を切り離す歴史理解を生ん
だ反省から，日本史をアジア史に位置づけることも，戦後の日本史研究者に
とって大きな課題として受け止められました。そのひとつの成果として，
1992・93 年に東京大学出版会から全 6 巻のシリーズ「アジアのなかの日本
史」が刊行されています。「アジアから考える」シリーズの「序」には，「歴
史的アジア」の「全体像において理解」することが訴えられています。その
「歴史的アジア」は，決して均質的・固定的な地域概念ではなく，むしろ
「多面性・多質性・多義性また歴史性を前提として，それらが交錯しあう様
態」として把握することが提案されています（浜下 1993：1-7）。それは，ア
ジア史を描き直そうとする日本のアジア史研究者のひとつの回答と理解でき
ます。

(3)　地域の行方

　地域を不変かつ固定的な単位ととらえず，地域を歴史学のひとつの方法と
して理解すること。これこそが日本の現代歴史学における地域論の到達点と
いえるでしょう。地域を対象ではなく，方法としてとらえるならば，歴史家
自身がある地域の歴史を研究する際に，その研究課題に即して空間を自由に
設定することができるようになります。しかし，それと同時に，どのような
地域を設定するかが歴史家に問われることになります。

　地域を方法としてとらえる考え方の起点は，1973 年に中東の近現代史を

専門とする板垣雄三が提起したn地域論でした。n地域論は，中東地域のように帝国主義世界体制によって分断された地域を，研究者自らが批判的に問い直すための方法論です。最小の単位として村落単位・個人単位にまで，また最大の単位として地球規模まで，研究者は自由に地域を設定できます。そうすることで，そこに生きる人びとの意識と経験から地域の歴史を問うと同時に，それらを世界大の構造と結びつけて考えるように要求するものでした。それは国民単位や国家単位を自明視するような地域史・国家史や単純に国家を足し合わせたような地域史を問い直すものでした（古田 1998：37-39）。

　そのような歴史学の方法論は，静態的・固定的で，人工的な境界線に囲われ，さらに文化的・社会的優劣の指標が埋め込まれたような地域像から地域を解放します。わたしたちは，ある地域の歴史，そしてそこに生きた人びとの経験を，より歴史的実態に即して接近することができるでしょう。16世紀イタリアの粉ひき屋からその時代の世界像を描いたギンズブルグが実践したようなミクロストーリア，インド洋のような海洋を軸に描く海域史，あるいはグローバルな関係性と構造を視野に入れたグローバル・ヒストリーのように，空間認識に限って例をあげても，これまで歴史学は新たな視点と方法を生み出してきました。そうした歴史学の成果は，わたしたちを先入観から解き放ち，日本と世界を深く理解する道を示してくれるでしょう。

参考文献

朝尾直弘　1991「『近世』とはなにか」朝尾直弘編『日本の近世1』中央公論社，7-52頁。

ウィリアムズ，E　2020『資本主義と奴隷制』中山毅訳，筑摩書房。

岡崎勝世　2003『世界史とヨーロッパ』講談社。

岡田泰介　2008『東地中海世界のなかの古代ギリシア』山川出版社。

小澤実　2020「12世紀ルネサンス」金澤周作監修『論点・西洋史学』ミネルヴァ書房，90-91頁。

尾鍋輝彦編　1950『世界史の可能性』東京大学協同組合出版部。

岸本美緒　2017「地域論・時代区分論の展開」歴史学研究会編『第4次現代歴史学の成果と課題2　世界史像の再構成』績文堂，2-17頁。

北村厚　2021『20世紀のグローバル・ヒストリー——大人のための現代史』ミネル

ヴァ書房。

サイード, E・W 1993『オリエンタリズム』上下巻, 今沢紀子訳, 平凡社。

シェットラー, P編 2001『ナチズムと歴史家たち』木谷勤・小野清美・芝健介訳, 名古屋大学出版会。

宋連玉 2009『脱帝国のフェミニズムを求めて——朝鮮女性と植民地主義』有志舎。

竹岡敬温 1995「『アナール学派』と『新しい歴史』」竹岡敬温・川北稔編『社会史 への途』有斐閣, 3-74 頁。

遠山茂樹 1966「世界史把握の視点」幼方直吉・遠山茂樹・田中正俊編『歴史像再 構成の課題——歴史学の方法とアジア』御茶の水書房, 3-20 頁。

徳橋曜 2020「イタリア・ルネサンス」金澤監修, 前掲書, 122-123 頁。

永原慶二 2003『20 世紀日本の歴史学』吉川弘文館。

旗田巍 1966「日本における東洋史学の伝統」幼方ほか編, 前掲書, 206-228 頁。

浜下武志 1993「序——アジア研究の現在」溝口雄三・浜下武志・平石直昭・宮嶋 博史編『アジアから考える 1 交錯するアジア』東京大学出版会, 1-10 頁。

古田元夫 1998「地域区分論——つくられる地域, こわされる地域」『岩波講座世界 歴史 1 世界史へのアプローチ』岩波書店, 37-53 頁。

南塚信吾 2007『世界史なんていらない?』岩波書店。

吉澤誠一郎 2022「序説」吉澤誠一郎監修『論点・東洋史学』ミネルヴァ書房, 1-3 頁。

Beazley, C. R. 1900. New light on some mediæval maps. *The Geographical Journal* 15 (4): 378-389.

Wolff, L. 1994. *Inventing Eastern Europe: The Map of Civilization on the Mind of the Enlightenment.* Stanford, California: Stanford University Press.

Woodward, D. 1987. Medieval *Mappaemundi*. In J. B. Harley & D. Woodward (eds.), *The History of Cartography: Cartography in Prehistoric, Ancient, and Medieval Europe and the Mediterranean.* Vol. 1, Chicago: University of Chicago Press, pp. 286-370.

●推薦図書——　一歩先に踏み出すために

吉國恒雄『グレートジンバブウェ——東南アフリカの歴史世界』
　　13世紀末から15世紀にかけてインド洋交易によって繁栄したグレートジン
　　バブウェを軸に，ヨーロッパ植民地支配以前の東南アフリカ世界を描く。ヨー
　　ロッパ中心主義的な世界史像を覆す東南アフリカ史入門書。［講談社，1999］

**歴史学研究会・日本史研究会編『「慰安婦」問題を／から考える——軍事性暴力と
　　日常世界』**
　　現代歴史学と社会との関係性を考える際に参考とすべき一冊。植民地主義と
　　軍事性暴力，国際比較，戦時体制，ジェンダー分析，メディア分析，歴史教
　　育論争など，歴史学による多面的な成果が凝集されている。［岩波書店，
　　2014］

総合女性史研究会編『女性史と出会う』
　　1975年の「国際婦人年」以前から女性史研究をはじめた7名の女性歴史研究
　　者の個人史を聞き書きした一書。歴史研究者が社会の一部であり，また同時
　　代的制約をいかに乗り越えるかについて考えさせてくれる。［吉川弘文館，
　　2001］

第5章

海

海洋中心史観は陸地中心史観を超えるか?

鈴木英明

　地球規模の歴史を考えてみるならば,どのようにしてそれは描かれるので
しょうか。多くの場合,この地球を歴史的につながりの深そうな複数のかた
まりに分け,それらを総合して描こうとするのではないでしょうか。その場
合,みなさんが頭に浮かべる「歴史的につながりの深そうなかたまり」とは,
どのようなものでしょうか。おそらくは,国や地域,文明といったかたまり
なのではないかと思います。さらにいえば,それらは陸上を中心に生起した
かたまりであり,一定の空間に広がる領域的なかたまりだということも指摘
できそうです。

　ところで,世界地図を眺めてみませんか。この地球の表面の7割は海によっ
て占められています。陸地は3割にしかすぎません。地球規模で歴史を考え
ようとする際に,たった3割しか占めない陸地に注目するだけで十分なので
しょうか。それでも地球規模の歴史が描けないというわけではないのでしょ
うが,その場合,必ずやさまざまな興味深い,重要な事柄が抜け落ちてしま
うでしょう。なぜならば,人類はさまざまな試行錯誤を繰り返しながら,海
を渡ったり,魚や貝などをとったりして海を利用してきたからです。

　では,わたしたちが地球規模の歴史を考える際にその海を視野に入れるとする
ならば,それは具体的にどのようにして可能になるのでしょうか。どのような方
法があって,それぞれにはどのような可能性と限界があるのでしょうか。本章で
は,とくにインド洋海域世界を事例にして,それらのことを考えていきましょう。

1　海を視野に入れるということ

(1)　陸地中心史観

わたしたちは一般的に歴史というと，どうしても陸上で起きた出来事を中心にして考えがちになってしまいます。たとえば，みなさんがよく目にしたり耳にしたりする「日本史」とか，「中国史」「イギリス史」「アメリカ史」というのは，いずれも国という陸上を中心にして成り立つ単位を対象にした歴史のまとまりを指しています。また，「地域」という単位も聞いたことがあると思います。たとえば「中央アジア」とか「ラテンアメリカ」といった単位でも歴史が構想されることがあります。あるいは，「文明」という単位で歴史を描くこともされます。「メソポタミア文明」とか「古代エジプト文明」などがそれです。

いずれにしても，それらは陸上を中心にした単位であるという共通点があります。この点をまず確認し，ここではそのようにして陸上に焦点をあわせた歴史の見方を陸地中心史観と呼ぶことにしましょう。

(2)　人間は海のうえだけで生きていけない

もちろん，このような陸地中心史観のなかで海がまったく無視されてきたというわけではありません。人びとは歴史上，長らく魚や貝，海藻をとるなどして，貴重な食料にしてきました。食料だけではありません。たとえば，北海道西積丹では約4500年前の縄文時代の遺跡から海水産二枚貝のエゾヒバリガイを母貝とする真珠が出土し，そこには紐を通すためと思われる穴があけられていました。おそらく装飾用に用いられていたと考えられます。また，現在，人類が地球上のあちらこちらに存在しているのは，何万年にもわたった人類の拡散の歴史の結果であり，陸地だけでなく，海もその拡散の舞台になりました。その後も，遣隋使や遣唐使，あるいは，いわゆる「新大陸の発見」や「大航海時代」，ヨーロッパの諸東インド会社など，歴史上，人

びとが海をまたいで活動してきた事実は広く知られたものだけでも枚挙にいとまがありません。

　しかし，こうした事例は往々にして陸地を中心とした歴史のいわばサイドストーリーとしてこれまで理解されてきました。やはり大多数の人類において，陸上こそが主たる生活・活動の場だったことはたしかです。人間は海のうえでずっと生きていくことはできません。漂流物語が常に冒険に満ちあふれて時代を超えて読者をひきつけるのは，海のうえで何日もあてもなくさまようことがそれだけ危険だからです。

　ところで，現在では世界を見渡しても少なくなりましたが，かつては船上で生活をする人びとも少なくありませんでした。日本でも九州西部や瀬戸内海，日本海沿岸にそうした暮らしをする人びとが1960年代くらいまでは一定数いました（研究史の概観として，山本 2016）。また，香港には蛋民と呼ばれる船上生活者がいて，やはり漁業などを生業としていました（可児 1970）。ただし，かれらについても，ずっと航海をしながら暮らしていたわけではなく，あてもなく海をさまよっていたわけでもありません。基本的にはどこかの港に本拠地を構え，陸上に生きる人びとと漁獲物を交換したり，行商をしたりすることで，コメや衣類などの必需品を手に入れていました。しかし，陸上に住む人びとのなかにも漁業を営む人はいましたから，仮に船上生活者がいなくなっても，陸上に生きる人たちは大きな問題をこうむりません。他方，船上生活者にとっては，陸上の経済とつながることが生活をするうえで不可欠でした。そうやって考えていくと，陸地中心史観には一理ありそうに思えてきます。

(3)　しかし，陸上の世界も海と切り離せない

　少し角度を変えて陸と海の問題を考えていきましょう。みなさんは産業革命をご存じかと思います。蒸気機関の発明，工場の登場，機械による大量生産，それらが世界の歴史を大きく変えたという理解を否定する人は少ないと思います。産業革命は多くの国の歴史で近代化をもたらした極めて重要な出来事として語られます。イギリスはもちろん，日本でも「明治日本の産業革

命遺産　製鉄・製鋼，造船，石炭産業」が世界遺産のひとつになっていることを知っている読者は少なくないでしょう。もちろん，工場は海ではなく，陸のうえに建てられました。工場は労働者がいてはじめて稼働します。工場での労働は朝から晩までつづき，常に他の労働者と協力して進める必要がありますから，自分勝手に仕事をすることはできず，気苦労の多い職場でもあります。逆にいえば労働者がひとりいるだけでは工場は稼働できませんから，多くの労働者が同じ時間に集合して労働をはじめる必要もあります。

　19世紀イギリスのそうした労働者にとって極めて重要だった栄養源が砂糖入りの紅茶でした（川北 1996）。フォークとナイフを使ってトーストやらソーセージやらをのんびり食べている暇はありません。常に時間に追いかけられているのですから。そこで登場したのが砂糖入りの紅茶でした。砂糖に高く含まれる糖質は，脂質，タンパク質と並ぶ三大栄養素ですが，その特徴は最も早くエネルギーに変わるという即効性です。砂糖入りの紅茶ならば立って飲むこともでき，かつ，そしゃくする必要もなく，飲み干せばすぐにエネルギーに転換されます。紅茶に含まれるカフェインが目を覚まさせたという効果もあったでしょう。

　ところで，ここで問題となる砂糖が主としてどこから運ばれてきたかといえば，カリブ海などイギリスから遠く離れた地域でした。また，紅茶は中国方面から運ばれてきました。もちろん，どちらも海を渡って運ばれてきます。つまり，工場が陸のうえにあっても，またそこで働く労働者がその近隣の人で毎日歩いて工場にやってきたとしても，労働者を支える栄養源ははるばる海を渡って運ばれてきていたということになります。また，紡績工場ならば，その原料である綿花もイギリスではできませんから，やはり海をまたいでアメリカなどから運んでこなくてはなりませんでした。そうやって生産された工業製品もまた海の向こうの消費者に届けられたのです。

　このように各国史でしばしば重要になる産業革命の象徴といってもよい工場について，その労働者の栄養，製品の販路，製品の原材料に考えをめぐらせると，陸地だけをみて歴史を考えることの限界があらわになってきます。たしかに多くの人間にとっての活動の主舞台は陸上でしたが，陸上の生活は

決して海とは無関係ではなく，ここであげた事例を好例に，海と切り離せないものでした。次の節ではもう少し，海を含めて歴史を考えることとはどのようなことなのかを考えてみましょう。

2　海と人間とのかかわりあい

(1)　海と人間

　海を視野に入れて歴史を描くというのは，具体的にどのようにすればよいのでしょうか。人類が海も長らく活動の舞台にしてきたというのはみなさんも十分に理解されていると思いますが，ふと立ち止まると，海を活動の場にすることが容易ではないことに気がつきます。みなさんは船を作ったことがあるでしょうか。もちろん，人が乗るようなものではなく，おもちゃの船で構いません。ただし，市販されているプラモデルなどではなく，プラスチックや接着剤などの工業製品も使えないとしたら，みなさんはなにを素材に選び，どのように作るでしょうか。木の枝を紐で縛っていかだを作ったり，ある程度の太さの木の幹をくりぬいて丸木舟を作ったり，いくつか方法があると思いますが，いずれにしても大変に労力のいる作業です。枝を縛るといっても，ただ縛ればよいというわけではありませんし，どの木材が造船に適当なのかも考える必要があります。そうやって船を作っても，すぐに浸水してしまう場合や，水に浮かべたはいいけれども，浮かんだまま進まない場合もあるでしょう。実際の船がひとたび海に繰り出し，そこで浸水したり動かなくなったりすれば，それはまさに命取りになります。

　ですから，人類はさまざまな創意工夫で造船技術を鍛えてきました（たとえば，石井 1995）。ひとつ事例をあげましょう。産業革命にいたる過程として重要な蒸気機関の発明と聞くと，わたしたちはついまっ先に蒸気機関車を思い浮かべてしまいます。しかし，蒸気機関車の最初の商業的成功が1812年とされるのに対して，蒸気船定期航路は1807年にハドソン河で実現しています。これは最新の技術がいち早く造船に応用されたひとつの事例です。

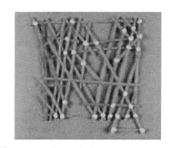

写真5-1　スティックチャート
出所）国立民族学博物館所蔵（標本番号 H0004602）。

写真5-2　アストロラーベ
出所）国立民族学博物館所蔵（標本番号 H0007713）。

　造船と同じく，航海技術もまた，航海活動をおこなううえでは不可欠の技術
であり，航海技術も同様に鍛えられてきました。航海技術には方位の確定，
時間の確定，操舵技術などが含まれます。たとえば，マーシャル諸島ではス
ティックチャートと呼ばれるヤシの枝を組み合わせ，その交点にタカラガイ
を配置した海図が用いられてきました（写真5-1）。この海図の特徴は島付
近のうねりも表現できるところにあります。また，中東世界を中心に中世以
来用いられてきたアストロラーベは星の位置から現在地を割り出すことがで
きる機器ですが，その姿形の美しさや複雑さはこの機器を操ることで切り開
かれる天文の世界の奥深さとも相まって，しばしば文学の題材にもなりまし
た（杉田 1993）（写真5-2）。加えて，たとえば，アラブ，日本，オーストロ
ネシアをはじめ北半球各地の伝統的な航海技術のなかで，北極星が方位を知
るうえで最も重要視されてきたという共通性もみられます。
　また，さまざまな信仰も海を渡ることに関連して生まれます。媽姐は福建
省など中国沿海部，台湾，日本，東南アジアで航海や漁業の守護神として現
在でも祀られています。これらは航海者や商人，漁民が航海の安全を媽姐に
託し，安全な航海が成就したことで海を渡り広がっていった信仰です（藤田
2008）。キリスト教徒のあいだではマリア信仰が，イスラーム教徒にとって
はヒズル信仰が，それぞれ航海に関連した信仰として知られています。
　こうやってみていくと，人類が海を活動の舞台としてきた歴史には連綿と
した技術と知識の蓄積，また，篤い信仰が付随していることがわかります。

それらは陸地で必要とされる技術や知識とは必ずしも同じではなく，信仰もまた独特なようですし，さらにはそれらには陸地とは異なって海をまたいだ独自の広がりがあるようにもみえます。

(2)　海洋中心史観

　海と人間とのかかわりあいにみえる独自性に焦点をあわせるならば，陸地中心史観の向こうを張って，海洋中心史観を唱えることもできそうです。ただし，そこには大きな落とし穴があります。つまり，陸地中心史観への批判として海洋中心史観は成立しますが，陸地中心史観を超えるものではないという問題です（鈴木 2016）。いいかえると，これまで軽視されてきた海に焦点をあわせた歴史を描くことは陸地中心史観ではみえなかった部分に光を当てることになるので，陸地中心史観に対して強力な異議申し立てができます。しかし，それは逆もまた真なりなのです。海洋中心史観ではみえない部分を陸地中心史観でみることができるのですから。結局は，陸地であっても海洋であっても，ある空間に焦点を定める中心史観から抜け出せない限りは双方で批判の応酬がつづくだけで，根本的な解決につながらないのです。

　ある空間を中心にすえた歴史の見方から抜け出す方法はあるのでしょうか。そこで，いまいちど，先の工場の事例を思い出してみましょう。イギリスの紡績工場にはアメリカ産の原綿が運ばれ，それを支える労働者にカリブ海産の砂糖や中国産の紅茶が運ばれてきました。それらはいずれもイギリス本国では自前で収穫できないものでした。それらが運ばれてくることによって，はじめて工場は稼働するのです。砂糖にせよ，紅茶にせよ，原綿にせよ，工業製品にせよ，いずれも海をまたいで広く流通したものですが，それらはどれも陸上で生産・製造されたものです。そうやって考えつつ，モノの流れに焦点をあてていくと，それらが活発に移動し，遠く離れた場所に生きる人たちを結びつけてきたことに気づかされます。その際に，地球の7割を占める海の存在は無視できません。また運搬能力という点をみても，船は，鉄道登場以前からのラクダやロバ，ヒトなどの動物を用いる陸上の輸送よりも，一度に大量の物資を運ぶことができました。それらを踏まえたうえで，

陸と海との境をまたいで人やモノが縦横に移動して作り上げていった歴史世界の一例として，次の節ではインド洋海域世界を取り上げてみましょう。

3　インド洋海域世界

(1)　差異を交換する

　インド洋海域世界にはさまざまなとらえ方がありますが，一般的には一定の空間を切り取って，そこをインド洋海域世界と呼びます。具体的には，おおよそアフリカ大陸東部から日本列島までにいたる海を中心とした世界として考えられています（図5-1）。この歴史世界を考えるうえで重要なのは，人やモノ，カネ，そして情報や信仰の移動なのであり，なにかの強大な政治権力の勢力範囲ではないということです。アフリカ大陸東岸から日本列島までをすべて掌中に収めるような政治権力は存在しませんでした。もっとも，研究者たちはインド洋海域世界を一枚岩の歴史世界とは考えず，アフリカ大陸東岸から東シナ海沿岸に広がる広大な範囲にいくつかの小海域世界を設定して，それらが連鎖するかたちでインド洋海域世界を考えてきました。しか

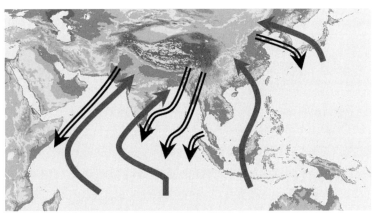

図5-1　インド洋海域とモンスーンの風向き
注）矢印が南西モンスーンの風向き，中空の矢印が北東モンスーンの風向きを示す。

し，そのような小海域世界を想定しても，数世紀にわたって単独の政治権力が小海域世界に圧倒的な影響力を及ぼした事例はほとんどありません。むしろこの歴史世界では，遅くとも7世紀頃から各地の人びとが活発な航海活動をおこなうようになり，人やモノ，情報などが縦横に移動し，緩やかな一体性をはぐくんできたとされます。では，どうして人びとは活発な移動をおこなってきたのでしょうか。これについて，①移動をうながす要因と②移動を可能にする条件の二つに分けて考えてみましょう。

　まず①ですが，アフリカ大陸東岸から日本列島までの気候帯を眺めてみましょう。アフリカ大陸東部の辺りはサバナ気候やステップ気候がみられます。もう少し北上し，アフリカ大陸の北東部，アフリカの角と呼ばれる一帯は砂漠気候になっていて，アラビア半島からイランの辺りまで，一部にステップ気候を含みながら，砂漠気候に覆われています。インド亜大陸の辺りに入ると，乾燥した気候は徐々に湿潤の熱帯気候にかわっていきます。マレー半島や東南アジアの島しょ部は熱帯雨林気候，そこから北上していくと日本列島などの温帯湿潤気候が姿を現します。このように，インド洋海域の周辺にはさまざまな気候帯が存在します。それぞれの気候帯は独自の植生をもち，各地に生きてきた人類はその環境に応じて農業や手工業を発展させてきました。つまり，インド洋海域の周囲をぐるりと見渡せば，それぞれの場所でできるものとできないものとが入り混じっているのがわかるのです。

　たとえば，アフリカ大陸東部沿岸にはマングローヴ林が広がっています。この一帯に生えているマングローヴのなかにはまっすぐに伸びる種類があり，人びとはそれを建築に用いてきました。他方，アラビア半島にはそのような種類のマングローヴはなく，雨も乏しいので建築に使えるような他の木材もほとんどありません。その一方，アフリカ大陸東部では限られた場所でしか塩が獲得できませんが，ペルシア湾沿岸には気温の高さもあって天然の塩田が点在しています。このようにお互いに，自前で入手できるモノが相手の環境ではできない場合が多々あるのです。ここに交換関係が形成されるきっかけがあります。しかも，こうした差異は，仮にアフリカ大陸東部のマングローヴをペルシア湾に移植してもうまく育たないように，なかなか解消

することができません。このように，差異が交換によって埋められ，自らの身の回りでは獲得できないモノを交換によって獲得し，生活の一部にしていくと，そうしたモノには継続的な需要が生まれます。この継続的な需要が持続的な交換を生んでいったのです。

(2)　季節風モンスーンと多様な自然生態系

②について，インド洋海域各地でこのような持続的な交換がおこなわれた背景には，季節風モンスーンの存在があります。大まかにいえば，北半球の夏，すなわち4月から9月頃までは南西風が，10月から3月頃までは北東風が吹きます。これらの風は季節によって風向が変化することから季節風と呼ばれます。ちなみに「モンスーン」という言葉そのものはアラビア語で季節を意味する「マウスィム」に由来しています。

モンスーンを利用した航海の利点は，たとえば，ペルシア湾からアフリカ大陸東部沿岸へ向かうときは北東風を用い，その復路では南西風を用いるといった具合に，計画的に往復の航海活動ができるという点にあります。これによって，海をまたいだ交換が持続的にかつ，安定的に可能になるのです。

このモンスーンの仕組みを人類がいつから認識し利用してきたかについて，正確なことはいまだにわかっていません。しかし，現在のエジプトのアレクサンドリアを拠点として紅海方面にも進出していたと考えられる無名の船乗りが紀元後1世紀半ば頃に著した『エリュトラー海案内記』に，モンスーン利用を確認できる文章がありますから，遅くともその頃までには人びとに用いられていたというのが現在の研究者の見解です（蔀 2016）。

(3)　インド洋海域世界は崩壊したのか

このように，各地の自然生態環境に関連したさまざまな差異がモンスーンを利用した航海活動によって安定的かつ持続的に交換されることで，インド洋海域世界は成り立ってきました。このインド洋海域世界は1960年代以降，さまざまな研究者によって論じられてきました。しかし，20世紀までの研究者はおおむね次のような意見で一致していました。すなわちかれらの

説とは，18 世紀半ば頃を起点にして，世界経済による包摂や西洋による植民地化の進展にともなってインド洋海域世界の一体性が崩壊していったというものです。たしかに植民地化はインド洋海域の周辺や島しょ部で著しく進展しました。また，特定の商品作物栽培に特化した経済に移行したところも少なくありませんので，世界経済による包摂という指摘も理解できます。こうした植民地の多くが第二次世界大戦後に独立しましたが，その後も旧植民地の生産する商品作物の買い手が旧宗主国に集中するなど，旧宗主国の強い影響下におかれました。ポストコロニアル批評家たちはそうした状況を新植民地主義と呼びます。

　しかし，世界経済による包摂や植民地化の進展は本当にインド洋海域世界の一体性を崩壊させたのでしょうか（Suzuki 2017）。すでに指摘したように，この歴史世界はなにかの強大な政治権力の勢力範囲をもって語られるものではありませんし，単一の経済圏でもありません。むしろ，各地の自然生態環境に関連したさまざまな差異が季節風モンスーンによって安定的かつ持続的に，さまざまな組み合わせの人びとのあいだで交換されることで成り立ってきた歴史世界です。そのような関係性を軸にしてインド洋海域世界を発想するのであれば，世界経済による包摂や植民地化の進展がこの世界になんらかの変化を与えたという想定はできても，それらを崩壊に直結した出来事としてみなすのには注意が必要なように思えてきます。

　少し具体的に考えてみましょう。たとえば，イギリス帝国によるインド亜大陸の植民地化はインド系の商人層によるインド洋海域をまたいだ活動の後押しをしました（Suzuki 2017）。かれらはイギリス帝国の保護を海外でも受けることができ，それを活かして商業活動を活性化することができたのです。それによって，たとえばインド北西部のカッチ地方では，ザンジバル島をはじめとするアフリカ大陸東部沿岸で財を成した商人たちが豪奢な邸宅を建て，それらは現在でも住居として使われています。つまり，カッチ地方の豪邸はイギリス帝国の拡大がつくりだした帝国と商人の新たな関係性抜きには理解できないのです。

　新たな関係性はインド洋海域周辺でばかり生まれていたわけではありませ

ん。エチオピア高地原産のコーヒーは 17 世紀以降に欧米で，アラビア半島を中心に栽培されてきたナツメヤシは 19 世紀にアメリカ合衆国で，とくに人気を博すようになります。コーヒーはその後，マスカレーニュ諸島やインド亜大陸，セイロン島，ジャワ島などのインド洋海域各地のみならず，ブラジルやカリブ海でも栽培されるようになりますが，新興市場である欧米では生産ができない商品でした。これはナツメヤシについてもおおむね同じです。20 世紀に入ってカリフォルニア州で栽培が成功するまで，合衆国の消費者は主としてペルシア湾産の輸入ナツメヤシを購入する必要がありました。9 月頃に収穫の最盛期を迎えるペルシア湾産ナツメヤシは収穫後すぐに船に積まれ，そこからニューヨーク港へ運ばれるのですが，19 世紀末にはその輸送が一種のレースのようになり，最も早く着いたナツメヤシには高値が付けられました。人びとは電信の発達などによって最新の状況を新聞で確認してレースに熱中したのです。ニューヨーク港に着くのはだいたい感謝祭の少し前の時期で，ナツメヤシの到着は感謝祭前の風物詩になりました（Hopper 2015）。

　このように事例をあげていくと，むしろ，これまでインド洋海域世界の一体性を崩壊させたと考えられてきた植民地化や世界経済の包摂については，カッチ地方の豪邸のように，その逆に作用していた事例をあげることができます。さらには，コーヒーやナツメヤシのように，新たにあらわになった差異が新たな交易を生み出してもいました。この点に鑑みれば，植民地化や世界経済の包摂は，インド洋海域世界を成立させるうえで重要な差異の交換がインド洋という地理的な範囲を超えていく契機になったと指摘することもできるでしょう。

4　ネットワークで考える

(1)　発想としてのネットワーク

　このようにインド洋海域世界は人びとによる差異の交換の集積として成り

立っているのですが，この行為は具体的には人やモノ，カネ，情報，信仰の
移動として実際に現れます。それらの移動を考えるうえで重要なのがネット
ワークの発想です。ネットワークとは，網（ネット）のような構成物（ワー
ク）というのがそもそもの意味です。網は何本もの糸が結び目（結節点）を
作りながら構成されます。鉄道などの路線図はネットワークの好例といえる
でしょう。ここでは陸や海など，ある空間に焦点を定める中心史観を乗り越
える可能性をネットワークの発想のなかに探してみたいと思います。

　ネットワークは基本的にノードとラインとフローの三つを必要とします。
ラインはノード（結節点）とノードとをつなぎ，ラインを伝って人やモノ，
情報などがフロー（流れ）としてノードとノードのあいだを行き来します。
鉄道の路線図でいえば，ノードが駅，ラインが線路，フローがラインを伝っ
て移動する乗客や貨物に該当します。インド洋海域世界も，これまでしばし
ばネットワークの発想を用いて説明されてきました。その場合，通常，ノー
ドが港町，ラインが航路，フローが人やモノ，カネ，情報や信仰になります。

　(2)　ノード＝ネットワークとフロー＝ネットワーク

　さて，みなさんはインド洋海域世界をネットワークとして図示するなら
ば，ノード，ライン，フローをどのような順番で描くでしょうか。おそらく
は，港町の位置は地図をみればおおよそ明らかなのですから，それらにノー
ドをまず定め，ノード同士をラインでつなぎ，そのうえをフローが往来する
という順に図示するのではないでしょうか。そのように想起されたネット
ワークを，ここではノードから発想するネットワークという意味でノード＝
ネットワークと呼ぶことにしましょう。おそらくそれが最も無難な手順で
しょう。しかし，このノード＝ネットワークには大きな問題が隠されていま
す。つまり，この発想方法だと，港町から延びるラインは港町としかつなが
らないのです。したがって，ノード＝ネットワークでできあがる図では，あ
たかも海をまたいで港町同士がつながりあう一方，それと内陸とが切り離さ
れてしまいます。これではある空間に焦点を定め，その内外を区別する中心
史観そのものになってしまいます。

写真5-3　ドバイ・クリークの波止場。ドバイは19世紀最末期ごろから港町として発展していった。現在でもフローの結節点として機能している。写真はペルシア湾をはさんだ対岸のイランに向かう積み荷と船。冷蔵庫の箱などが見える。積み荷のフローをたどれば，ドバイとイランだけでなく，積み荷の製造地や消費地も視野に入れる必要が出てくる
出所）2009年，筆者撮影。

　歴史の実態をみても，人やモノ，情報などの移動はノード＝ネットワークで発想するように港町のあいだだけで完結していたわけではありません。たとえば，穀物や綿花のような農作物は，多くの場合，港町やその近隣からではなく，より内陸から陸路で港町に運ばれてきました。しかも，多くの港町は食料自給ができておらず，港町そのものの維持にも穀倉地帯との関係は不可欠でした。また，内陸部の人びとの生活と海をまたいだ交換関係とは相互に影響を及ぼしあっていました。たとえば，アフリカ大陸東部の大湖地方に住むニャムウェズィの人びとは，19世紀にこの地域で発達した陸上長距離交易網で荷担ぎとして活躍した人びとでした。農牧複合を営むかれらのうち，とくに若い男性が農閑期に象牙などを担いで沿岸部に行き，そこでインド製綿布などを携えて播種の季節のまえに帰ってくるという移動のリズムを確立しました。荷担ぎの対価として手に入れた綿布などは婚資や新たな商売をはじめる際の資金の一部になり，荷担ぎをして沿岸部から無事に戻ってくることはかれらにとって一種の成人儀礼のような象徴的な意味すら帯びるようになりました（鈴木 2018）。
　これに対して，フローから想起するネットワーク（フロー＝ネットワーク）

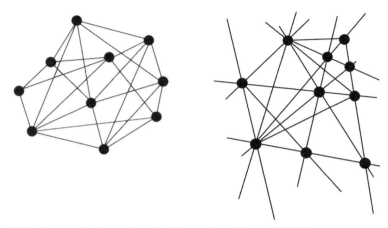

図 5-2　ノード＝ネットワークとフロー＝ネットワークの概念図
注）前者では発想が空間的に限定されてしまうのに対して，後者はフローの拡がりに注目すること
　　で，空間的限定を回避し，フローのつくりだす関係性により注意を向けられる。

を図示するならば，どのような図になるでしょうか。その場合，個々のフ
ローは生産地から消費地まで延びていくでしょう。当然，海産物などは港町
やその近隣が出発地になるでしょうし，象牙などははるか内陸が出発地に
なっていたはずです。ノード＝ネットワークは港町を外縁とした整った図に
なりますが，フロー＝ネットワークの場合，フローが港町で終わるとは限ら
ず，フローが延々と延びて内陸で結節点を作ることも想定する必要がありま
す。概していえば，フロー＝ネットワークから想起される図は，フローが
ノードを発着点にするとは限らず，おおよそ整った図にはならないはずで
す。この対照的なあり方は，ノード＝ネットワークが有する空間的な限定性
とフロー＝ネットワークのもつ開放性との違いになります（鈴木 2019）（図 5-
2 参照）。

　インド洋海域世界をインド洋海域という空間を前提に考えるのではなく，
この空間に歴史的な意味を付与してきた差異を交換し合う多様な関係性に焦
点をあてて考えようとする場合，フロー＝ネットワークの考え方には一定の
有効性が見出せそうです。その場合，ネットワークとしてのインド洋海域世
界は海やその周りに限定される必要はなくなります。その歴史は各地ではぐ

くまれた陸と海とをまたぐ人やモノ，カネ，情報，信仰が媒介する多様な交流関係のもつ動態を取り込みながら描かれていくはずです。

　もちろん，海を視野に入れた歴史はインド洋海域世界だけで試みられているのではありません。地中海や大西洋，カリブ海，東南アジア，海域アジア，あるいは地球規模など多様なスケールで，政治的，経済的，軍事的などさまざまな側面から考察されています（太田 2014；川勝 2020；金澤 2013；工藤 2022；小林 2021；薩摩 2018；弘末 2022；ブローデル 1991-95；桃木 2008）。これら以外にも推薦図書では代表的な海を視野に入れた歴史研究を 3 冊あげてあります。それらを読めばわかるように，フロー＝ネットワーク，あるいはネットワークだけがそうした歴史像の可能性を追求する道具でもありません。みなさんはどのような発想で，なにに着目し，どのようにして歴史を描くのでしょうか。発想も着眼点も，描き方もまだまだ開拓されていない点が多くあるはずです。それらに挑んで，新たな眺望を切り拓いていくのも歴史研究の面白さのひとつなのです。

参考文献

石井謙治　1995『和船』全 2 巻，法政大学出版局。

太田淳　2014『近世東南アジア世界の変容——グローバル経済とジャワ島地域社会』名古屋大学出版会。

金澤周作編　2013『海のイギリス史——闘争と共生の世界史』昭和堂。

可児弘明　1970『香港の水上居民——中国社会史の断面』岩波書店。

川勝平太編　2020『海から見た歴史——ブローデル『地中海』を読む』増補新版，藤原書店。

川北稔　1996『砂糖の世界史』岩波書店。

工藤晶人　2022『両岸の旅——イスマイル・ユルバンと地中海の近代』東京大学出版会。

小林和夫　2021『奴隷貿易をこえて——西アフリカ・インド綿布・世界経済』名古屋大学出版会。

薩摩真介　2018『〈海賊〉の大英帝国——掠奪と交易の 400 年史』講談社。

蔀勇造　2016『エリュトラー海案内記』全 2 巻，平凡社。

杉田英明　1993『事物の声　絵画の詩——アラブ・ペルシア文学とイスラム美術』平凡社。

鈴木英明　2018「月より来たる隊商――19 世紀アフリカ東部の長距離キャラヴァン
　　の成立と交易者の世界」弘末雅士編『海と陸の織りなす世界史――港市と内陸
　　社会』春風社，193-210 頁。

――　2016「インド洋――海から新しい世界史は語りうるのか」羽田正編『地域
　　史と世界史』ミネルヴァ書房，78-96 頁。

――編　2019『東アジア海域から眺望する世界史――ネットワークと海域』明石
　　書店。

弘末雅士　2022『海の東南アジア史――港市・女性・外来者』筑摩書房。

藤田明良　2008「航海神――媽祖を中心とする東北アジアの神々」桃木編，後掲書，
　　207-216 頁。

ブローデル，F　1991-95『地中海』全 5 巻，浜名優美訳，藤原書店。

桃木至朗編　2008『海域アジア史研究入門』岩波書店。

山本敏子　2016「『家船』の研究史」『駒澤大学教育学研究論集』32：107-135。

Hopper, M. S. 2015. *Slaves of One Master: Globalization and Slavery in Arabia in the
　　Age of Empire*. New Haven: Yale University Press.

Suzuki, H. 2017. *Slave Trade Profiteers in the Western Indian Ocean: Suppression
　　and Resistance in the Nineteenth Century*. Cham: Palgrave.

●推薦図書—— 一歩先に踏み出すために

家島彦一『インド洋海域世界の歴史——人の移動と交流のクロス・ロード』
　　原著は1991年朝日新聞社刊『海が創る文明——インド洋海域世界の歴史』。
　　筆者の提唱するインド洋海域世界を本章でいうところのノード＝ネットワー
　　クの観点から論じている。海からみた歴史の具体像を考える好著である。[筑
　　摩書房，2021]

羽田正『東インド会社とアジアの海』
　　グローバル・ヒストリーの代表的論者が，従来の各東インド会社史や地域史
　　とは異なる海を舞台にして広域をまたぐ歴史像を示した一冊。海を視座に取
　　り込んだ新しい歴史の見方が明快に理解できる。[講談社，2007]

村井章介『世界史のなかの戦国日本』
　　日本史をより広い空間と関係性のなかから考察してきた第一人者が，戦国時
　　代をいくさの連続ではなく，各地の大名と海外との商業的関係性の展開に軸
　　をおいて描く。日本史を日本列島から開いて考えるうえで示唆にあふれる。
　　[筑摩書房，2012]

第6章

政治・社会思想史

歴史の天使は未来をまなざす

馬路智仁

　政治や社会のあり方をめぐる思想の歴史——政治・社会思想史——の学習は，わたしたちの世界を理解するうえで極めて重要です。今日の法律，政治・社会システム，文化の多くの部分が，過去の人びとのアイディアを解釈することで形成され，あるいは正当化されているからです。たとえば，現代の民主主義に必須の議会をとっても，その正当性は，代表制をめぐる積年の思想とその解釈（有権者とはだれか，議員と選挙区の関係はどうあるべきか，マイノリティはいかに代表されるべきか，など）のうえに成り立っています。

　しかし過去の思想家の書いたテクスト自体は曖昧で，その意味や示唆をすぐに読み取れるわけではありません。またこの分野の教科書を開いてみても，扱われる概念の複雑さや古代ギリシアにはじまる長大な歴史に戸惑ってしまう人も多いかもしれません。本章はそうした政治・社会思想史につきまとう，とっつきにくさの緩和を目指します。そのために「歴史の天使」を案内人として，政治・社会思想史を学ぶとはなにをすることかのメタ・イメージ（手引きとなる基本的な認識枠組み）を提供します。さらに本章は，この分野のダイナミックさについて思想の「時代横断性」「地域横断性」の二側面から論じます。これらを通して提示する枢要なメッセージは次のようなものです。すなわち政治・社会思想史の学びとは，多様な時代や地域をタイムマシンに乗って旅しながら，現在の社会を見つめ直すための，かつ今日とは少し異なったより魅力的な未来を想像するための知的参照点を得る作業にほかなりません。

1　「リアルな」思想が立ち現れるとき

(1)　歴史の天使

　まず本章の案内人となる「歴史の天使」を紹介します。眼と口を驚いたように開き，微々たる翼を上に広げ，ひ弱でもろそうな，不格好な姿をした天使です（図6-1）。この絵はもともとスイス生まれのパウル・クレーという画家によって描かれましたが，20世紀前半の著名な哲学者ヴァルター・ベンヤミンが取り上げたことで，いっそう有名になりました。ベンヤミンは第一次世界大戦と第二次世界大戦に挟まれた戦間期のドイツとフランスで思索したユダヤ系知識人で，19世紀パリのアーケード式商店街に現れた物質文化をめぐり考察した『パサージュ論』をはじめ，都市空間や芸術，技術に関する多くの執筆物を残した人物です。彼は1940年9月にスペイン国境で自死しますが，その直前まで「歴史の概念について」という論考をつづっていました。歴史の天使はこの未完の論考のなかに登場します。

　歴史の天使が戸惑い，苦悩しているようなのには理由があります。この天使は，進歩史観という無情な歴史の大波に抗おうともがいているのです。進歩と聞くとよい響きのようですが，歴史の進歩——歴史は人間社会の究極の理想に向かって発展していくという考え——を信奉するのは極めて危ういことです。そうした考えのもとでは，最終的な理想の実現に寄与したとされる限られた数の業績や実践のみがことさら取り上げられ，英雄視されることになりかねません。実際にわたしたちの社会をかたちづくっているそれ以外の数多くの人間活動は，そのような理想に対しなんら意味をもたないものとして「瓦礫」のように打ち捨てられ，隠蔽・忘却されてしま

図6-1　パウル・クレー作
　　　　「新しい天使」

注）イスラエル博物館蔵。

うでしょう。さらに進歩史観は，わたしたちの視線を常に未来の完成状態へ
振り向けがちです。それによって，今まさに起こっている悲惨さや暴力の軽
視を招きかねません。歴史の天使はそこに「破局」をみていました。

　　「歴史の天使は顔を過去のほうへと向けている。わたしたちの眼には出来事の
　　連鎖と見えるところに，かれはただひとつの破局を見ている。たえまなく瓦
　　礫のうえに瓦礫をつみかさねては，かれの足もとに放りだしている破局をだ。
　　……この強風はかれが背を向けている未来のほうへと，かれをとどめようも
　　なく吹き飛ばしてゆく。そうしているうちにもかれの眼の前では，瓦礫の山
　　が天にとどくほどに高くなってゆく」（ベンヤミン 2015：54-55）。

　しかし歴史の天使は，ただ立ち尽くしているわけではありません。じつ
は，この天使は極めて重要な役割を担っており，なんとかそれを果たそうと
します。それは，廃棄されていく「瓦礫」（＝過去の人びとの活動）を丹念に
拾い上げ，それらに肯定的な意味を与え，今日において復活させるという役
割です。歴史の天使には忘却された過去を呼び戻し，その「声」を今解き放
つ任務が託されているのです。

　　「過去にはひそやかな索引^{インデックス}が付され，解き放たれるようにと指示されているの
　　である。過去の人びとをつつんでいた空気のそよぎが，わたしたち自身にそっ
　　と触れているのではないだろうか。わたしたちが耳を傾けるさまざまな声の
　　うちに，いまや黙して語らない人びとの声がこだましているのではないだろ
　　うか。……もしそうだとするなら，かつて存在した世代とわたしたちの世代
　　とのあいだには，秘められた出会いの約束が取り交わされていることになる」
　　（ベンヤミン 2015：46）。

　このような「秘められた出会い」こそ，歴史の天使が実現しようとしてい
るものです。この天使は，過去と現在のあいだの時代横断的な出会いの仲介
者なのです。さらにこれをなすにあたっては，天使の側にも動機がありまし

た。すなわち，歴史の天使もまた，回復しようとするその過去の出来事に共
鳴し，魅惑されているのです。そのため過去は，この現在に生きている天使
がもつパースペクティヴ（大局的展望）との重なり合いのもとで呼び戻され
ることになります。結果として，よみがえった過去は「今の時」と不可分に
結びついており，それにあふれているともいえるでしょう。

　また，そうして呼び戻された過去は，まさに今日の社会にインパクトを与
えるかもしれません。遠く隔たった時代の出来事や業績の中身は，おそらく
今わたしたちの周りにみられるものとは大きく異なっていることでしょう。
それゆえ，それらは逆に，今日新鮮なものとして迎えられる可能性がありま
す。そのとき，わたしたちはその異質なものに想像力を刺激され，現在の社
会に対する見方を変えたり，社会を少し違った方向へ導いたりしようとする
かもしれません。歴史の天使は，未来へ向けて，現代社会の潜在的な変化を
後押ししてもいるのです。

(2)　パースペクティヴの重なり合い

　まとめると，歴史の天使は，忘れ去られがちな過去の活動・実践を現在抱
いているパースペクティヴとの重なりのもとで復活させ，それによって今日
の社会の再検討や，その社会の異なる方向への変化をうながそうとする存在
といえます。このような天使を最初に紹介したのは，もちろんこれが政治・
社会思想史の学びと密接に関連しているからです。実際その学びの核心は，
まさに歴史の天使の営みを模倣する作業にあります。

　一般的に政治・社会思想史の教科書には，多様な思想家——プラトン，ア
リストテレスにはじまり，ホッブズ，ロック，ルソーら近代を経て，20世
紀のフーコー，ロールズにいたる——や彼／彼女らのテクストが登場し，そ
れらの時系列的展開に合わせてさまざまな概念・主義（自然法，混合政体，
社会契約，主権，寛容，公共性，保守主義，社会主義など）が解説されます。し
かし，教科書を参照するのはもちろん重要ですが，この分野の学びの魅力
は，そこに書かれている事柄にひたすら精通しようとする点にはありませ
ん。むしろそれは，「言語も地域も異なるある過去の思想」と「現在に生き

るわたしたちのパースペクティヴ」が重なり合い，その思想がリアリティを
もって立ち現れる瞬間にあります。また，そうしたリアルな思想と出会うこ
とで，現在に対する理解や未来の見え方・選択肢が変わる瞬間にあります。
歴史の天使のように「瓦礫」を復活させる営みこそ，政治・社会思想史の学
習の本丸なのです。

　具体例を二つあげ，肉づけてみましょう。今日わたしたちは，グローバル
化した世界に住んでいます。それは，商品や労働力，資本，情報（そして
ウィルスまでも）が国境を越えて大量にかつ瞬時に移動する世界，つまり地
球全体がひとつに統合された世界です。こうした統合は，通信技術や輸送技
術の発展によってうながされています。それらが取引や移動の時間を劇的に
短縮することで，相手との地理的な距離感を消滅させるためです。

　このような今日の世界へのパースペクティヴをもって過去の思想を眺める
と，不思議にも，これまで「瓦礫」のようにほとんど見向きもされなかった
ある一群の思想が，リアリティをもって目のまえに迫ってきます。それは
19 世紀後半から 20 世紀初頭のイギリスで展開された一連の国際思想で，こ
の思想潮流の担い手たちは，今日を先取りするかのように，早くも「時間の
消失」や「地球の一体性」を表明していたのです。背景には，当時における
通信・輸送技術の相次ぐ革新（海底電信網，ラジオ，大陸横断鉄道，オーシャ
ン・ライナー，自動車などの登場）がありました。これを受け，Ｊ・Ｒ・シー
リーという歴史家は 1883 年に，もはや「科学によって距離はなくなった」
と宣言します。彼によれば，大西洋のような巨大な海もいまや狭い内海のよ
うな空間でしかありません。さらにシーリーを含むこの思潮の担い手の多く
は，地球の収縮という認識に基づき，大陸と大陸を結ぶ大規模な政治共同体
や世界国家の可能性を提案しました（馬路 2019）。

　こうした今日のパースペクティヴと重なり合うリアルな思想の再発見は，
ひるがえって，現代世界をめぐるわたしたちの理解を揺さぶることになりま
す。1 世紀以上前にすでにグローバル化の認識があったならば，今日わたし
たちが抱くグローバル化世界という見方はいったいなにを意味するのでしょ
うか。なにが過去と同じで，なにが異なっているのでしょうか。わたしたち

は実際どの程度新しい時代に生きているのでしょうか。このようにリアルな思想は，現代を相対化してとらえなおす参照点になりえます。また，グローバル化認識のもとで当時の論者が構想していた世界国家などの巨大政治体は，現代世界をかたちづくっている主権国家による秩序とは極めて対照的です。これによってわたしたちは，目下の国際秩序が唯一の選択肢ではないのではないかと，検討しはじめるかもしれません。未来の世界について考える材料が増えるのです。

　もうひとつの具体例は，昨今よく耳にするネオリベラリズム（新自由主義）についてです。ネオリベラリズムとは，効率的で自己調整的であるとされる経済市場を最も重要な社会システムとみなし，政治制度や公的部門をそのような市場に従わせようとする潮流を指します。そこでは政府や自治体の労力が，大企業や投資家などの民間部門の収益を促進することに割かれます。また，そうした状況に合った柔軟な労働力の形成が目指されることになります。総じて，公共サービスの縮小や規制緩和，民営化といった表現が合言葉です。現代日本においても郵政民営化の実施，水道事業民営化の導入，また一連の労働者派遣法の改正といった政策が，ネオリベラリズムの枠組みにそって進められてきました。さらに，経済格差の拡大など不平等の上昇——それにともなう「勝ち組／負け組」「親ガチャ」といった俗語の登場——もこれに深く関連しています。このような流れは，はたして不可避なのでしょうか。

　ここで再びわたしたちのパースペクティヴは，19世紀のイギリスと重なります。産業革命が達成されつつあった19世紀前半から半ばまでのイギリス国内では，いわゆる自由放任主義が政策理念として浸透していきました。国家は個人や企業の経済活動の自由を最大限保障し，市場への介入を極力おこなわないとする方針です。現在でいう規制緩和・撤廃に近いものとイメージできます。しかしそうした方針は，今日と類似して，貧困や失業の深刻化をはじめとする経済格差・不平等が拡大する大きな要因となりました。このような現在との相似に目をやるとき，同世紀後半から20世紀の初めにかけて発達した修正主義的なリベラリズム（一般的にニューリベラリズムと呼ばれ

る潮流）がよりリアルな思想として浮上してきます。ホブハウスやホブスンらに率いられたこのリベラルな思潮は，自由放任主義の弊害を克服するため，市場の競争を緩和し，不平等を是正する方策を打ち出しました。社会の連帯を擁護し，福祉政策の充実を唱えたのです。このとき国家には，個々人の自己実現の基盤を整える積極的な役割が与えられました。具体的には，労働法や国民保険，義務教育の整備などです（フリーデン 2021）。こうした自由放任から平等主義的なリベラリズムへの転換は，今日のネオリベラリズムも不可避ではなく，別の未来の選択肢がありうると考える拠りどころのひとつとなるでしょう。

2　思想は時代（時間）を超える

(1)　過去へのタイムマシンに乗るわたしたち

　歴史の天使が「秘められた出会い」の実現をはかるとき，天使は積み重なる「瓦礫」，つまりさまざまな過去をのぞきこみます。この天使に倣うわたしたち政治・社会思想史の学び手も，同様に過去を探索し，パースペクティヴが重なる魅力的な思想を今日に呼び戻します。そして，呼び戻されたそのリアルな思想は，召喚者であるわたしたちが現代社会や未来について再検討する拠りどころになりうるのです。前節でみた 19 世紀後半から 20 世紀初めのイギリスにおける国際思想やリベラリズムの転換は，これの具体例でした。
　重要なのは，このとき思考の拠りどころとなっているのが，現在に呼び覚まされた過去の思想にほかならないという点です。したがってその過去は，現在に生きるわたしたちの思索の一部となっているわけで，その意味で，過去と現在が結びついていることになります。ここに，政治・社会思想史の学びがもつダイナミックさの一角があります。思想の「時代横断性」です（もう一角の「地域横断性」は次節で扱います）。この「時代横断性」には二つの意味が込められています。(i)ひとつめに，この分野の学び手は今日の時点から過去を比較的自由に探検することができる，あるいはそうする必要があると

いう意味です。(ii)二つめに，じつは思想それ自体が，時代をまたいださまざまなアイディアの合成物なのです。

　これらについて，時空をかける機械タイムマシンをたとえに用い，敷衍してみましょう。今ではなじみ深いタイムマシンをもともと有名にしたのは，イギリス人小説家ウェルズでした。20 世紀への世紀転換期にあって社会主義を奉じていたウェルズは，1895 年出版の SF 小説『タイムマシン』のなかで遠い未来へ向かう時間旅行者を描き，人びとの想像力を刺激しました。時間旅行者がたどりついた未来とは，資本主義文明の成れの果てのような地——人類が地上人種イーロイと地底人種モーロックに分離した原始的な階級社会——でした（ウェルズ 2012）。時間旅行者は，彼が生きる現代とは異なる遠い世界へ一気に移動したのです。政治・社会思想史の学び手も，タイムマシンを操るそのような時間旅行者に似ています。もっとも，前者は未来ではなく，過去に向かうという重要な違いはありますが。

　時間旅行者と思想史の学び手の類似点は，時間の流れのなかにある出来事の連鎖とそれらを結ぶ因果関係をまたたくまに飛び越えるところにあります。この点で思想史の学びは，（同じく歴史的な事柄を扱う）歴史学一般と異なっています。一般的に歴史学で主要な問題となるのは，出来事の因果関係——つまり，なぜその出来事が生じたのか——を相対的に短いタイムスパンのなかでいかにとらえるかです。ある出来事，たとえば第二次世界大戦が起こったとして，歴史学者はその多様な原因（世界恐慌，ブロック経済，ヒトラーの狂気，宥和政策，独ソ不可侵条約の締結など）を特定し，かつそうした原因のあいだに重要度の大小やつながりを見出し，全体として合理的な説明・解釈を与えるわけです。歴史学方法論の古典として知られる『歴史とは何か』において，著者カーは明言します。「歴史の研究とは原因の研究です。……歴史家は絶えまなく『なぜ』と問い続けて」いるのです（カー 2022：143-144）。

　対して，政治・社会思想史の学びでは時間の流れを即座に飛び越えるため，出来事の因果関係が大きな問題になりません。前節の例では現在から19 世紀後半のイギリスへただちに飛びましたが，これに限らず，わたした

ちはパースペクティヴの重なりを通して，古代ギリシアに，あるいは15世紀のイタリアに一気に導かれるかもしれません。わたしたちは，「瓦礫」を復活させようとするとき，あたかも過去に行くタイムマシンに乗っているようなものなのです。

　思想の「時代横断性」には二つめの意味があります。これを把握するにあたって再びウェルズのSF小説に戻ると，登場人物の時間旅行者はもとの現代へ帰ったあと，おそらく異なる目で近代文明を眺めたことでしょう。あるいは，彼は以前から人類の進歩に悲観的だったのですが，完全に退廃した未来社会を目撃して，そのような悲観的思考をいっそう強めたかもしれません。いずれにせよ肝要なのは，未来の観察やそこで得たアイディアが，時代を大きくまたいで，帰還した彼の現在の思索に組み入れられている点です。思想史の学びもこれに似ています。というのも，わたしたち学び手が過去の探検を通してリアルな思想を呼び起こすとき，その思想は現在の時点における思索の一部に，つまりわたしたちが現代社会や未来を改めて検討するための下敷きになろうからです。ここに，過去はひとつのアイディアとして，今日のわたしたちの頭にあるさまざまなアイディアと結びつき，合成されるのです。このような思想の時代横断的な結びつきは，「因果」に対して，「影響」関係と呼ばれます。そして思想の歴史というのは，因果関係の連なりではなく，時代をまたぐ影響関係に基づいたアイディアの有機的なネットワークを指します。

(2)　「ミニ」思想家として

　この最後の指摘は，政治・社会思想史のエッセンスともいえる極めて重要な点なので，さらに肉づけしておきます。思想史とは簡潔にいえば，影響関係によって連結された遠い昔から現在にいたるまでのアイディアの有機的つながり全体にほかなりません。この連綿とした知の全体のなかに，過去の思想家も，そして今日のわたしたちも，巻き込まれているのです。すなわちプラトン，アリストテレス，キケロ，トマス・アクィナス，マキアヴェリ，ホッブズ，ロック，モンテスキュー，ヒューム，ルソー，バーク，ウルストンク

ラフト，ヘーゲル，マルクス……といったこの分野を彩る思想家たちも，そ
れぞれの時代において過去のアイディアを掘り起こし，それを自らの思索の
なかに取り込むかたちで，独自の主張やヴィジョンを展開してきました。わ
たしたちはその有機的な知のまとまりの先端にいるのです。

　今日までの著名な思想家にみられる，時代をまたぐ影響関係の例を二つあ
げてみましょう。18 世紀のフランスでおもに活躍したルソーは，市民相互
の社会契約と共同体の自我＝一般意志に基づく人民主権論を組み立てた人物
として知られています。同時に彼は，文化・文明の発達が人びとに自由をも
たらすわけではないとして，当時の啓蒙の潮流にそぐわない独自の主張を掲
げた思想家でもありました。そうした主張の原型は，彼の初期の著作『学問
芸術論』（1750）に現れています。このなかでルソーは，はるか昔，ローマ
帝国時代のギリシア人著述家プルタルコスが書いた『英雄伝』にアイディア
を求めました。そのローマ帝国期の書物に描かれた古代ギリシアのスパルタ
や共和政ローマのあり様──貧しくとも自由のために勇敢に戦う気概をもっ
た市民の姿──を参照点とし，18 世紀において自らの思索を発展させたの
です。ルソーはこうした気概を徳と呼び，学問や芸術の発達はこの徳に代表
される優れた習俗をき損すると批判しました（ルソー 1968）。

　もうひとつの例は，20 世紀後半の名高い政治哲学者ロールズに関してで
す。上述のルソーも採用した社会契約説は，19 世紀に入ると功利主義の台
頭などもあって廃れていきました。しかし 20 世紀後半のアメリカにおい
て，ロールズはこの「瓦礫」のようなアイディアを呼び戻し，正義にかなっ
た社会をめぐる哲学的思索に取り入れたのです。彼が述べるに，「ロック，
ルソー，カントに代表される社会契約の伝統的理論を一般化し，抽象化の程
度を高めること，私が企ててきたのはこれである」（ロールズ 2010：xxi）。
ロールズは正義にかなった社会のルールとして，「平等な自由原理」「公正な
機会均等原理」「格差原理」を特定します。彼はこれらの原理を，社会契約
説に類する思考実験から導き出します。つまり，合理的な個人が無知の
ヴェールによって，大部分の情報から遮断された原初状態におかれたとき，
彼／彼女らは集合的選択としてこれらのルールに同意するとされるのです

——原初状態と集合的選択がそれぞれ社会契約説における自然状態，契約に相当します。こうした正義の諸原理は，政治システムや社会構造，政策を構想する際の重要な規準となるでしょう。

　今日わたしたちがいるのは，これらが例示するような時代を飛ぶ影響関係により古代から接合されてきた，アイディアの有機的まとまり全体のうえにほかなりません。そこから再び過去を見直し，「瓦礫」を復活させ，よみがえったその思想を拠りどころとして現代社会や未来に関する再検討を試みるのであり，そのときわたしたちもまた，当該の過去の思想と今日頭のなかにある種々のアイディアを結びつけています。前節の二つめの例をもちだすと，① 20世紀への世紀転換期におけるリベラリズムの転換の様相（＝呼び戻した過去の思想）を，②ネオリベラリズムに彩られた現代社会に関するわたしたちの見方（＝今日頭のなかにあるもの）に組み入れて，後者の社会について再検討しようとするわけです。そのような時代横断的なアイディアの合成をおこなう点においては，わたしたち思想史の学び手もこれまでの著名な思想家も，根本的な違いはありません。その意味では，精密な理論体系の構築までいかないにしても，わたしたちは「ミニ」思想家のようなものであり，思想の歴史はそのように紡がれつづけるのです。

3　思想は地域（空間）を横切る

(1)　グローバルな学び

　ところで，わたしたちは過去のリアルな思想を召喚するとき，いつのまにか国や言語が異なる場所に一足飛びに移動していました。日本で机に向かいながらにして，19世紀のイギリスやその他の国・地域の思想へ，空間を即刻横切っているわけです。もっとも，これは決して当たり前のことではなく，いくつかの要件が歴史的に重なったからこそ可能となっている事柄です。少なくとも，もともと別の場所・言語で書かれたその思想——正確にはその思想が表されたテクスト（本や論文）——がそれまでに日本に伝播し，

ある時期に一定程度は受け入れられている必要があります。そうでないと，原著であれ翻訳であれ，そのテクストは目のまえに存在しないでしょう。このようなテクストの伝播については，おもに次項で論じます。

　本項でまず押さえておきたいのは，政治・社会思想史の学びは時代のみでなく空間，つまり国境や領域にとらわれず，それらをまたぐという点です。ここに，そのダイナミックさのもう一角である，思想の「地域横断性」が浮上します。前節で扱った思想の「時代横断性」が，時間軸といういわばタテの次元におけるアイディアの結びつきにかかわるとすれば，「地域横断性」は空間というヨコに焦点をあわせるものです。それは，「時代横断性」とパラレルなかたちで，二つの意味をもっています。(ⅰ)ひとつめに，この分野の学び手は過去を探検するとき，すなわち歴史の天使としてタイムマシンに乗るとき，頻繁にまたたくまの空間的飛越もおこなっているという意味です。思想史の学びは国境を越える，グローバルな営みであるともいえます。(ⅱ)二つめに，アイディアは空間をまたいで合成されると同時に，そのとき，受け止める側の独自の文脈が反映されることになるという意味です。

　このうちひとつめの意味に着目すると，影響関係に基づく古代からのアイディアの有機的つながりもまた，思想のグローバルな結びつきによって成立していることが理解されるでしょう。現在に生きるわたしたちと同じように，過去の思想家も，アイディアの合成に際しては，えてして空間を飛び越えているためです。第2節の例を用いるならば，古代「ローマ」で著された知的成果物の断片が，18世紀の「フランス」においてルソーによって呼び戻され，その後，彼の思想の一部が20世紀後半の「アメリカ」でロールズに継承され，今度はそのロールズの理論体系をわたしたち「日本」にいる者が受け止めているといったように，空間を移動するかたちでアイディアが移植され，連結されているわけです。思想の歴史は，無数のこのような事例の集まりとみることができます。

　したがって思想の流れの追跡は，グローバル・ヒストリーという歴史学における新たな試みと極めて親和的です。グローバル・ヒストリーはいまだ明確に確立された分野ではなく，その具体的な定義や手法にはバラつきがあり

ます。しかし提唱者たちは，おもに二つの事柄に同意し，それらをこの新興
分野の基本的な特徴に掲げています。ひとつはこの分野の目的に関するもの
です。すなわち，提唱者たちはグローバル・ヒストリーの狙いを，一国史あ
るいは国民史（ナショナル・ヒストリー）の枠組みを乗り越え，相対化する点
に据えます。国民や国民国家を前提として，その成立・発展を叙述する——
その意味で国家の「内側」に主要な関心を払う——近代的な歴史学の克服を
目指しているわけです。

　もうひとつはアプローチに関するもので，こうした目的と不可分に結びつ
いています。つまりグローバル・ヒストリーは，おもに国境をまたいだ種々
の相互作用，世界のさまざまな地域・集団のあいだの交流や連関を分析する
ものとして掲げられています。分析の焦点を国家の「外側」へ，グローバル
な規模の相互関係へ広げようということです（羽田 2018；コンラート
2021）。このようなグローバル・ヒストリーのアプローチは，思想の歴史の
中身を照らし出すのにも有益でしょう。今日わたしたちがそのうえに連なっ
ているアイディアの有機的つながりは，翻訳も含めて国境をいくたびも横断
する，数多の知的動きによって形成されてきたものだからです。

（2）　地域の文脈に応じた特殊性

　実際このようなアプローチが，政治・社会思想史においても近年発展して
きています。グローバル・ヒストリーの台頭にもうながされ，ここでも一国
史・国民史的な見方——いいかえると，「日本」思想史や「ドイツ」思想史
といった枠組みを自明視する姿勢——を克服しようとする取り組みが顕著な
ものとなっています。しばしば，グローバル思想史という標語によって集約
される流れです（アーミテイジ 2015）。そしてそのなかで，ある特定の国・
地域で生み出されたテクストや鍵概念（たとえば「主権」）が，地球の他のさ
まざまな地域へどのように伝播し普及したのかを，くわしく知ろうとする試
みが具体化されています。まさに，わたしたちが手に取るテクストが，なぜ
今そのように目のまえにあるのかが探られているのです。

　ここで思い出したいのは，思想の「地域横断性」の二つめの意味である，

空間をまたいだアイディアの合成に際して，受け止める側の独自の文脈が反映されることになるという点です。ある思想が別の国や地域で受け入れられるとき，それがもともと構築されていたそのままのかたちで受容されることはほとんどありません。えてして，受け入れた地域の政治的・文化的な事情や状況に応じて翻案されたり，脚色が加えられたりすることになります。あるいは，その思想のある特定の部分のみがひときわ強調されたり，特定部分だけが切り取られ，受容した側の思索や主張のなかに埋め込まれたりします。過去の著名な思想家もそうした翻案や脚色，摘出をおこなってきましたし，そのうえに連なる「ミニ」思想家であるわたしたちも，日本にいて他の地域で生まれた思想を召喚するとき，おそらく同様な作業を（意識的，無意識的に）おこなうことになるでしょう。古代からのアイディアの有機的つながりは，そのようにさまざまな地域文脈的変異や変色をともないながら紡がれ，継承されるのです。こうした空間をまたいだ変化の例を，近代日本に焦点をあわせてみておきます。

　19世紀前半のフランス人思想家トクヴィルが著した『アメリカのデモクラシー』（1835, 40）は，平等で個人主義的な民主政社会がおちいる危険性を「多数者の暴政」といった言葉で論じた作品です。合わせてトクヴィルは，自らアメリカで観察した自発的結社や住民の自治にそれを回避し，自由を守るための鍵があると指摘しました（トクヴィル 2005, 2008）。このような『アメリカのデモクラシー』は，（他の多くの西洋書物と同様に）明治初期の日本において多彩な論者にそれぞれの仕方で受容されることになります。『学問のすゝめ』などで名高い福澤諭吉もそのひとりでした。福澤は1877年刊行の『分権論』のなかで，トクヴィルの自治論に着目し，それを地方の士族（旧武士階級）の愛国心をめぐる自らの主張へ援用しました。このとき彼は，日本特有の政治的文脈に合わせて，トクヴィルの議論を次のように翻案しています。すなわち，トクヴィルが行政の分権化の意義を平等化が進むアメリカの状況に即して記したのに対し，日本の福澤はあくまで士族と農工商のあいだの階層的区別を前提とし，そのうえで分権化がもたらす地方士族への効果——それによってかれらのなかに愛国心や国家との一体感が育まれるであ

ろう──を主張したのです（柳 2021：186-212）。トクヴィルの民主政論が，特定階層におけるナショナリズム構築をはかる議論へ変化したともいえます。

　明治政府も思想の地域文脈的な変色に関与しました。ホッブズの『リヴァイアサン』（1651）は，17 世紀のイングランド内戦による混乱のなかで執筆された作品で，自然状態を戦争状態（「万人の万人に対する闘争」）と表したことでよく知られます。本書は，人間個々の自己保存権を自然権として肯定するところから出発し（第 1 部），次にそのような個人の自然権を保障するための装置をなす，国家の設立について説きます（第 2 部）（ホッブズ 2014, 2018）。しかし 1883 年，明治政府の文部省が日本で初めて『リヴァイアサン』の翻訳を発刊したとき，意図的に第 1 部を切り捨て，第 2 部の抄訳のみを出版しました。これによって当時の日本では，ホッブズの思想における近代的な個人主義の側面がみえなくなり，反対に，強力な国家に対して服従する人びとを描く彼の議論だけが，ことさら強調されるようになったのです。

　このような例にみられるように，思想は国境を越え，グローバルに移動するものでありながら，個別地域の文脈を反映した特殊なものにもなりえます。思想史をグローバルに学ぶ今日のわたしたちも，多くの場合そうした特殊性の形成にかかわることになるでしょう。たとえば，イギリスやアメリカ発のリベラルな思想を呼び起こそうとするのは，現代日本におけるリベラルな政策や政治勢力についてとらえなおすためでもあり（田中 2020），その目的に応じて，もとの思想には強弱や部分的な脚色が付されたりします。思想史の学びでは，継承と変化が同時に生じるのです。

4　素材の多様性

　議論を振り返りましょう。政治・社会思想史の学び手は，ベンヤミンが描いた歴史の天使のような存在にほかなりません。わたしたちの課題はこの天使に倣って，忘れ去られがちな，しかし魅力的で興味深い──つまり現在におけるわたしたちのパースペクティヴと重なり合う──リアルな思想を過去

から呼び覚ますことです。そのときわたしたちは，タイムマシンに乗っているかのごとく，時代と地域をダイナミックに飛越することになります。古代から近過去のさまざまな時代へ，グローバルな規模でまたたくまに移動するのです（どこへ移動するかは，学び手がどのようなテクストに引き付けられるかに依拠します）。そのようにして召喚された過去の思想は，現代社会を見つめ直し，かつ未来を改めて想像するうえでの拠りどころになりえます。わたしたち歴史の天使，もとい思想史の天使は過去に目を向けていますが，同時に未来もまなざしているのです。

　加えて，そのようにリアルな思想を呼び戻し，それを下敷きに思索するとき，わたしたちは時代横断的なアイディアの合成をおこなっています。もっともそうした合成は，わたしたちが身をおく政治的・文化的な状況を反映するかたちで，もとの思想の翻案や断片化などを経ながらなされます。本章では，空間をまたぐ場合の思想の変異・変色について論じましたが，たとえ同じ国・地域であったとしても，時代が移り状況が違えば同様なことが起こりえます。思想の歴史は数多の，そうした再編・改装をともなう合成によって紡がれるのであり，わたしたちも「ミニ」思想家としてそれに関与するのです。

　以上が，本章が示す政治・社会思想史の学習のメタ・イメージです。「メタ」であるのは，これによって得られるのが，あくまで思想史を学ぶうえでの指針やガイダンスにとどまるからです。学び手が実際おこなう作業は，過去の思想家・知識人のテクストのくわしい分析と読解です。それは文章個々の意味をとらえ，登場する概念を分析し，筆者の主張を再構成し，そのためにもともとの固有の文脈にそのテクストを位置づけ，あるいは当該テクストと別のテクストを関連づけ……といった地道な営みです。しかし，そうした「日常的な」作業をおこなうのはなんのためであり，そこにはどのような含意があるのか，テクストの読解は思想史の長い歴史との関係でいったいなにをしていることになるのか，これらに関する認識の獲得は学びに立ち入ろうとするきっかけや，それを継続しようとする少なからずの動機になるでしょう。本章はこれを狙ったものです。

　最後に，テクストとはなにを指すのかという問題が残ります。まず思いつ

くのは，伝統的に各地域で読まれてきた著名な思想家の本や論文です。プラトンの『国家』，アリストテレス『政治学』などにはじまり，20 世紀におけるアーレントの『人間の条件』やフーコー『生政治の誕生』といったものまで数多く例示できます。しかし政治・社会思想史におけるテクストは，教科書で取り上げられるこうした古典的な著作のみではありませんし，また本来，ジャンルも多様です。後者の代表格として，小説をはじめとする文学作品をあげることができます（堀田・森川 2017）。さらにそのなかで興味深いものとして，第 2 節で扱ったウェルズと同時代のイギリスで出版された，ジョージ・グリフィス作『革命の天使』（1893）や，R・ウィリアム・コール作『帝国を得る戦い——2236 年の物語』（1900）など，宇宙の開拓やそこでの戦争をめぐる SF 小説があります。当時の技術信仰に裏打ちされたこれらスペース・オペラからは，今日の宇宙探査・宇宙旅行，またこの「未開拓」空間での覇権争いや人間倫理の問題と重なる，リアルな思想を発掘できるでしょう。さらに，絵画や建築といった非文字の「テクスト」も，えてして作者の創造的アイディアが織り込まれていますので，この分野の分析対象になりえます。このように，思想史の天使が分析する素材は多様であり，身の回りにあふれているのです。

参考文献

アーミテイジ，D　2015『思想のグローバル・ヒストリー——ホッブズから独立宣言まで』平田雅博ほか訳，法政大学出版局。

ウェルズ，H・G　2012『タイムマシン』池央耿訳，光文社。

カー，E・H　2022『歴史とは何か　新版』近藤和彦訳，岩波書店。

コンラート，S　2021『グローバル・ヒストリー——批判的歴史叙述のために』小田原琳訳，岩波書店。

田中拓道　2020『リベラルとは何か——17 世紀の自由主義から現代日本まで』中央公論新社。

トクヴィル　2005・2008『アメリカのデモクラシー』1・2，松本礼二訳，岩波書店。

馬路智仁　2019「コモンウェルスという神話——殖民・植民地主義，大ブリテン構想，ラウンド・テーブル運動をめぐる系譜学」竹内真人編『ブリティッシュ・ワールド——帝国紐帯の諸相』日本経済評論社，199–228 頁。

羽田正　2018『グローバル化と世界史』東京大学出版会。

フリーデン，M　2021『リベラリズムとは何か』山岡龍一監訳，筑摩書房。

ベンヤミン，W　2015『歴史の概念について』鹿島徹訳，未來社。

堀田新五郎・森川輝一編　2017『講義　政治思想と文学』ナカニシヤ出版。

ホッブズ，T　2014・2018『リヴァイアサン』1・2，角田安正訳，光文社。

柳愛林　2021『トクヴィルと明治思想史──〈デモクラシー〉の発見と忘却』白水社。

ルソー，J・J　1968『学問芸術論』前川貞次郎訳，岩波書店。

ロールズ，J　2010『正義論　改訂版』川本隆史ほか訳，紀伊國屋書店。

●推薦図書── 一歩先に踏み出すために

稲村一隆「テクストの分析と影響関係」
　政治・社会思想史のテクストを分析する際，分析者（学び手）は具体的になにをすべきか，著者の経験をもとに解説している。本章が思想史の学びのメタ・イメージだとすると，この論文はその実践版にあたる。[『思想』1143号収録，2019]

野口雅弘ほか編『よくわかる政治思想』
　テクストを読解し，過去の思想を呼び起こすために，参照すべき，あるいは記憶しておきたい知識もある。それらを，日本における知的動向も含めて時代・思想家別，キーワード別に要領よくまとめた教科書。[ミネルヴァ書房，2021]

上村剛『権力分立論の誕生──ブリテン帝国の『法の精神』受容』
　18世紀フランスの思想家モンテスキュー筆の『法の精神』（1748）がインドやカナダ，アメリカでどのように受容され，変異し，「権力分立」論につながったかを分析している。政治・社会思想史のダイナミックさを具現した一冊。[岩波書店，2021]

第7章

歴史教育

公教育で歴史を学ぶとは

平井美津子

　学校での歴史の授業を「歴史上の人物や出来事，年号を覚える暗記科目」ととらえている人は少なくないでしょう。そう思う人にとって，歴史の授業は苦痛でしかなく，教科書はひたすら暗記するための教材でしかありません。

　一方，歴史上の人物の生き方に共感したり，歴史を学ぶことは楽しいと感じた人もそれなりにいるはずです。しかし，大河ドラマや歴史映画などから歴史に興味をもった人たちのなかには，そこで描かれたことを事実と受け止めてしまう危険性もあります。ドラマや映画では面白さを重視するために，想像の域に踏み込んだストーリーや演出がかなりあるからです。

　だからといって，学校で学ぶ歴史が唯一無二というわけではありません。時代に応じて歴史の語られ方は変化してきました。戦争に向かう時代から戦中にかけては，国威発揚・国民統合のために歴史が利用されました。明治維新からアジア太平洋戦争が終結するまでのあいだに学校で教えられた歴史がまさしくそうでした。

　この章では，歴史を学ぶために使われてきた主たる教材としての教科書について，論を進めていきます。日ごろ手にしてきた教科書。だれがどのようにして作っているのでしょう。そこに書かれることはだれが決めるのでしょう。教科書にあることだけが正しい歴史なのでしょうか。

　歴史を学ぶとは，どういうことなのでしょう。歴史を学ぶことは，どんなことにつながっているのでしょう。

1　教科書とは

(1)　戦前の教科書

　学校などの公教育の場で主たる教材として使われるものが教科書です。日本では 1904 年から国が指定する機関が著作したものに限って使用させる，いわゆる「国定教科書」が発行され，国史（戦前は歴史をこう呼んでいました）の教科書はイザナギノミコトとイザナミノミコトが登場する神話からはじまりました。

　歴史以外には修身という教科がありました。修身は，1890 年に発布された教育勅語を扱う教科として誕生し，教育勅語の趣旨に基づいて良心や徳性，人の道を教えると規定し，すべての科目のなかで筆頭に位置づけられました。

　修身では，神武天皇を題材にし，日本を世界に冠たる国として描き，楠木正成・正行父子，吉田松陰，加藤清正，乃木希典，二宮尊徳など，天皇や国家に忠義を尽くしたとされる人びとを記述しました。

　戦前の国史にしても修身にしても，国家主義的な色彩が濃く，とくにアジア太平洋戦期の国民学校の教科書では大東亜戦争を正しい戦争とし，楠木正成・正行親子を登場させ，子どもたちを立派な臣民に育てるべく，国家の戦争に駆り立てようとする記述が中心になっていったのです。

　このように戦前の教科書は国家に従属し，自己を犠牲にしても国家に協力する臣民をつくるための道具とされていたといえるでしょう。また，そこで語られる歴史は，あくまでも日本が歩んできた道を正義とし，そこにいっさいの過ちを認めない記述になっていきました。

(2)　戦後の教科書

　1945 年の敗戦によって，それまでの教育勅語のもと天皇のために命を投げ出す臣民をつくる忠君愛国の教育から，基本的人権を尊重する民主的な教

育へと急速な変化が求められました。GHQ は敗戦から 5 ヵ月足らずのあい
だに，神道教育の排除や三教科（修身・国史・地理）停止など，教育の民主
化を進めるための指示を出しました。日本の民主化にとって教育の民主化こ
そ急務だったのです。

　戦争が終わり，ようやく授業を再開した学校では，それまでの教科書に墨
を塗らせ，戦前の教育を否定するところからスタートしました。子どもたち
のなかには，それまで聖戦と教えられてきた戦争が間違いだったと教師に告
げられ，教師への不信感を募らせたり，信じてきたことが否定され，心に深
い傷を負っていつまでも癒えなかった人たちも少なくありません。政治が教
育を支配したことによる弊害がここに現れています。

　1946 年 5 月には，文部省（当時）から，教師のための手引書として，軍国
主義・国家主義の排除や，人間性の尊重，民主主義の徹底，平和的文化国家
の建設などを含んだ「新教育指針」が出されました。指針は教育者の果たす
べきつとめを「新しい日本を，民主的な，平和的な，文化国家として建てな
おすこと」としています。

　特筆すべきは，「ここに書かれている内容を，教育者におしつけようとす
るものではない。したがって教育者はこれを教科書としておぼえこむ必要も
なく，また生徒に対して教科書として教へる必要もない。むしろ教育者が，
これを手がかりとして，自由に考え，ひ判しつつ，自ら新教育の目あてを見
出し，重点をとらへ，方法を工夫せられることを期待する」と書かれている
点です。新しい教育の担い手としての教師に，戦前の国家によって統制され
た教育ではなく，教師の自立性や自主性を重んじる教育をしてほしいと期待
していたことがわかります。そして第 1 篇の結びでは，「われわれは新しい
日本を平和的文化的国家として建設しよう。そして平和を愛し文化を求める
人間をつくろう」と教師に呼びかけています。GHQ の指令に基づくものと
はいえ，現在の教育においても通用する視点や方法論が記されていたのです。

　さらに 1947 年に，文部省によって，教師が学校での教育内容を考えるう
えでの手引きとして「学習指導要領一般編」が出されました。当初，「学習
指導要領一般編」に法的拘束力はなく，あくまでも参考資料としてのもので

した。ところが，1950年にはじまった朝鮮戦争を機に日本の再軍備を進める政策が浮上してきました。そして，愛国心や国防意識を子どもたちに植えつけるための教育を推進することが課題となったのです。学習指導要領からは「試案」の文字が消され，法的拘束性が文部省によって主張されるようになりました。教科書は，その後，学習指導要領に基づいて作られていくようになりました。

（3）　教科書検定制度と家永教科書裁判

　今まで自分が使ってきた中学校や高校などの教科書をみてください。その奥付には「○年○月○日検定済」と記載されています。この「検定」とはなんでしょう。教科書は民間の教科書会社が研究者や教員らに執筆を依頼し制作しています。そして，それを文部科学省に申請し，教科書調査官による検定を受け，合格してはじめて教科書として出版できる仕組みになっています。

　この検定制度は1947年からはじまりましたが，1953年の学校教育法の改正によって，検定の権限が文部大臣（当時）に付与され，現在にいたっています。

　検定の大きな根拠になっているのが学習指導要領です。学習指導要領は，学校教育法第1条に規定する小学校，中学校，高等学校，特別支援学校などの各学校が各教科で教える内容を，学校教育法施行規則の規定を根拠に文部科学省が定め，4年に1度改訂されるものです。この学習指導要領に基づかない限り，合格にはならないのです。

　教科書は本来，研究者が事実についてさまざまな観点から検証および解釈をおこない，気長で入念な議論や批判を重ね，そこで学説として認められたものが，子どもたちの発達段階に即して記述されるものであり，学問研究の成果の多年にわたる蓄積を基礎とするものです。しかし実際には，その時々の政治状況に大きく影響を受けるなかで学習指導要領の改訂がおこなわれ，教科書の内容もこの学習指導要領に大きく規定されてきました。

　この教科書検定制度をめぐり，高校日本史教科書『新日本史』（三省堂）を執筆してきた家永三郎東京教育大学教授（当時）が国を相手取って提訴し

ました。これは家永教科書裁判と呼ばれ，1965 年に第一次訴訟がはじまり，第三次訴訟が終結したのは 1997 年という，32 年間に及ぶ裁判でした。

　この背景には，当時の日本民主党が『うれうべき教科書の問題』というパンフレットを発行し，教科書が偏向しているというキャンペーンをおこなったことがあげられます。このパンフレットは，日本で使われている教科書を「赤い教科書」と表現し，日本共産党と日本教職員組合が工作して「おそるべき偏向」教育がおこなわれていると記述しています。これが，こののちの教科書攻撃の源流となりました。『うれうべき教科書の問題』が出された 1955 年，民主党と自由党の保守合同によって自由民主党が誕生しました。

　家永はこのパンフレットを「もしこの冊子の筆者たちの権力の下で国定教科書が作られたら，いったいどんな教科書ができ上がるであろう。そのような事態に立ちいたったならば，歴史教育はまったく科学と民主主義から切断せられ，虚偽と歪曲，隷従と戦争の讃美に充満した教科書による教育が，権力の庇護の下で大手をふって横行するにいたるであろう」と痛烈に批判しました（家永 1955：27-30）。

　1956 年に文部省は教科書調査官制度を新設し，検定制度を強化しました。その結果，1960 年代にかけて教科書の検定不合格が相次ぐ事態が起きました。

　家永が提訴したのは，戦前に生まれ，多くの仲間が戦争で悲惨な死を遂げたにもかかわらず自らは生き残ったことや，無謀な戦争を止める努力もしなかったことを悔いたうえで，今またアメリカ従属のもとで再び戦争に駆り立てる教育政策に抵抗しなかったら，大きな悔恨を残すに違いないという思いからでした。

　1984 年 1 月に東京地方裁判所に国家賠償請求訴訟を提訴した第三次訴訟で争点になった，沖縄戦の記述について紹介しましょう。

　検定に出された申請本では「沖縄戦は地上戦の戦場となり，約 16 万人もの多数の県民老若男女が戦火のなかで非業の死をとげたが，そのなかには日本軍のために殺された人も少なくなかった」とあるのに対し，教科書調査官は「一般市民の場合は，やはり集団自決というのがいちばん多いので，それ

をまず第一に挙げていただきたい」と主張しました。

　最終的に「約 16 万の県民の老若男女が砲爆撃にたおれたり，集団自決に追いやられたりするなど，非業の死をとげたが，なかには日本軍に殺された人びとも少なくなかった」と訂正して合格しました（家永教科書訴訟弁護団 1998：166-168）。

　沖縄戦に関しては，当初から家永の記述自体も少なく，その事実を十分に表しているとはいえません。しかし家永は，短い文章のなかに「日本軍に殺された人も少なくなかった」と書くことによって，沖縄戦が住民を守るための戦いではなかったことを伝えようとしていました。ところが文部省は，集団自決を第一に書かせることによって，沖縄戦による住民の死が国のために自発的にささげられた崇高な死であったことを印象づけようとしたのです。

　文部省が書かせようとしたのは，集団自決が決して日本軍によって強制されたり誘導されたりしたものではなく，あくまでも住民自らの意思によるものだということでした。集団自決の一部を都合よく切り取った歴史歪曲といわざるをえません。このように米軍に対して勇敢に戦い，自ら死を選んでいった住民という姿を描かせようとしたのは，なぜなのでしょうか。

　1979 年にイギリスでサッチャー政権が，1981 年にアメリカでレーガン政権が誕生しました。日本でも 1982 年に中曽根政権が発足し，日本を不沈空母になぞらえ，戦後政治の総決算を唱え，靖国神社の閣僚参拝を実施，国鉄の民営化をはじめとする「大行革路線」へと舵を切りました。国家に貢献する国民をつくるための教育を推進する中曽根内閣の姿勢が，検定による統制が強化されるアクセルになったと考えられます。

　家永教科書裁判の第三次訴訟は，1997 年 8 月の最高裁第三小法廷における大野判決をもって終了しました。この大野判決は，検定制度自体は合憲としましたが，「日本軍の残虐行為」「南京大虐殺」「七三一部隊」「草莽隊」の 4ヵ所に検定の違法性を認めました。これは大きな歴史的意義がある判決でした。裁判長の大野正男は，西ドイツ（当時）のワイツゼッカー元大統領の言葉を引用して以下のように述べました。

「我が国が近現代において近隣諸国の民衆に与えた被害を教科書に記述することは特殊なかたよった選択ではなく，また自国の歴史を辱めるものでは決してない。『過去に目を閉ざす者は結局のところ現在にも盲目になります。非人間的な行為を心に刻もうとしない者は，またそうした危険に陥りやすいのです』という見解を我が国高等学校の日本史教科書検定において排除しなければならない理由を私は知らない」（家永教科書訴訟弁護団 1998：214）。

　家永教科書裁判によって，沖縄戦だけでなく，日本の加害や植民地支配の事実について具体的な認識が国民のあいだに広がり，戦争責任や戦後補償の問題が提起されるとともに，教科書における日本の加害の事実などに関する記述も大きく進歩したといえます。

2　歴史を学ぶということ

(1)　歴史との対話

　歴史の事実とはなんでしょう。過去に起きたすべての事実が歴史となるなら，わたしたちの目のまえに提供される歴史は途方もないものになります。大学での歴史学の講義で必ずといっていいほど取り上げられてきた『歴史とは何か』を著したイギリスの歴史家カーは，現代史家の課題として「数少ない意味ある事実を発見し歴史的事実に変えるという課題」と「数多い無意味な事実を非歴史的事実として捨てるという課題」があるといいます（カー 2022：18）。

　では，この歴史的事実を知ることが歴史を学ぶということでしょうか。教科書を読めば歴史を学んだことになるのでしょうか。

　カー自身も「過去は現在の光に照らされて初めて知覚できるようになり，現在は過去の光に照らされて初めて十分理解できるようになるのです。人が過去の社会を理解できるようにすること，人の現在の社会にたいする制御力を増せるようにすること」を歴史学の働きといっています（カー 2022：86）。

　つまり，歴史研究者などが歴史的事実を解釈し，そこに評価を与えたことが歴史として叙述されているのです。しかし，そうやって叙述されたものをただ読んでいるだけでは，わたしたち自身のなかに豊かな歴史認識が生まれてくることはありません。歴史認識とは，歴史を解釈するうえで自己が獲得した考え方であり，自分自身の経験を踏まえた考え方が反映されるものといえます。この歴史認識を会得するための取り組みが，歴史を学ぶということにつながっていく作業なのです。このプロセスをカーは「現在と過去のあいだの終わりのない対話」（カー 2022：43）と表現しています。

　それでは「対話」とはなんでしょうか。日本史家の成田龍一は，高校教師の傍ら在野で世界史を研究する小川幸司の論を用いて，対話について次のように述べています。

　対話には，第一に「主体化作用の対話」（自分ごととして考えてみる問い），第二に「時空間拡大作用の対話」（同じようなことを他の歴史にも見出してみる問い），第三に「根拠の問い直し作用の対話」（フレームや概念を見つめ直す問い）という三つのスタイルがあると紹介しています。そして，歴史教育から問いかけることによって，その後の「『歴史実践』は歴史主体としての『生き方』へと結晶されていくのです」と結論づけています（成田 2022：18-19）。

（2）　沖縄戦の授業から考える

　中学校における沖縄戦の授業から歴史との対話について考えてみましょう。中学校の歴史教科書では沖縄戦についての記述は決して多いといえません。中学校で最も採択されている東京書籍の教科書にある沖縄戦の記述は以下のものです。

　「1945 年 3 月，アメリカ軍が沖縄に上陸しました。日本軍は，特別攻撃隊（特攻隊）を用いたり，多くの中学生や女学生まで兵士や看護要員として動員したりして強く抵抗しました。民間人を巻き込む激しい戦闘によって，沖縄県民の犠牲者は当時の沖縄県の人口のおよそ 4 分の 1 に当たる 12 万人以上になりました。その中には，日本軍によって集団自決に追い込まれた住民もいま

した」（東京書籍 2020：229）。

　他社の教科書の記述も大きな差異はありません。しかし，この少ない記述からも歴史との対話は可能です。

　私がおこなった沖縄戦における「集団自決」をテーマに据えた授業を紹介しましょう。授業が進むにつれ，「なぜそんなに多くの住民が死んだのか」「日本軍はなぜ住民を集団自決に追い込んだのか」といった問いが生徒から出てきました。

　当初，生徒たちは「集団自決」という言葉を集団で自殺することと解釈しました。そこで私は，沖縄県の座間味島で集団自決した人たちの年齢別の死者数を示しました。死者数 177 人のうち詳細がわかっているのは 135 人で，このうち 55 人が 12 歳以下の子どもであること（林 2017：518）にかれらは驚きます。そこから「小さい子どもが自分から死ぬはずはない。子どもは殺されたんだ」「では，だれに？」「親かもしれない？」「親がなんで子どもを殺すんだ？」という意見が次々に出てきました。そして，「戦陣訓（1941 年に陸軍大臣東條英機が軍人に出した訓令）に『捕まってはいけない』と書いてあった」「サイパン島でも集団自決があった」「軍隊の玉砕と同じではないか」と，これまでに学んだ知識から答えを手繰り寄せようとするのです。これは，成田のいう「第二の対話」にあたります。

　次に，生徒たちが考えた答えを確かめるために，座間味島のすぐ近くにあり同じように多くの住民が集団自決をした渡嘉敷島で自ら家族を手にかけた金城重明さんの証言を，一緒に読みました（金城 1995）。そこには，アメリカ軍の上陸前に日本軍から手りゅう弾が配られ自決の指示があったことや，覚悟をした親が死の準備をしていたこと，あちこちで妻子を殺す男性の姿を見たこと，自分も家族が「鬼畜米英」に惨殺されるのを恐れて手にかけたことなどが書かれていました。

　すると生徒たちから「自分の家族を殺した人はどんなに辛かっただろう」「もし，生きて捕虜になるなという考えがなかったら，どれだけの人が助かっただろう」「自決とは自殺のことだけど，沖縄の人は強制的に死ねとい

われた」などの声が上がりました。歴史上の場面に自らをおき，当時の人びとへの共感を通して，沖縄戦における集団自決を見つめ，主体的に考えるかれらの姿がそこにありました。これは先述の「第一の対話」にあたります。

そこから生徒たちは，沖縄戦で亡くなった約20万人のなかに沖縄の一般住民が9万4000人もいた理由を改めて考えはじめます。そうして「住民が集団自決に追い込まれたことのほかに，どんなことが沖縄戦で起きたのだろうか」と新たな問いが生まれました。そこで，さらに証言や資料に目を通し，住民が避難していたガマ（沖縄県に点在する自然壕）から日本軍によって追い出され戦場をさまよったこと，鉄血勤皇隊やひめゆり学徒隊のように中学生と同じくらいの年頃の子どもたちが戦場に駆り出されたこと，方言を話したことによってスパイと疑われ殺された住民がいたこと，本土防衛のために時間稼ぎをすることが沖縄戦の司令官に与えられた任務だったことなどを知っていきました。

そして，「沖縄戦で住民は守られなかった」「本土決戦のための時間稼ぎをするために住民が巻き込まれた戦争だった」「時間稼ぎをするために日本軍は降伏せず，住民も投降を許されなかった戦争だった」というように，最終的に沖縄戦とはどういう戦争だったのかを改めて考えようとする「第三の対話」が生まれていきました。教科書に書かれていた短い文章の意味が，ここで生徒のなかで明確に認識されたのです。

こうして，「投降せずに亡くなった多くの住民に対して，国やかかわった人びとは謝罪すべきだ」「日本軍や政府の責任を教科書にきちんと書くべきだ」「沖縄戦の事実をもっと知りたいし，伝えていかなければならない」と，自分自身の沖縄戦という歴史への向き合い方が生まれてきたのです。

このような授業の積み重ねを経て，自分なりの沖縄戦像を獲得したときにはじめて自分なりの歴史認識が生まれ，歴史を学んだということになるのではないでしょうか。

3　政治が歴史に介入すること

(1)　歴史修正主義

　現在，戦争中や植民地下における加害の事実を否定する歴史修正主義の動きが激しくなっています。みなさんも「アウシュビッツにガス室はなかった」や「『慰安婦』は商行為だった」といった言葉を聞いたことがあると思います。歴史修正主義とは，ある種の政治的意図をもって，歴史的事実を，その事実そのものをなかったと否定したり，矮小化したりして，歴史を書き替えようとする動きを指します。日本ではとくに「慰安婦」問題や関東大震災における朝鮮人虐殺問題に関して事実を否定する言説が増えています。インターネット上にも歴史的事実に反する歴史修正主義的な言説や，ヘイトスピーチと見まがうような悪意に満ちた言葉があふれています。

　2021 年 4 月 27 日，菅内閣（当時）は，「従軍慰安婦」という表現は不適切であり，「慰安婦」とするのが適切であるという答弁書を閣議決定しました。これは，馬場伸幸衆議院議員（日本維新の会）が提出した「従軍慰安婦」という用語が「あたかも女性たちが強制的に連行され，軍の一部に位置づけられていたとの誤った理解を日本国内のみならず国際的にも与えてしまっている」から「今後この用語を政府として用いることは適切でない」という質問主意書に答えたものです（国会資料 a ）。

　しかし，「従軍慰安婦」という用語は，政府の見解を示す国会答弁などで政府が繰り返し使ってきた言葉です。それがメディアなどを通じて広く普及し，教科書でも用いられたという経緯があります。そもそも日本政府が用語としての「従軍慰安婦」を「慰安婦」に変更したところで，日本軍の管理のもとで多くの女性が性行為を強制されたという事実をなかったことにはできません。また，いまや「慰安婦」問題は戦時下における女性の人権問題として諸外国で周知されています。日本政府が強制性を否定すればするほど，日本は女性の人権を尊重しない国としてみなされるのです。

　しかし，同年 5 月 10 日の衆議院予算委員会で菅総理（当時）は「教科書

の検定基準は閣議決定その他の方法により示された政府の統一的な見解が存
在している場合は，それに基づいて記述されることになっている」と答弁
し，同月 12 日の衆議院文部科学委員会でも文部科学省の串田政府参考人が
「今年度の教科書検定より，『いわゆる従軍慰安婦』との表現を含め政府の統
一見解を踏まえた検定を行っていきたい」と述べました（国会資料 b）。

　閣議決定に基づいて教科書の記述を変えることの根拠となっているのが，
2014 年に出された「義務教育諸学校教科用図書検定基準及び高等学校教科
用図書検定基準の一部を改正する告示」です。2021 年，「従軍慰安婦」につ
いては中学校教科書の 1 社，高校教科書では 3 社が削除の訂正要請をおこな
いました（朝日新聞 2021 年 9 月 9 日朝刊）。また 2022 年 3 月末に検定結果が
発表された高校の教科書においては「従軍慰安婦」や朝鮮半島の人びとの
「強制連行」といった記述に対し，「政府の統一的見解」に基づかないとし
て，14 件の修正を求める検定意見が付けられました（朝日新聞 2022 年 3 月
30 日朝刊）。

　この背景には，「従軍慰安婦」の事実を教科書から排除したいという政府
や与党の思惑があると思われます。なぜこの事実を排除したいのでしょう。
それは，日本軍による「慰安婦」の強制連行はなく，日本政府に責任はない
と思いたい，それを認めると日本人としての誇りが失われるという強い思い
があるからです（吉見 2017：74）。つまり，「慰安婦」の強制連行を認めるこ
とは日本人としての誇りを失わせ，ひいては国益を損なうと政府や与党は考
えているのです。

　先に述べたように教科書は，研究者が事実の検証をおこない，さまざまな
議論を重ね，そこで学説として認められたものが，子どもたちの発達段階に
即して記述されるものであり，学問研究の成果の多年にわたる蓄積を基礎と
するものです。それを歴史研究の専門性をもたない政治家たちが，閣議決定
という手段によって恣意的に変更させることは，なにを意味するのでしょうか。

　ドイツ現代史やホロコーストを研究する武井彩佳は，「歴史修正主義の問
題は，政治的な意図の存在に」あり，「歴史の修正の目的は，政治体制の正
当化か，これに不都合な事実の隠蔽である」とし，「歴史が修正されること

で，将来的に取り得る選択肢も正当化される」と述べています（武井 2021：16）。

　日本の加害の事実を教科書から排除することによって得られるものはなんでしょう。日本の歴史における過ちを覆い隠すことで得られる日本人としての誇りとはなんでしょう。

　2006 年に教育基本法が改正されました。改正教育基本法では第 1 条の教育の目的とは別に，旧法になかった教育の目標が第 2 条として登場しました。

　第 2 条の 5 には「伝統と文化を尊重し，それらをはぐくんできた我が国と郷土を愛するとともに，他国を尊重し，国際社会の平和と発展に寄与する態度を養うこと」が掲げられています。個人の価値を尊重する 1947 年の教育基本法から，国や郷土を愛し国家にとって有用な人材育成を目指すものへと教育の理念が変換したのです。そのために，学習指導要領においても国や郷土を愛する態度を育てる内容が記され，教科書記述にもそういった内容を盛り込むことが求められました。教科書から日本の加害の記述が近年薄れていることは教育基本法の改正とつながっているといえます。

　日本の加害の事実を排除することによって，改正教育基本法第 2 条にある国や郷土を愛する態度を育てようというのでしょうか。戦前において歴史は，国民としての一体感やアイデンティティを形成するための教科として利用されてきました。今，加害の歴史を消し去ろうとする人びとが目指す社会とはなにかを考える必要があります。

　2022 年 2 月にはじまったロシアによるウクライナ侵攻を機に，台湾有事に備えて南西諸島への自衛隊配備の強化が進められ，要塞化が進んでいます。憲法 9 条を変え，敵基地攻撃能力を備え，核兵器を所有することまで主張する政治家たちもいます。こういった人びとに共通するのが，自国中心の歴史観です。日本が中国や朝鮮民主主義人民共和国から狙われている，この危機に向き合うために国民の心をひとつにして，力には力で対抗しようという考え方があると考えられます。同時に，加害の歴史を教えることはそういった国民の一体感をつくるうえで障壁となると考えているのでしょう。

(2)　歴史を学ぶ意味を問い直す

　歴史を学ぶことの意味とはなんでしょう。

　歴史をみていくと，今日にいたるまでの成功や発展の歴史ばかりではありませんでした。恐ろしい殺戮を繰り返したり他国を侵略したりするなど，振り返りたくないような歴史的事実が厳然としてあります。また，現在も他国とのあいだに事実をめぐって争いになっている歴史事象もあります。そういった歴史から目をそむけたり，なかったことにしようとしたり，都合の悪いところを隠したりごまかしたりといった動きもあります。

　過去の人びとがそれぞれの時代でどんな生き方をし，どんな社会を生み出してきたのか。近代において日本人はどうして戦争への道を選択してしまったのか。こうした問いを探っていくことは，わたしたちがこれからの社会をつくっていくうえで大きな力になります。

　わたしたちは歴史と無縁に生きているのではなく，過去のうえに成り立っている現在を生きているのです。そして，そこから未来をつくりだしていきます。よりよい社会を形成するために過去の歴史から教訓を得，未来をつくりだしていくのです。

　現在の問題を考えるうえで，沖縄戦や「慰安婦」問題のような戦争や植民地支配における加害の問題を学ぶことは，これからの社会を形成する担い手となる若者にとって重要な経験といえます。振り返りたくない過去だからこそ，隠蔽され改ざんされて見えにくくなってしまいますから，注意が必要です。これらの問題は歴史問題であるとともに，現在もわたしたちに突き付けられている問題でもあります。いまだ解決できていない歴史問題に目を向け，解決のためになにが必要かを考えることは，現在に生きるわたしたちの課題なのです。

　わたしたちは現在の世界情勢のなかでどのような未来像を描くのでしょう。

　現代社会を生きるわたしたちが直面する課題に向き合うためにこそ，過去の歴史を学ぶ必要があるといえます。歴史を批判的に考察し，そこから新しい社会をどのようにしてつくっていくのかを考えることが，歴史を学ぶ意味

といえるでしょう。しかし，ひとりで抱え込む必要はありません。仲間とともに学び，その学びから得たものを共有し，理想とする未来社会をデザインし，そのためにどう行動していくのかを考えればいいのです。きっと，その作業は楽しいものになるでしょう。そして，さらに，国を越えて歴史を語り合うことができるようになれば，国と国とを隔てる歴史問題の解決の糸口もみえてくるでしょう。

　歴史を学ぶことは未来を語ることです。ともに，語り合いましょう。

参考文献

家永三郎　1955「民主党の『うれうべき教科書の問題』──科学的教育に対する公然の挑戦」『歴史学研究』188：27-30。

家永教科書訴訟弁護団編　1998『家永教科書裁判──32 年にわたる弁護団活動の総括』日本評論社。

カー，E・H　2022『歴史とは何か　新版』近藤和彦訳，岩波書店。

金城重明　1995『集団自決を心に刻んで』高文研。

国会資料 a 「衆議院議員馬場伸幸君提出『従軍慰安婦』等の表現に関する質問に関する答弁書」https://www.shugiin.go.jp/internet/itdb_shitsumon_pdf_t.nsf/html/shitsumon/pdfT/b204097.pdf/$File/b204097.pdf（2023 年 3 月 15 日閲覧）。

──b「第 204 回国会　衆議院予算委員会第 20 号　令和 3 年 5 月 10 日」https://kokkai.ndl.go.jp/txt/120405261X02020210510/152（2023 年 3 月 15 日閲覧）。

文部科学省資料 a「新教育指針」国立国会図書館デジタルアーカイブ，https://dl.ndl.go.jp/info:ndljp/pid/1281779（2022 年 10 月 22 日閲覧）。

──b「義務教育諸学校教科用図書検定基準及び高等学校教科用図書検定基準の一部を改正する告示」https://warp.ndl.go.jp/info:ndljp/pid/11293659/www.mext.go.jp/b_menu/hakusho/nc/1343450.htm（2022 年 10 月 22 日閲覧）。

武井彩佳　2021『歴史修正主義──ヒトラー賛美，ホロコースト否定論から法規制まで』中央公論社。

東京書籍　2020 年検定済『新編　新しい社会　歴史』東京書籍。

成田龍一　2022『シリーズ歴史総合を学ぶ 2　歴史像を伝える──「歴史叙述」と「歴史実践」』岩波書店。

林博史　2017「強制された『集団自決』『強制集団死』」沖縄県教育庁文化財課資料編集班編『沖縄県史　各論編 6　沖縄戦』沖縄県教育委員会，516-533 頁。

吉見義明　2017「日本軍『慰安婦』問題と歴史学」東京歴史科学研究会編『歴史を学ぶ人々のために──現在をどう生きるか』岩波書店，71-107 頁。

●推薦図書—— 一歩先に踏み出すために

加藤圭木監修『「日韓」のモヤモヤと大学生のわたし』
　　日韓関係についてモヤモヤを抱えた大学生たちが，自分たちのモヤモヤの正
　　体を突きとめ解決すべく，日韓の歴史を調べ，日韓をめぐる社会情勢に向き
　　合い，語り合って作った，近代の日韓関係史を学ぶ入門書といえる本です。
　　[一橋大学社会学部加藤圭木ゼミナール編，大月書店，2021]

斉加尚代『教育と愛国——誰が教室を窒息させるのか』
　　道徳や歴史の教科書をめぐる問題，政治による教育現場への介入，新自由主
　　義的な教育改革など，公教育をめぐって近年起きている問題にジャーナリス
　　トの立場から取材をし，その問題点を浮き彫りにしたドキュメンタリーです。
　　[岩波書店，2019]

平井美津子『教科書と「慰安婦」問題——子どもたちに歴史の事実を教え続ける』
　　戦後における教科書の記述の変遷を歴史的背景から概観するとともに，「慰安
　　婦」問題の授業を焦点に，教科書から消そうとする動き，それに抗う教師た
　　ち，教育現場にかけられる政治的圧力を詳細に記録した本です。[群青社，
　　2021]

第Ⅱ部

過去を通じて現在を知る

　第Ⅱ部は，過去を通じて現在を知る歴史学の実例を提供します。

　第8章「グローバリゼーション――つながり，移動し，変化する歴史」と第9章「国民と民族――なぜ人はネイションに縛られるのか？」は，現代世界を特徴づけるグローバリゼーションと国家の歴史を取り上げます。グローバル化は国境を越えるというように，これらの二つの事象は逆の動きのようにもみえますが，じつはヒトとモノの「つながり」という点で地続きにつながっていることがわかります。それだけにさまざまな課題を現代にもたらしてきた歴史を明らかにしています。

　他方，人間どうしの「つながり」が，逆に社会の分断をうながすこともあります。第10章「人種主義――複合的な差別のひとつとして考える」，第11章「ジェンダー――規範から自己決定へいたる歴史」，そして第12章「経済成長と格差――なぜ世界には豊かな国と貧しい国があるのか？」は，現代社会をさまざまなかたちで分断してきたこれらの問題が，いずれも所与ではなく，歴史的に形成されてきたことを明らかにしています。これはとても大事な視点です。人類が生み出してきたものであるならば，未来を展望する手がかりもそこにあるはずだからです。

しかし，それでも世界に争いの種がなくならないのはどうしてなので
しょうか。第13章「帝国主義――国際社会の歴史的淵源を考える」は，
国どうしが衝突する今日の国際秩序の原型を，いまから100年以上まえ
の帝国主義の時代に遡って考察し，第14章「戦争――カテゴリーの暴力
を超えて」は，今日にいたるまで人びとが戦争と平和の問題に向き合い
続けてきた現代史を俯瞰しています。
　第Ⅰ部と同様に，各テーマは密接にからみあっていますし，論じるべ
きテーマもたくさん残されています。それでも，過去というプリズムを
通して現在を深く理解する歴史学の良質な実例として，ここで示される
論点や方法は，わたしたちが歴史学を日常に活かす際のさまざまなヒン
トを与えてくれることでしょう。

第8章

グローバリゼーション

つながり，移動し，変化する歴史

太田　淳

　グローバリゼーションという語からみなさんはなにを想像しますか。それがインターネットを通じ世界の人と交流することや，格安航空便で自由に移動できることを意味するのなら，それは21世紀から進展する現象（だから歴史を通じて学ぶことではない？）に思えます。しかしグローバリゼーションを，世界各地がいっそう強くつながり，人やモノや情報が世界規模で移動するようになること，その結果，社会やものの考え方が混じり合い変化することと定義するならば，それはもっと古い時代から起きていました。この章では，日本も古くからグローバリゼーションの渦中にいたこと，そして世界各地のつながり方はさまざまで，時代とともに変化したことを確かめます。

　まず第1節では，16世紀の平戸で中国人やポルトガル人が活動していたことに着目し，平戸が当時の銀のグローバルな流通の一部であったことを確かめます。第2節では，18世紀のヨーロッパで，インドや中国の工芸品が賞賛され人気となった背景を考察します。第3節では，19世紀に起きたコレラの世界的流行を検討します。近年の新型コロナウィルスと同様に，感染症が人の移動を介して拡大するにつれ，人びとの移動を管理し公衆衛生を普及させる考えが強まりました。これらの理解を通じて，グローバリゼーションとは，しばしば考えられているように世界の文化や慣習の欧米化・均質化だけではなかったことを確認します。そして，人類がさまざまなかたちのグローバリゼーションを経験してきたことを確かめましょう。

1　16世紀の平戸とグローバル貿易

(1)　さまざまな来訪者

　平戸は九州本土の北西部に隣接した小さな島ですが，16世紀半ばから17世紀初めまでは日本で最も栄えた国際貿易港のひとつでした。平安末期から平戸周辺の有力者であった松浦氏は，16世紀に平戸の貿易が急増してから戦国大名として勢力を伸ばします。そのきっかけは，16世紀半ばに倭寇の頭目である王直という中国人が平戸に定住したことでした。この人物がさらにポルトガル商人を平戸に招いて，銀などを扱う貿易が発展します。倭寇とは文字通りには日本人の海賊を指しますが，なぜ中国人である王直が倭寇の頭目となり，平戸に定住し，ポルトガル商人と協力して貿易をおこなったのでしょうか。じつはここにあげた中国，倭寇，ポルトガル商人，銀，貿易は，すべて16世紀グローバリゼーションのキーワードといえます。このときに大量の銀が世界で流通するようになり，その一部を担う倭寇やポルトガル商人が平戸を利用したのです。

　このような展開の背景には，中国の明朝（1368〜1644年）の経済政策がありました。元朝末期に紙幣が乱発され極度のインフレとなる混乱を経て成立した明朝は，貨幣に依存しない経済を目指しました。そのため人民からも税を貨幣で徴収するのではなく，生産物と労働力を直接取り立てました（これを現物経済といいます）。海外貿易をおこなうと貨幣が国内に入り込んでしまうことから，明朝は民間商人による海外貿易を禁止し（海禁），貢物をもって朝貢しにくる外国使節にだけ貿易を許可しました（朝貢制度）。しかし中国と諸外国のあいだには互いの産品に対する強い需要があったため，海禁政策はかえって密貿易を活発化させます。商人たちは沿岸部で秘かに東南アジアから蘇木（染料の一種）や胡椒などを輸入し，陶磁器や絹織物を輸出しました。そうした密貿易の拠点が15世紀前半からまず南東部の福建省沿岸に現れ，16世紀には上海南方の舟山群島にある双嶼港が台頭しました（上田

2005：199-203）。

　16 世紀の中国市場がなにより渇望したものは銀でした。政治が安定し商品経済が発展するにつれ，モノや人の移動を常にともなう現物経済は明らかに不便になりました。そのため，やがて商取引に銀が用いられ，1430 年代からは政府も役人の給料を銀で支払い，銀で徴税せざるをえなくなりました（岡本 2013：183-184）。こうして中国で銀需要が高まると，日本の銀が注目されました。日本では 1523 年から朝鮮由来の新しい抽出技術（灰吹法）が導入され，生産が急増していました。しかし中国沿岸を荒らし回る倭寇を幕府が取り締まれなかったり，来航した日本人商人同士が中国で抗争したりしたため，1520 年代から明朝は日本船の来航年次や人数を厳しく制限しました。

　こうした状況のもとで，禁止された取引を非合法におこなう集団が現れました。日本の市場が中国の生糸や絹織物を強く求めていたため，中国沿岸の非合法集団は各地でそれらを秘かに購入したり，集落を襲撃して略奪したりしました。略奪集団は日本人の倭寇なども仲間に加え，自分たちも月代を剃って日本人と同じ髪型や服装をしました。かれらは襲撃した集落からしばしば住民を連れ去り，その頭にも月代を剃りました。そうするとこの人びとは官憲の眼を恐れて故郷に戻ることができず，略奪に参加せざるをえなかったのです。かれらはその外観から倭寇と呼ばれましたが，15〜16 世紀の倭寇の大部分は中国人でした（上田 2005：208）。かれらは暴力も用いましたが，強い需要がある中国絹製品を日本銀と交換する商業集団でもあったのです。

　このような非合法な商取引に，ポルトガル人も 1520 年代から参加します。ポルトガル人は香辛料貿易に参入するために 15 世紀末からアジアに進出し，その独占を図って 1511 年に東南アジア最大の貿易港ムラカ（マラッカ）を制圧しました。その地でかれらは中国が巨大な市場と有望な産品をもつことを知りますが，海禁政策をとる明王朝はかれらに貿易を許可しませんでした。そのため 1520 年代からポルトガル人は双嶼港に進出して，非公式に絹織物などの取引をおこないました（上田 2005：202-203, 209-212）。

　先述の王直も，中国沿岸の活発な密貿易に引き付けられたひとりでした。もともと商人であった彼は 1540 年に広州に赴くと，その地の密貿易集団に

参加しました。かれらは日本の五島列島やシャムのアユタヤに船を送って貿易をおこない，数年のうちに巨万の富を築きました（上田 2013：164）。この頃から王直はポルトガル商人と接触していたことでしょう。

　王直はこの時期に，東アジアの歴史を大きく動かす出来事を主導します。近年の研究は，鉄砲伝来は 1543 年に王直がポルトガル人を種子島に連れてきて実現したと考えています。王直が広州を拠点におこなった貿易は，中国の生糸や綿布に加えて火薬の原料となる東南アジア産の硝石や硫黄も取り扱っていました。王直は火薬原料の貿易を促進するために，取引先のひとつである種子島にポルトガル人を引き連れ，銃器を提供させたのでしょう。ポルトガル人はこれによって日本との関係を強め，貿易を促進しようとしていたでしょう。このときに伝えられた技術によって鉄砲が国産され，織田信長の台頭などにつながったのは，よく知られる通りです。その後，王直は双嶼港に赴き，1544 年にその地の倭寇集団の財務統括を任されました（上田 2013：165-171）。

　王直は 1543 年または 44 年にはじめて平戸を訪れます。領主松浦隆信は彼を丁重に迎え入れ，港の近くに土地も与えました。彼は王直の集団が貿易で巨万の富を得ているのを知っていて，それを自領に引き込もうと考えたのでしょう。王直が中国風の屋敷を建て 2000 人の部下を従えて居住しはじめると，実際に彼による仲介を期待して中国船が数多く来港しました（外山 1987：109-110）。一方，双嶼港では，1548 年に明朝の官僚が軍隊を投入して倭寇集団を掃討しました。集団の幹部はみな逮捕されるか逃亡するかし，残った倭寇や商人たちは王直のもとに結集して，官憲から逃れるため平戸に移住しました（上田 2005：206-208）。こうして平戸に中国人倭寇集団が移り住み，王直がその頭目となったのです。

　1550 年には王直の呼びかけに応じてはじめてポルトガル商人が平戸を訪れ，かれらは毎年東南アジア産品や中国の生糸や絹織物を平戸にもたらすようになりました。すると京都や堺など日本各地の商人も，ポルトガル人や中国人が持ち込む商品を求めて来港するようになり，引き替えにポルトガル人は日本の銀を手に入れました。こうして平戸は 2000 人以上の中国人と 90 人

のポルトガル人（1561 年，おそらく一時滞在者も含む）が滞在し（外山 1987：111-118），その同胞や日本各地の商人が活発に訪れて取り引きするコスモポリタンで繁栄する港になったのです。

　この時期の興味深い展開は，ポルトガル人や中国人のあいだでさまざまな交流や協働がおこなわれたことです。一例をあげると，あるポルトガル海洋商人は 1541 年に双嶼港を目指す途上に南シナ海で 1 隻のジャンク（中国式帆船）に遭遇します。その船は琉球からマレー半島東岸のパタニに向かうところで，その船主は「シナ海賊」でありながらキアイ・パンジャンというマレー系の名をもち，ポルトガルの習慣と服装を愛好する人物でした。彼の船は 70 挺以上の鉄砲と 15 門の大砲，そして 30 人のポルトガル人傭兵を載せていました。彼はパタニに妻子がいましたが，無断出国により断罪されるのを恐れていました。そこで彼は，これらの火器と 100 人の部下を載せた船とともにこのポルトガル商人に同行して協力し，引き替えに手に入れた財貨の 3 分の 1 を受け取るという契約を結びます。その後まもなくキアイ・パンジャンは亡くなりますが（ピント 1979, 1：188-191, 243；上田 2013：1-14），このエピソードからは，東南アジアの港市で現地化した華人海賊が財をなし，ポルトガル人傭兵や火器とともに琉球や東南アジア各地を航海していたことがわかります。この華人海賊の容相は非常に混交的で，中国人，マレー人，ポルトガル人の密接な交流がうかがえます。当時のムラカでは多くのポルトガル人兵士が離脱して海商に転向し，リーダーのもとにインド人や日本人も混じった集団を形成しました。1530 〜 40 年代にそのような集団の拠点は双嶼港やマカオ，さらにインドのゴアやコチンにもあり，華人海賊とも協力して貿易をおこなっていたのです（岡 2010：30-52）。

　ポルトガル船が定期的に来港するようになった平戸は，カトリックの重要な布教拠点にもなりました。有名なフランシスコ・ザビエルも 1550 年に平戸を訪れ，領主から布教の許可を得ました。1555 年には平戸住民に約 500 人の信徒がいて，1557 年には最初の教会が建てられました（外山 1987：111-120）。

　ところが平戸の国際貿易は，まもなく突然中断します。キリスト教の拡大を快く思わない仏教徒住民とポルトガル商人およびキリスト教徒住民のあい

だで小競り合いが起きるにつれ，領主はキリスト教を混乱の原因とみなすようになりました。両者に不信感がつのり，ポルトガル商人は 1562 年から近隣の別の港を利用し，1564 年から平戸のポルトガル貿易はほぼ途絶えました。さらに王直が 1558 年に舟山群島で中国官憲により逮捕されて処刑されると，中国商人も平戸を去りました。こうして平戸は 1560 年代から貿易と無縁の寒村となってしまいます（外山 1987：121-132）。

　しかし平戸の国際貿易は，その後 40 年以上を経て一時的に復活します。1605 年に平戸の松浦藩主はパタニのオランダ東インド会社商館に朱印船を送り，オランダ船の来港を要請しました。その結果 1609 年に東インド会社の船が平戸に来港し，商館が開設されました。平戸を訪れるオランダ船は年間 8〜10 隻に及び，その後の長崎への来航数（年間 2〜3 隻）を上回りました。オランダ船は生糸や絹織物のほかに東南アジアの砂糖や鹿革（後述）などをもたらし，平戸からは銀，銅，銅銭などを持ち帰りました。それに刺激を受けたイギリス東インド会社も 1613 年に平戸に商館を設立しましたが，オランダとの競争は激しく，10 年後に撤退します。オランダ東インド会社商館も，キリスト教の浸透を恐れた徳川幕府によって，1641 年に監視が容易な長崎に移転させられました（外山 1987：154-184）。これにより，平戸の国際貿易は終焉を迎えます。

(2)　グローバル・ヒストリーと 16 世紀のアジア

　ここでは，ポルトガル人や中国人が平戸で貿易を繰り広げた背景を，グローバルな枠組みで考えてみましょう。16 世紀は，ヨーロッパ人がアジアやアメリカ大陸へ進出した，いわゆる大航海時代にあたります。ポルトガル人が東へ向かったのに対し，スペイン人は西へ進みアメリカ大陸に到達しました。スペイン人の征服者たちは，火器や騎馬の力を用いて瞬く間に広大な大陸を制圧し，現地人を酷使して銀鉱山から大量の銀を得ました。

　アメリカ大陸銀の大部分はスペインのセビーリャを通じてヨーロッパ各地に流入しました。ヨーロッパは 14〜15 世紀にペストと気候寒冷化により人口が減少しましたが，労働力が減少したことで土地が相対的に豊富になる

と，賃金が上昇しました。気候も回復した結果，人口は 15 世紀半ばには約
5000 万人だったのが，17 世紀半ばには 1 億人近くまで増加しました。北部
ネーデルラント（現在のオランダ）では土地を干拓し商品作物栽培や酪農を
推進して，農業の商業化が進展しました。イングランド，フランス，フラン
ドルなどでは毛織物産業が発達しました。こうして一部地域で市場向け生産
が増えると，そこで消費される穀物などの食糧，繊維原料，木材などの生産
に特化した地域が生まれました。その結果，16 世紀のヨーロッパでは生産
地と消費地をつなぐ遠隔地貿易が発展する「商業革命」が起き，アントウェ
ルペン，ロンドン，パリなどの都市が貿易や金融の中心として繁栄しました
（キャメロン & ニール 2013, 1：127-177）。このような人口増や都市経済の発展
は，銀の需要を増やしたことでしょう。一方で，16 世紀のヨーロッパで物
価が 3〜4 倍にも高騰したことは，アメリカ大陸からの銀の流入により市場
で銀が過剰になったことを示唆しています。

　アメリカ大陸銀の一部は，1571 年からガレオン船と呼ばれる大型帆船で
フィリピンのマニラに送られました。マニラには福建から多数の中国商人が
訪れ，その銀を絹織物や陶磁器と引き替えに持ち帰りました。こうしてマニ
ラに届いたアメリカ大陸銀のほとんどは中国に流入します（岸本 1998：12-14）。

　中国でも 15 世紀後半から顕著に経済が拡大しました。長江下流域では稲
作地帯に土砂が堆積したことで綿花や桑（蚕のエサ）栽培への転換が起き，
綿紡績業や製糸業，綿や絹の織物業が発達しました。代わりに長江中流域で
米の生産が増え，下流域には商業や手工業に特化した都市が発達しました
（岡本 2013：184-186）。銀はこうした都市において食糧などの取引に用いら
れるほか，軍資金として北方にも運ばれました。15〜16 世紀に明はモンゴ
ルおよび女真（後の満洲）と敵対したため，明朝宮廷は軍資金（おもに銀）
とともに軍隊を北方に配備しました。もっとも女真は中国の上流階層で人気
の高いテンの毛皮や朝鮮人参を供給できたため，16 世紀半ばに海禁制度が
緩和されると，中国商人や軍の指揮官までがそれらを銀で購入しました（岸
本 1998：41-45）。ヨーロッパと異なり，16 世紀の中国でほとんど価格上昇が
起きなかったのは，このように銀が北方へと運ばれたことと，銀の流入に見

合う旺盛な経済活動が国内で起きていたことを意味するでしょう。

　中国には，日本銀とマニラ経由のアメリカ大陸銀のほかに，ポルトガル商人もヨーロッパ経由でアメリカ大陸銀をもたらしました。多額の輸送費をかけてまで銀が運ばれたのは，中国では銀の価値がとくに高かったからです。中国は銀を基盤とした経済であったことから，16世紀初めの金銀交換比率がヨーロッパで1対12，インドで1対8程度であったのに対し，中国では1対6でした（フリン 2010：52）。つまり中国まで銀を運べば，他地域よりも多くの品を購入できたのです。さらに16世紀には，長距離航海を可能にする造船や航海技術の向上がありました。アメリカ大陸と日本で新たに銀が大量に採掘され，ヨーロッパや中国で経済が拡大し，長距離航海の技術も発展して，16世紀から銀が世界を駆けめぐったのです。一方で，中国と日本——絹織物と銀の重要な産地および市場——のあいだで公式貿易が禁止されたために，双嶼港と平戸が非公式な取引拠点として台頭したのです。

2　18世紀のアジア・ヨーロッパ貿易

(1)　世界経済の回復

　18世紀に話を移します。18世紀の世界は「17世紀の危機」からの回復期にありました。17世紀には地球全体が寒冷化し，アジアを中心に大規模な火山の噴火もあって，各地で食糧不足や政治不安が生じました。ヨーロッパ各地で記録的な不作が生じ，イングランドなどで人口が急減しました（田家 2010：222-226）。中国では衰退する明朝を清朝（1644〜1912年）が滅ぼしますが，その後も各地で反乱が起き内戦がつづきました。

　しかし清朝は17世紀のあいだに抵抗勢力を制圧し，18世紀に入ると中国社会は安定期に入ります。とくに60年にわたる乾隆帝の治世（1735〜96年）には，長江下流域や北京などの都市部で商業が発展し，経済力をつけた商人など中間層のあいだで消費が拡大しました。アメリカ大陸原産のサツマイモやトウモロコシの栽培が広がって食糧供給が増え，人口も大きく増加しまし

た（岡本 2013：196-200）。

　ヨーロッパも 18 世紀に入ると各地で寒冷気候に強い品種が導入されたほか，イングランドでは大規模地主が土地を囲い込み肥料や排水設備を利用する「農業革命」が進展しました。さらにアメリカ大陸由来のジャガイモが広く導入されて食糧供給が改善し，人口が増えました（田家 2010：229-231）。国力をつけたイギリスとオランダは，それぞれ 17 世紀初めに東インド会社を設立してアジアに進出し，両社は 18 世紀を通じてそれぞれインドとインドネシア諸島で領域支配を広げました。そして 1757 年にはどちらも中国の広州で貿易を認められます。

　これにより，イギリスやオランダは自国産品をアジアに売り込んで利益を上げたのでしょうか。実情は正反対でした。イギリス東インド会社は 1608 年からインド海岸部の各地に商館を設立し積極的に貿易を進めますが，その大半はインドから綿織物を輸入しイギリスから銀を持ち込むものになりました。イギリス製の毛織物などは現地の気候に合わないこともあり，ほとんど売れませんでした。

(2)　異境の品の消費

　それとは対照的に，インド産の綿織物はイギリスで絶大な人気を得ました。インド綿は，それまでヨーロッパで一般的であった麻や毛，皮などと比べると，はるかに軽くて肌触りがよく，汗を吸収し，洗濯しやすい素材でした。そのためインドの綿織物は 17 世紀後半からおもに上流の人びとのあいだで部屋着や下着として使われはじめ，1680 年代初め頃までには外出着や正式の服装となりました（羽田 2007：271-272）。

　極めて細い繊維からなるインドの高級綿糸からは薄くて軽い布を織ることができ，それには精緻な手描きや型押しの模様を染めることができました。インドでは遅くとも紀元前後から，染料とさまざまな物質を混ぜ合わせて，洗っても色落ちしない染色技術が発達しました。ヨーロッパ人がそれに匹敵する模様染めを作れるようになるのは，機械織りと化学染料の技術が発展した 19 世紀後半のことでした。上流階層の女性は色鮮やかで精緻な染め模様

をもつ更紗（チンツ）と呼ばれる綿布をとくに愛好し，更紗をヨーロッパの
スタイルに仕立てたドレスが熱狂的に流行しました（そうしたドレスはいま
もイギリスの博物館でみることができます）。更紗をはじめとするインド綿布は
他の西ヨーロッパ諸国でも人気を得て，東インド会社の関係者がヨーロッパ
人好みの模様やデザインをインドの職人に伝えて生産させることもありまし
た（太田 2022：292-293）。

　このようなインド綿布の流行は，イギリスでそれまで高級品であった絹織
物と激しく競合しました。絹織物職人やその関係者が，インド綿布を売る店
やインド綿布製の服を来た女性を襲撃する事件も起きました。憂慮したイギ
リス政府は 1700 年と 1721 年にキャリコ（インド綿布）禁止法を制定して輸
入を制限しようとしましたが，さまざまな抜け道が利用されて輸入は減りま
せんでした（羽田 2007：274-275）。イギリスの産業革命における紡績機や織
機の発明と綿布の国産化は，一面ではインド綿布との競争から生まれたとも
いえるのです。

　イギリス東インド会社の中国貿易では茶が最重要の輸入品となりますが，
工芸品も本国で人気を博しました。なかでも磁器は，その薄さと色や模様の
美しさから，北西ヨーロッパの上流階層の人びとから熱望されます。ドイツ
の貴族には自分の屋敷の一室の壁を天井まで中国磁器で埋め尽くす者も現れ
ました。インド綿布と同様に，ヨーロッパ人が模倣できないすぐれた技術や
芸術性が高く評価されていたといえるでしょう。そして磁器においても，中
国でヨーロッパ人の好みに合わせてヨーロッパ風のモチーフを描いた作品が
作られました（太田 2022：292-294）。

　清朝は 1661 年から 1684 年まで，海上貿易に依拠した敵対勢力を封じ込め
るために沿岸部の住民を内陸に移住させ貿易を禁止しましたが（遷界令），
これにより日本もヨーロッパ向け貿易に参入します。九州の有田などでは中
国製品を模倣した輸出用磁器（伊万里焼とも呼ばれます）が作られますが，有
田ではヨーロッパのモチーフを取り入れた中国磁器をさらに模倣した作品も
作られました。さらにいうと有田焼の技術は，中国の技術を取り入れた朝鮮
人職人を，朝鮮出兵の際に日本の大名が連れ帰ったことで伝えられました。

有田焼の美しい模様には複雑な戦争や貿易の歴史が反映しているのです。

　18 世紀ヨーロッパにおけるインド綿布や中国磁器の需要は，「異境の品の消費」と呼ぶことができるでしょう。同様の現象は世界各地でみられました。日本でもインドの模様染めや縞織物が輸入されて人気を博し，それらを模倣した染織品が作られました。ヨーロッパ，ペルシャ，日本などでは外国産砂糖の消費が増え，日本では内外の砂糖を利用した和菓子が発達しました。中国では工芸品ではなく東南アジアのナマコ，フカヒレ，燕の巣などに広く人気が出て，新たな食材として利用されました。これらの現象は，温暖化にともなって各地で経済が発展して中間層が拡大し，向上した自らの経済力や地位にふさわしい外来品への需要が高まったことを反映しているでしょう（太田 2022：293-294）。

　さらに「異境の品の消費」は，産業革命以前の長距離貿易の原動力となりました。イギリス東インド会社によるインドの綿織物の輸入は，1664 年から 1760 年までの会社の輸入総額のうち常に半分以上を占め，多い年には70％を超えました（最大は 92％）（羽田 2007：270）。同社の中国貿易の中心となった茶も「異境の品の消費」の一種といえるでしょう。オランダ東インド会社は日本における「異境の品の消費」を満たすために，インドの染織品やジャワの砂糖，シャムの鹿革（刀の柄や印伝細工など装飾品の材料）などをもたらしました。イギリスの民間商人も，東南アジアからナマコや燕の巣を中国に運びました（太田 2022：294）。イギリスからはインド綿布や中国の茶の購入により大量の銀が流出したため，その抑制のためにインドから中国へアヘンが輸出されました。そしてこのことが，アヘン戦争をはじめとするイギリスのさらなるアジア進出につながっていきます。

3　19 世紀のコレラ流行

(1)　コレラ感染の拡大

　感染症の世界的拡大は，コロナウィルスによってわたしたちにも身近な経

験になりました。関連して14世紀のペスト流行も知られるようになりましたが，グローバリゼーションの歴史で重要なのは，19世紀から6度にわたり世界中で流行したコレラです。近代に入り，人やモノの移動が活発化したことが，この病気の拡大に直結したからです。

　コレラはもともとインドのベンガル地方の風土病でした。1817年の最初の世界的流行は，ヒンドゥー教の大祭から帰郷する巡礼者が，帰路や故郷でコレラ菌を拡散したことではじまりました。コレラはカルカッタからガンジス川に沿って拡大し，イギリス軍兵士に広がりました。1818年に入ると現地勢力がイギリス軍に敗退するのとともに，コレラはインド西部に達します。そこからコレラはおもに船舶によって，1820〜22年にセイロン，インドネシア，東南アジア大陸部，中国，日本，アラビア半島，アフリカ東海岸各地，イラン，シリア，カスピ海沿岸まで広がりました。インドでは，イギリスが支配を広げるとともに，それまで小国家で分断されていた人の流れが拡大し疫病も広がりました。1840年代にアッサム地方でイギリス資本による茶の本格的な栽培がはじまると，中部高地からの出稼ぎ労働者がベンガルを経由してアッサムに向かう途中でコレラに感染しました（マクニール2007下：169-172）。

　1830年代からコレラはヨーロッパや北アメリカにも到達しました。その要因にはインドのムスリムが多数メッカへ巡礼に向かうようになったこと，鉄道や蒸気船，さらにスエズ運河開通により輸送が高速・大規模化したことがあげられます。コレラは人間の排泄物を通じて広がるため，産業革命初期のヨーロッパの多くの都市にみられた無秩序で無計画な都市化，急激な人口増，給水設備が不十分で不衛生かつ過密な貧民街，粗末な食事，汚物の散在，下水設備の欠如といった環境がコレラの蔓延を招きました。とくにマルセイユ，ハンブルグ，バレンシア，ナポリといった港湾都市にはこれらの条件が揃っていました（スノーデン2021上：328-329）。

(2)　ヨーロッパにおける騒乱と対策

　ヨーロッパのいくつかの都市では，コレラの流行が暴動や騒乱につながり

ました。ナポリの低地地区は，1880 年代にいたるまで建築基準もなく建物が過密に軒を連ね，陽がまったく差し込まない路地に汚水が流れていました。5 m² ほどの部屋に 7 人が，食料にする鶏とともに暮らすのもまれでありませんでした。上下水道もなく，家屋や身体を清潔に保つこともできませんでした。このような低地地区で 1884 年に感染が拡大すると，市当局は防疫のために役人や医療従事者を派遣しました。しかしかれらが武器をちらつかせて，隔離のために重症者を親族から引き離し，寝具や衣類を焼却のために提出させ，さらに建物の硫黄燻蒸を承諾するよう強制すると，反感が広まりました。やがて住民は家庭内のコレラ発生報告を拒否し，燻蒸を妨害し，バリケードを築いて医師やその護衛の介入を拒みました。数百人の群衆が憲兵隊に石を投げつけて抵抗し，発砲によってようやく騒ぎが収まることもありました。最終的に騒乱が収まったのは，民間の寄付を受けた非政府組織が救助に介入したときでした（スノーデン 2021 上：340-358）。1832 年のパリなどでは，毒物を撒いたと疑われた人に民衆が暴行する事件が発生しました。いかがわしいと認められた人のポケットから粉や薬状のものが見つかると，民衆は身体や顔の一部まで引きちぎって惨殺しましたが，いつもその後，被害者の無実が判明しました。1892 年にハンブルグで感染が拡大したときには，ドイツの他の都市では同市から来た郵便物をすべて燻蒸し，旅行者の手荷物を消毒剤まみれにするなど，過剰な反応が起きました（村上 2021：74-75, 148）。

　もっともヨーロッパやアメリカの多くの都市では，コレラ流行を防ぐために都市開発を伴う対策がとられました。しかしその実施に長い年月を要したのは，この疫病の原因について専門家のあいだでも意見が割れたためです。19 世紀後半まで，コレラやその他の疫病の原因は土中に埋まった死体やその他の腐敗物，沼沢地などから生じる有毒な空気（瘴気）であるとする説が有力でした。1883 年にロベルト・コッホが顕微鏡でコレラ菌を発見したあとも，感染説は必ずしも広く支持されませんでした（マクニール 2007 下：175-79）。感染説論者は船舶の隔離検疫の必要性を主張しましたが，自由貿易が支持されるイギリスでは貿易を遅滞させる隔離検疫に対して強い反発がありました。それでもイギリスでは，1832 年のコレラ流行を契機に，1848

年に中央保健委員会が開設され，反発を押し切って公衆衛生計画が推進され
ました。14 世紀のペスト流行以来，ヨーロッパの多くの都市で検疫や隔離
を中心とする衛生対策がおこなわれていましたが，中央政府が主体となり都
市開発をおこなう近代的公衆衛生はこれが画期となりました。その中心と
なったのが全国に上下水道を敷設する事業です。工事の経費は莫大で，かつ
敷設のために個人所有地に立ち入ることもあって，反対はやみませんでし
た。それでも 1854 年までの期間に一定の上下水道設備を設置すると，コレ
ラ以外にも多くの感染症が激減し，幼児死亡率が低下しました。そのため同
様の都市計画はニューヨークなど各地に広まりました。ハンブルグでは，経
費のかかる給水システム改善事業をさらに延期しつづけましたが，1892 年に
同市でコレラが蔓延したときに，隣接するアルトナ市では水道濾過設備が整っ
ておりコレラがまったく発生しなかったことから，事業の必要性が痛感され
ました。こうして上下水道がヨーロッパの都市で整備され，これ以降ヨーロッ
パでコレラの感染拡大は起きませんでした（マクニール 2007 下：184-188）。

(3)　インドにおける帝国医療

　欧米でコレラ対策が進んだ 19 世紀後半は，欧米が世界で植民地化を進め
た時期にあたります。インドでは 1857～58 年の大反乱が鎮圧されたあと，
イギリス植民地政府が広大な領土を直接統治しましたが，疫病が発生するた
びにイギリス人兵士や現地住民に大きな被害が出て，疫病対策は重要な課題
となりました。興味深いことに，当初はイギリス人もアーユルヴェーダなど
インドの伝統医学を尊重していました。瘴気説は環境に疾病要因があるとす
る考えであり，アーユルヴェーダが重視する空・風・火・水・地という五元
素の乱れが疾病を生むという考えと相容れやすかったといえます。1824 年
に設立されたカルカッタ土着医学研究所では，インド人学生に西洋医学と並
んでインドの伝統医学も教えられました（脇村 2002：202-209）。

　ところが 1830 年代からは植民地政府の医学教育と医療政策は西洋医学一
辺倒となり，上記の研究所も閉鎖されます。このことは，コレラが多くのイ
ギリス人兵士を死なせ，さらにヨーロッパを襲ったことと無関係ではないで

しょう。これらの経験を通じてイギリス人官僚や医療関係者は，熱帯をヨーロッパ人にとって不健康で不快な環境と理解するようになります。アジアやアフリカは，衛生的で清潔な温帯のヨーロッパと対比される「病気の巣窟」として，文明（近代の医学や公衆衛生）によって治癒すべき対象となりました。ヒンドゥー教の祭礼を通じてコレラが広まることから，イギリス人は巡礼者たちを不潔で無知な人びととみなし，ヒンドゥー教自体に偏見をもつようになりました。このような理解に基づき，医療や公衆衛生は身体の管理・監督を通して，被統治者の社会管理を進めてゆく装置として機能するようになります（脇村 2002：207-209, 216-217）。こうしたあり方を「帝国医療」と呼ぶことができるでしょう（見市 2001：6-10）。

　ところがインド植民地政府は，コレラ患者を病院に隔離し，人の移動を制限するのを避けました。それは人びとの抵抗を警戒したからでもあり，財政負担を抑えるためでもありました。イギリスでは19世紀後半に感染説が認められはじめていたにもかかわらず，インドでは19世紀末まで政府が瘴気説に類似した説を支持し，積極的な防疫対策をとりませんでした。一方でイギリス人は，自身が暮らす都市でインド人が衛生に配慮せず水路やくぼみにゴミを投棄するのを恐怖し，インド人居住区とイギリス人居住区とを街路や鉄道などで画然と隔てました。兵士の性病対策のための売春婦への強制的検査や性病院の設立は，イギリス人居住区に限定しておこなわれました（脇村 2002：221-225）。

　しかしインドにおける感染症拡大は，船舶輸送を通じてヨーロッパにも影響することから，防疫を強化するよう多数の国から圧力がかかりました。1896年にインドでペストが大流行するとその圧力はいっそう強まり，イギリス植民地政府は強硬な対応に転換します。1897年制定の疫病法は，県長官が防疫活動に軍隊を利用する権限を認め，活動を阻害する者に対して罰則を定めました。これに基づいて各地で感染者発見のための家宅捜査，感染者の隔離（病院やキャンプへの移送），感染者の家屋破壊などがおこなわれました。これに対し，現地の知識人たちは現地語新聞に寄稿して，政府の強硬な手法に激しく抗議しました。植民地政府はこれによって民衆の騒擾がさらに

広がりナショナリズムが浸透することを恐れ，また財政負担も大きかったことから，公衆衛生政策は不徹底に終わりました。植民地期を通じてイギリス植民地政府には現地社会に対する不介入政策の姿勢が強く，コレラやペストに限らず公衆衛生政策は不十分な結果に終わりました（脇村 2002：225-229）。

4　グローバリゼーションとその課題

　この章で取り上げた事例は，どのように人・モノ・情報の世界的移動や，社会や考え方の混交や変化と結びついていたでしょうか。16世紀に銀がはじめて世界を一周するようになるのは，スペインが大量の銀をアメリカ大陸で得たからであり，世界各地で経済が拡大し貿易が活発化していたからでした。とくに中国は現物経済から銀経済への転換期にあって，世界から銀と商人を引き付けました。こうしたグローバルな動きに敏感に反応し貿易の中心になったのは首都やその近くの商業都市ではなく，双嶼港や平戸という辺境でした。ここでは中国人と日本人に加えてポルトガル人，オランダ人なども参加し，抗争もありましたが，言語や習慣を超えた協働もおこなわれました。かれらの活動は暴力的で非合法の部分も多かったとはいえ，市場で求められる銀や絹織物などを流通させました。ちなみに非合法貿易や海上暴力は，豊臣政権で朱印船貿易が開始され，1684年に遷界令が撤回されると，ほぼなくなります。貿易には人びとを引き付けるはたらきがあり，それを国家が押さえつけることが暴力を招いたともいえるでしょう。

　18世紀には，17世紀の寒冷期から回復して気候が温暖化するとともに，とくに北西ヨーロッパと中国沿海部で中間層の拡大を伴う経済発展が起きました。イギリス東インド会社がインドと中国からそれぞれ綿織物や磁器などを大量に輸入したことにより，ヨーロッパ人はアジアの工芸品のすぐれた技術と芸術性を知り，憧憬の念を抱いてそれらを消費または顕示しました。この時期にはアジアの技術的優位性と，より平等なアジア・ヨーロッパ関係があったのです。逆にいえば，両者の不平等な関係は19世紀からはじまった

にすぎません。もっとも 18 世紀における貿易の不均衡（ヨーロッパからの富の流出）は，その後の植民地時代における不平等な関係の糸口ともなりました。

　19 世紀に何度も世界的に流行したコレラは，帝国主義の産物でした。強国の支配がそれまでの人びとの活動範囲を超えた大規模な軍事行動や人の移動をもたらしたことで，風土病が世界的感染症になったのです。当時この病気についての科学的知見は発達しつつありましたが，財政的思惑から対策が実行されない場合もありました。ヨーロッパでの被害は住環境の劣悪な貧困地域に集中し，行政の強硬な対応や人びとの恐怖は，ときに暴動につながりました。インドでは，イギリス人がそれまでもっていた伝統医学や伝統的知への敬意は，感染症を通じて軽侮に変わりました。感染への恐怖は，イギリス人が自身とインド人の居住区を隔離することや，強硬な防疫対策をとることにつながり，インド人のナショナリズムを呼び起こします。

　このようにみると，グローバリゼーションは欧米化や均質化ばかりをもたらしたのではなく，経済発展や他者を尊重した文化交流なども促進しました。その一方で，そこには他者と自身とを隔て暴力を招く負の側面も少なくなかったことがわかります。100 年余り前のコレラ感染拡大下の出来事が，現代も繰り返されていることにも驚かされます。これらのことが，わたしたちがグローバリゼーションの歴史をさまざまな側面から学ぶ必要性を示しているといえるでしょう。

参考文献

上田信　2013『シナ海域蜃気楼王国の興亡』講談社。
　――　2005『中国の歴史 9　海と帝国――明清時代』講談社。
太田淳　2022「グローバル貿易と東南アジア海域世界の『海賊』」弘末雅士・吉澤誠
　　　一郎編『岩波講座世界歴史 12　東アジアと東南アジアの近世――15〜18 世紀』
　　　岩波書店，289-307 頁。
岡美穂子　2010『商人と宣教師――南蛮貿易の世界』東京大学出版会。
岡本隆志　2013『中国経済史』名古屋大学出版会。
岸本美緒　1998『東アジアの「近世」』山川出版社。

キャメロン，R & L・ニール　2013『概説世界経済史』全2巻，速水融監訳，東洋経済新報社。

スノーデン，F・M　2021『疫病の世界史』上下巻，桃井緑美子・篠原通緒訳，明石書店。

田家康　2010『気候文明史——世界を変えた8万年の攻防』日本経済新聞出版社。

外山幹夫　1987『松浦氏と平戸貿易』国書刊行会。

羽田正　2007『興亡の世界史15　東インド会社とアジアの海』講談社。

ピント，M　1979『東洋遍歴記』全3巻，岡村多希子訳，平凡社。

フリン，D　2010『グローバル化と銀』秋田茂・西村雄志編訳，山川出版社。

マクニール，W・H　2007『疫病と世界史』上下巻，佐々木昭夫訳，山川出版社。

見市雅俊　2001「病気と医療の世界史」見市雅俊ほか編『疾病・開発・帝国医療——アジアにおける病気と医療の歴史学』東京大学出版会，3-44頁。

村上宏明　2021『「感染」の社会史——科学と呪術のヨーロッパ近代』中央公論新社。

脇村孝平　2002『飢饉・疫病・植民地統治——開発の中の英領インド』名古屋大学出版会。

●推薦図書——　一歩先に踏み出すために

J・ダイアモンド『銃・病原菌・鉄——1万3000年にわたる人類史の謎』上下巻
　人間社会の発展の歴史を，地理や環境に焦点をあて説明する。農業や家畜化の知識が国家を発生させ，軍事力や輸送手段がそれを拡張させる一方，感染症はその発展を阻んだことが検討される。[倉骨彰訳，草思社，2012]

上田信『シナ海域蜃気楼王国の興亡』
　14～17世紀のシナ海域に海上王国の設立を図った足利義満，鄭和，王直，小西行長，鄭成功のヴィジョンと業績，挫折を描く。陸の支配に基づく近代国家が成立する以前の時代について，新たな見解を提起する。[講談社，2013]

W・H・マクニール『疫病と世界史』上下巻
　世界史上のさまざまな民族や国家の興亡を感染症流行の歴史から説明する。大帝国の衰退には多くの場合感染症が影響し，第一次世界大戦まで戦死者より感染症による死亡者がはるかに多かった事実は，人間中心史観を戒める。[佐々木昭夫訳，山川出版社，2007]

第 9 章

国民と民族

なぜ人はネイションに縛られるのか？

中澤達哉

2022 年 2 月 24 日にはじまったロシアのウクライナ侵攻。じつは，その半年前の 2021 年 7 月，プーチン大統領は「ロシア人とウクライナ人の歴史的一体性」という論文を発表し，両者はひとつの民族であると述べていました（Путин 2021）。ゼレンスキー大統領はこれに反論し，むしろ両者は別個の独立的な民族であると主張していたのです（Украинская правда 2021）。

ここで重要なのは，日本語で「民族」や「国民」を意味する「ネイション（nation）」は侵略戦争の要因になりうるということです。たとえば，ロシア人とウクライナ人を「ひとつのネイション」と把握する側は，自国民に歴史的根拠（ときに曲解）を提示して侵攻を正当化しようとします。それを信じる相当数の国民も存在します。これに呼応して，侵略される側の反論も肥大化していく可能性があります。つまり，ネイションはいまだ，人びとの思想と行動に多大なる影響を及ぼす存在といえるのです。

振り返れば，第二次世界大戦は，ネイションどうしがぶつかりあった過酷な総力戦でした。なぜ人びとは，国民や民族のために，命を賭してまで戦わねばならなかったのでしょう。国民皆兵による徴兵はフランス革命から明示的にはじまります。しかし，中近世には国家の住民全体が戦争に参加することはありませんでした。なのに，なぜ近現代の人びとはネイションに縛られるようになったのでしょうか。本章は，以上の疑問に答えながら，国民・民族にまつわる出来事およびその理念の歴史的な変化について理解します。そのうえで，ネイションという近現代世界の課題を考えてみましょう。

1　ネイションは人工物？

(1)　原初論・本質主義

　みなさんは，小学校から高等学校にいたるまで，歴史教科書を通じて出来事の歴史を時系列で学んできたと思います。ですから，たとえば「国民史の成立」という言葉を聞いたとき，「ん？　聞いたことのない言葉だなぁ」と思う人もいると思います。しかし，みなさんが使ってきた教科書にこそ国民史が体現されているといわれれば，国民史をなんとなくイメージしてもらえるでしょう。たとえば，「ドイツ人」「フランス人」「日本人」などのネイションを想像してください。そうしたネイションが前近代から現代にいたるまで一貫して存在していると仮定し，その政治的・文化的・社会的な発展プロセスを描く歴史を国民史といいます（小沢 2003）。そのような歴史観は，日本ではよく「民族史観」と呼ばれます。また，ナショナリズム研究の分野では，国民史の下地となるイデオロギーを「原初主義（primordialism）」や「本質主義（essentialism）」と形容しています。

　みなさんは，もしかしたら，「大和朝廷の時代も日本人の歴史じゃないか」とか「ドイツ人やフランス人や日本人の起源が近代以前からあるのは当然だ」と思っているかもしれません。同じネイションに属する人びとは同じ文化を共有するどころか血統でもつながっているし，ネイションは大昔から存在するはずだと。その所与の前提に立ってこそ，「日本史」や「ドイツ史」という国民史が19世紀に成立し，歴史教科書のなかに体現され教えられてきたのですから，無理もありません。近代以降の歴史教科書がもたらした必然といえるでしょう。

　教科書の話をしたところで，高等学校の世界史教科書に必ず登場する，近代歴史学の祖と称されるレオポルト・フォン・ランケ（1795〜1886）に言及しなければなりません。ランケは，1871年のドイツ帝国成立前後の時期を生きた歴史家でした。ランケの厳密な史料批判に基づく実証主義の方法論

は，ドイツ人の古い過去を探索し発見し，国民史としてのドイツ史の連続性を構築するためのツールでした。つまり，生まれたばかりのドイツ帝国の古い歴史性を論証するための道具だったのです。近代以降に執筆された各国通史は，自らの国民国家を正当化するための装置としての側面をもっていたということに，わたしたちは常に自覚的でなければならないのです。ランケの歴史学方法論は，その門下生のルートヴィヒ・リース（1861～1928）によって，明治期日本の東京帝国大学史学科にももたらされました。近代歴史学は常に国民国家の建設の要請と結びつきながら発展してきたのです。

(2)　近代論・構築主義

　さて，歴史学と国民国家とのあいだの相互依存関係に対する批判的分析は，1980年代から欧米のナショナリズム研究のもとで発展し，1990年代に日本の歴史学界にも導入されました。日本では，これは「国民史批判」あるいは「国民国家論」と呼ばれましたが，世界の一般的な論壇では，この研究潮流は「近代論（modernism/modernization theory）」あるいは「構築主義（constructivism）」と名づけられています。その代表的な研究者は英米圏に集中しています。たとえば，アーネスト・ゲルナー，ベネディクト・アンダーソン，トム・ネアン，エリック・ホブズボームなどです。以下では，とくに重要なゲルナーとアンダーソンを取り上げてみましょう。

　近代論・構築主義の先駆者であるゲルナーは，産業革命以後の流動化した人びとを大規模かつ集権的に統一言語で教育し文化的に同質な単位へと組織化するための国家的プロジェクトこそ，ナショナリズムであると考えました。ここでいうナショナリズムとは，国家とネイションの領域とが一致しなければならないとする「国民主義」の政治原理であり，産業社会を要件に成立したと定義されました。ゲルナーによれば，ネイションは産業革命以前には存在しません。むしろナショナリズムがネイションを生み出したのであり，その逆ではないといいます。なによりも，ネイションとは「人間の信念と忠誠心と連帯感とによって形成された人工物」でした（ゲルナー 2000：12）。

　ゲルナーが「産業化」をネイション構築の要件としたのに対して，ベネ
ディクト・アンダーソンは活版印刷の普及および「出版資本主義（print
capitalism）」の浸透と関連づけました。たとえば，ある商人がドイツ語の新
聞を読む姿を思い浮かべてみましょう。19世紀を生きるその人は，日々大
量に出版される新聞を目にすると同時に，自分と同じようにそのドイツ語新
聞を理解する人びとが多数いることをも「想像」することができました。や
がてこの商人は，一度も会ったことがない人びとをも，自分と同じドイツ人
であると想像するようになっていきます。アンダーソンによれば，ネイショ
ンとは「想像の共同体（imagined communities）」なのであり，それは，活版
印刷の発展と出版資本主義の浸透の結果にほかなりませんでした（アンダー
ソン 1997）。

　このように，近代論・構築主義は，産業革命や出版資本主義なくしてネイ
ションは生まれなかったと考えます。そうした近代化のもとで起こった言語
による民衆の組織化がネイション構築の要件になったという点で，ゲルナー
とアンダーソンは見解を共有したのです。近代世界で暮らす限り，人はネイ
ションとかかわらざるをえない，もっといえば，ネイションに縛られつづけ
ることになるのです。

2　ネイションとは

(1)　国民? 民族?

　さて，ここでようやくネイションとはなにかを論じることができるので
す。現代の歴史学研究の下地にあるのは，上述の構築主義の認識です。中世
の人びとは，「あなたは何者か？」と問われれば，「侍だ」「農民だ」「貴族
だ」と回答したかもしれません。今日と同じネイションの意味で「日本人
だ」と答える人は，ほとんどいなかったと思われます。中世人の主たる帰属
意識は身分だったからです。このような前近代の状態からして，統一的なネ
イションを創るのは容易なことではありません。つまり，近代において産業

革命や資本主義がネイションの構築に寄与したにしても，その多様な実態や地域的な偏差を実証的に検証することが，ネイションとはなにかを知るための，現代歴史学に与えられた喫緊の課題となっているのです。

　そもそも英語のネイションは多義的です。英語に限らず，ドイツ語のナツィオーン（Nation），フランス語のナシオン（nation），スラヴ語のナーロド／ナーツィヤ（národ/нация）も同様です。それゆえ，日本では明治以降，実態に応じてネイションを訳し分けてきました。たとえば，人権や市民権を根拠に構成員の自発的意思に基づき形成された「シヴィック・ネイション（civic nation）」を「国民」と訳しました。その一方で，言語・文化の共同体的紐帯に基づき形成された有機体的な「エスニック・ネイション（ethnic nation）」は「民族」と訳されてきたのです。しかし，これらは同一のコインにおける裏表の関係にあります。たとえば，ドイツ人は「国民」としての要素も「民族」としての特性もいずれも有しています。ナポレオン戦争の際には「ドイツ民族」全体の抵抗が要請されましたが，1848年革命期には「ドイツ国民」としての国家的まとまりが求められました。つまり，ネイションは「シヴィック」と「エスニック」の双方を複合的に有していて，政治状況に応じていずれかが前面に出てくると考えられます（Zimmer 2003）。

（2）　ネイションと前近代——エスノ象徴主義と社会構成主義

　ここでどうしても関心を呼ぶのは，前近代にネイション——たとえば民族——は本当に存在しなかったのかということです。実際に，前近代のヨーロッパ世界では「ドイツ国民の神聖ローマ帝国」という国家が存在しました。ネイションにあたるラテン語のナティオ（natio）という言葉や，エトノスにあたるラテン語のゲンス（gens）という言葉が中世文書に頻繁に現れていたのです。前近代の人びとがネイション意識に無自覚でも，血統を共有すれば，本質的に近代の人と同じネイションに属すのだという社会生物学の主張も存在します（Van den Berghe 1978）。

　こうした疑問に答えようとしたのが，近代論と原初論の中間に位置する「エスノ象徴主義（ethno-symbolism）」です。それによれば，エトノスとは前

近代から神話・記憶・シンボルなどの文化的特性を共有した，日常的な対面的共同性をもつ集団です。具体的には，生活共同体，氏族，種族などです。これこそ，近代のネイションの起源であるとエスノ象徴主義者は主張します。実際に，近代の知識人はナショナリズムを唱える際に，エトノスが有した伝統的な神話・伝承・慣習を尊重し，保守しようとしていました。それゆえに，エトノスの基盤をもつ民衆は知識人が説くナショナリズムをなじみ深いものと感じ，やがてエトノスの似姿としてのネイションに強い愛着や忠誠心を抱くことになったというのです。概してエスノ象徴主義は，近代のネイションを理解するには，前近代のエトノスの考察が必須であると主張しています。

　エスノ象徴主義の代表者は，民族学者のアントニー・D・スミスです。かれは，ネイションには前近代の「エトノス的な起源」，すなわち「エトニ(ethnie)」が存在するとしました。エトニには，①空間的に限定され階級横断的に存在する日常生活上の集団的凝集性（垂直的エトニ），②階級に限定されながら空間的に不均等に拡大する王朝的・貴族的伝統（水平的エトニ）があり，これらが産業化や資本主義化によるネイション形成に際して，重要な文化的構成要素として機能したと考えました。ネイションはたしかに近代に構築されたけれども，なにもないところから構築されたわけではないと強調します（スミス 1999）。

　しかし，原初主義やエスノ象徴主義，そして第1節で紹介した構築主義に対して，近年，歴史学から強い批判が寄せられています。中世史家のパトリック・J・ギアリは，近代歴史学こそ「近代ネイションに先行する前近代のエトノス」の確固たる存在を証明しようとしてきたとして，その誤りを指摘し，「汚された初期中世」と表現しました。実際にギアリは，フランク族やランゴバルト族などの中世初期のエトノスが，特定の言語や生活様式を有したとは断言できないといいます。ローマ人がランゴバルト人を名乗った時期もあれば，その逆の時代もあったという事実が解明されてきたのです。エトノスの名は器のようなもので，その構成員は常に変わり，規模も可変的であったといいます。その意味でエトノスは原初的な集団ではなく構築物とい

うことになります。

　にもかかわらず，たとえば，ある特定の時期のフランク族の名と構成員が近代フランスの歴史学によって選択され，現代のフランス人に連なるような集団として描かれたのです。つまり，ギアリは，ネイションの起源の象徴であったエトノスそれ自体の構築性や可変性を指摘したのです（ギアリ 2008）。エトノスは今日のネイションやエスニシティの基盤にならない。これが「社会構成主義（social constructivism）」の主張です。史料から前近代におけるエトノスの構築を論証したのは，まさに歴史学の強みといえるでしょう。

(3)　特権的／貴族的ネイション（privileged/noble nation）

　では実際に，ネイション（＝ナティオ）という言葉が現れる中近世の史料をみてみましょう。1514 年にハンガリーで記された『三部法書』は下級貴族の権利を定め，かれらを国家の恒常的な構成集団として確認した文書です。ここには，「今や汝の国王陛下の卓越せる配慮により，そして神意により，やがて，この栄誉においてもわれわれ（下級）貴族が他のナティオに劣らないという状況が訪れよう」（中澤 2009：61。括弧は引用者注）という記述がみえます。当時ナティオは，高位聖職者・高位官職保持貴族・大貴族・中小貴族などの貴族身分や王国自由都市およびその参事会などの貴族的地位の集団を指していました。つまり，ナティオとは，議会参加権を有する身分を指す政治概念であり，特権身分集団の総称といえます。この概念は，人権や市民権を有する近代のネイションとは明らかに異なっています。

　特権身分という意味をもつナティオは，ハンガリーやポーランドの文書に頻繁に現れます。それは，当地が選挙王政であったことと無縁ではありませんでした。特権として国王選出権を有したのが貴族や聖職者などのナティオであり，国王選挙や戴冠に関する文書にかれらは頻出するわけです。しかし，ハンガリーやポーランド以外の文書にもナティオは時々登場します。モンテスキューが著した『法の精神』（1748）には，世襲王政の中世フランスを論じる箇所でナシオンという語が登場するのです。そこでは，ナティオに

あたるフランス語のナシオンも，ハンガリーと同様，高位聖職者や貴族を指して使用されています（モンテスキュー 1988：106）。ドイツ語のナツィオーンも特権階層に限定されていました。ルターが評論文「キリスト教界の改善に関してドイツのキリスト者貴族に与える書」のなかで言及しています（ルター 1963：222-223）。

　当然ながら，前近代のナティオが常に貴族などの聖職者を指しつづけたわけではありません。種族や氏族や異邦人を意味するエトノスと特権身分を指すナティオとが混交する時期もありますし，その過程でより下層の貴族や民衆を意味するポプルスの概念と同義となった事例もあります。一方，エトノスやポプルスも，ナティオの意味変容にあわせて変化していました。ギアリが主張するように，前近代にも概念の変容や構築は常に繰り返されていたわけです。

　ひとつ事例を提示しましょう。オスマン朝がヨーロッパから撤退したあとの中・東欧では，ハプスブルク家の権勢が強まります。これに対して，ハンガリー貴族が起こした反乱をラーコーツィ自由戦争（1703〜11年）といいます。蜂起した貴族（ナティオ）は農民たちに，「祖国のために立ち上がれ」「蜂起に参加すればナティオになれる」と呼びかけます。こうして，多様なエトノスやポプルスに属す農民たちがこの蜂起にナティオの意識をもって参加しました。重要なのは，終戦条約にあたる1711年のサトマール和約がハプスブルク家と「ハンガリーのナティオ」とのあいだで締結されていることです。ただし，ここでのナティオはあくまで伝統的な語義であり，特権層としての貴族を指しました。条約の締結者に農民は入れなかったのです。このナティオを現代的な意味での民族や国民と読んでしまうと，著しく誤った歴史解釈をすることになるわけで，細心の注意が必要です。

3　包摂と排除

(1)　ネイションの下方拡大

では，近代の産業化や資本主義化を経て，前近代の特権的なナティオ概念がその枠組みを下方に拡大し，シヴィック・ネイションやエスニック・ネイションが構築されてきたと考えてみるとどうでしょう。おそらくその構築の過程で，新たにネイションに含みこまれたもの，こぼれ落ちたもの，そして，意図的に排除されたものなどが明示化されるはずです。歴史学の課題は，その「包摂と排除」の動きを細部にいたるまで明らかにすることにあるように思います。

だれをネイションとして包摂するか，だれをネイションから排除するかといったネイション構築の動態は，政治・社会権力の再編時に観測しやすいものと思われます。たとえば，戦争，革命，不景気，災害，疫病に端を発する権力再編によって，ネイションの輪郭は大きく変動することがあります。

(2)　女性とジェンダー表象

フランス革命初期の 1789 年に発表された『人および市民のための権利宣言』（全 17 条），いわゆる『人権宣言』を取り上げましょう。その第 1 条と第 3 条に次のように書かれています。

「人は，自由かつ諸権利において平等なものとして生まれ，そして生存する。社会的区別は，公共の利益への考慮にもとづいてしか行うことはできない」（高木ほか 1957：131）。

「あらゆる主権の原理は本質的に国民に存する。いかなる団体，いかなる個人も，国民から明示的に発するものではない権威を行使することはできない」（高木ほか 1957：131）。

　おそらく，みなさんのなかには，第3条の「国民」をフランス人全体と理解した人もいるでしょう。人はすべて人権をもつというのが現代的なコモンセンスだからです。しかし，当時活躍した劇作家のオランプ・ド・グージュ（1748〜93）は，『人および市民のための権利宣言』が男性のための人権宣言であることを看破し，2年後の1791年に，これを徹底的に批判しました。その際，『人権宣言』の各条文に新たな文章を補い修正するという行動に出たのです。それが，『女性および女性市民のための権利宣言』です。

　グージュは同著で『人権宣言』第1条を次のように補っています。

　　「女性は，自由なものとして生まれ，かつ，権利において男性と平等なものとして生存する。社会的区別は，共同の利益にもとづくのでなければ，設けられない」（ブラン 2010：418。『人権宣言』と比較のため一部改めて引用）。

　さらに，第3条は「あらゆる主権の原理は本質的に国民に存する。国民とは，女性と男性との結合にほかならない」というように改変したのです（ブラン 2010：418）。

　ここで明確なのは，『人権宣言』においてさえ，人権や市民権，そして国民主権の埒外におかれた人びとがいたこと，もっといえば，フランスに居住しながらフランス国民になれなかった人びとがいたということなのです。それが，まさに「女性」でした。こうした女性を政治的権利の主体へと高めようとしたのが女権拡張運動です。その後この運動は，各地の政治的文脈に規定されながら，それぞれの地域に特有なかたちで展開していきました。

　たとえば，ハプスブルク帝国では，1822年に福音派牧師のヤーン・コラール（1793〜1852）が著書『スラヴ民族の美質』において，以下のように述べました。「民族（národ）」の精神は，「すべての人々の思想，知識，目的，行儀，慣習，行動の総和であり，それらはかれら自身の子息，子女たちに受け継がれる」（中澤 2009：123）。

　ハプスブルク帝国内でこうした言説が流布しはじめるのは，帝国宰相メッテルニヒによる帝国内諸民族の勢力均衡策と関係がありました。元来，この

地域は多言語話者の混住地帯です。バイリンガルやトリリンガルなど多言語を話す人がとても多いのです。そうした人びとが18世紀末のネイション構築の時期から，ひとつのネイション帰属を選択することを強要されはじめました。ナショナリストによるネイション構成員の熾烈な取り合いがはじまっていたのです。有力な貴族層が支持したことから，とくにドイツ人やマジャール人への同化は強力に進みました。

　これに対して，支配層に属す人が極度に少ないスラヴ人は脆弱でした。スラヴ語が第一言語の地域でも，マジャール人やドイツ人に同化される人が多数を占めていきます。この時期のハプスブルクのネイションは，概ね「カトリック」の「男性」に限定されていましたから，プロテスタントも女性もネイションの枠外にいました。宰相メッテルニヒは，帝国内の三大民族のドイツ人・マジャール人・スラヴ人のいずれかが突出するのではなく，三者の均衡が帝国の安寧に寄与すると考えていました。よって，スラヴ系で福音派のコラールが主張した「スラヴ人の女性」の宗派および性差を超えたネイション化を暗黙のうちに了解します。同化されつづけるスラヴ人の人口を倍増させることで，ドイツ人やマジャール人への同化政策に対抗させようとしたのです。その結果，ネイションである男女のあいだに誕生したスラヴ人の子どもたちもまた，生まれながらにしてネイションであると，堂々と主張されるようになります。「産む性」たる女性がネイションに加わることで，ネイションの系譜が確保されると考えられたことがわかります（中澤2009：129）。

　さて，その後，1830〜40年代のヨーロッパの他地域でも，国内のさまざまな政治的・社会経済的理由から女性のネイション化がさかんに主張されるようになります。とくに当時の知識人に使用された語句が「母語」「母国」「女神」などのジェンダー表象です。これらの語は，まるで以前から女性がネイションに参画していたかのように思わせる強力なメッセージ性を有しました。図9−1は，ドラクロワ作の名画「民衆を導く自由の女神——1830年7月28日」（1830年）です。ここに描かれる自由の女神マリアンヌは，現在のフランス共和国を象徴する女性とされています。青白赤の三色旗を掲げて，武器を手にしたフランス人男性を先導するその勇敢な姿は，フランスの

図9-1　ウジェーヌ・ドラクロワ作
「民衆を導く自由の女神」
注）ルーヴル美術館所蔵。

図9-2　フィリップ・ファイト作
「ゲルマニア」
注）シュテーデル美術館。

「守護女神」の役割も果たしているかのようです。グージュの時代から，多くの時が流れたことがわかります。

　一方，図9-2は，ファイト作の「ゲルマニア」（1836年）です。ここに描かれるゲルマニアは，ドイツ国家またはドイツ民族全体を擬人化した女性像として知られています。神聖ローマ帝冠をまえに，双頭の鷲があしらわれた帝国国章の盾と剣を携えています。フランスの自由の女神マリアンヌと同様，ゲルマニアはドイツの守護女神としての役割を期待されていることがわかります。このほかにも，ファイトはゲルマニアの絵をいくつも描きました。とくに有名なのは，1848年革命期にフランクフルト国民議会議場の聖パウロ教会中央祭壇に掲げられたゲルマニアです。1871年のドイツ帝国成立後も同国のシンボルとして尊重されつづけました。

　そのほかにも20世紀のチェコで，有名なスラヴの女神「スラヴィア」がミュシャによって描かれました。1830〜40年代から多数出現しはじめるネ

160

イションの女神の絵画は，それまでネイションに女性が参入していなかった
ことを逆に印象づけたようにみえます。

(3)　流民・棄民としての「歴史なき民」

　プロレタリアートという言葉が世界史の教科書に出てきますが，どのよう
なイメージをもつでしょうか。労働者階級であるプロレタリアートは十分に
組織化された目的意識をもった階級集合体のことを指しますが，そうした組
織化された集団からこぼれ落ちていた労働者が，流民や棄民です。かれらは
あまり教科書には出てきませんが，史料には頻出します。19世紀に国内の
プロレタリアートが福祉の対象になることでネイションの一部に包摂されて
いく際に，必ずそこからこぼれ落ちる流民や棄民がいたのです。かれらは
「ルンペン・プロレタリアート」などとも呼ばれました。
　流民の研究はハプスブルク帝国の帝都ウィーンを舞台に発展しました。ル
ンペン・プロレタリアートとは，城壁をもつウィーンの城外に住み着いた貧
民たちでした。

　　「ウィーンに流入したプロレタリアの温床は（隣国の）ボヘミアであった。彼
　　らは，じゃが芋しか食べるものがなく，飢餓，チフスに追われて，群れをな
　　して他国へ流入した農民であった」（良知 1993：62。括弧は引用者注）。

　この流民たちはもともと北の隣国ボヘミアのチェコ人で，ボヘミアでは最
下層の貧農や職工でした。よりよい生活を求めてウィーンに移民してきたの
です。しかし，かれらを待ち構えていたのは，さらに過酷な生活でした。職工
はウィーンのギルドから差別・排除されましたし，そもそもドイツ系でない
異質な人びととみられたため，国民軍や市民軍にも参加が許されませんでし
た。同じプロレタリアートなのに民族が違えば扱いが違うのです。また，同
じ都市に住んで税を払っていても，同じ国民とも市民とも思われなかったの
です。国民や市民の概念がいかに排除の論理をもっているかを鮮明にしてい
ます。ルンペン・プロレタリアートは，明らかに『人権宣言』の対象外です。

　流民や棄民であるルンペン・プロレタリアートがチェコ人を中心とする
「スラヴ人」だということをよく踏まえておかなければなりません。ウィー
ンというドイツ系社会では，スラヴ人はマイノリティでした。この「スラヴ
の貧民」は，当時のドイツ語のメディアで「歴史なき民」とも表現されまし
た。「歴史なき民」とは，1849 年 1 月 13 日および同年 2 月 15 日付の『新ラ
イン新聞』に掲載されたエンゲルスの論文「マジャール人の闘争」「民主的
汎スラヴ主義」で明確に定義されています。エンゲルスはマルクスとともに
のちに共産主義運動の世界的発展に寄与した人物です。彼によると，「歴史
なき民」とは，「歴史の歩みによって情容赦なく踏み潰された民族」であ
り，「彼らの全存在が偉大な歴史的革命に対する一つの異議」（良知 1993：52-
53）であると酷評されました。マルクス主義者など左派のドイツ系知識人に
とっても，「歴史なき民」は侮蔑の対象でした。ネイションとネイションと
の関係には当初から差別をともなう位階的な秩序が内包されていたことがわ
かります。

(4)　植民地人と「北の男性有産市民」

　ネイションからこぼれ落ちたのは，女性と流民・棄民だけではありません
でした。ヨーロッパが植民地を領有していたことは無視できません。フラン
ス革命真っ只中の 1794 年 2 月，ときのジャコバン政権によって，フランス
植民地の奴隷制が廃止されました。その後，ナポレオン統治下で奴隷制が復
活しましたが，1830 年以後の七月王政下で再度廃止の機運が高まり，最終
的に 1848 年革命期の第二共和政成立後，奴隷制廃止法が制定されました。
その第 1 条と第 7 条を引用しましょう。

　　「フランス全植民地と全領土において，奴隷制は悉く廃止されるであろう。こ
　　の法令の公布とともに，植民地においてすべての体罰，非自由人の売買は絶
　　対的に禁止されるであろう」（中澤 2023 出版予定）。

　　「フランスの国土からすべての奴隷を解放するという原則は，共和国の植民地

と属領とに適用される」（中澤 2023 出版予定）。

　ここで留意しておかなければならないことがあります。歴史上の奴隷制廃止や農奴解放は多々ありましたが，奴隷から解放されたからといって，すぐさま国民（ネイション）になれたわけではないのです。ハプスブルク帝国の農奴はヨーゼフ 2 世によって解放され，彼／彼女らには人格的自由，移動の自由，職業選択の自由が与えられました。しかし，与えられたのは自由主義に基づく自由だけであり，参政権，集会結社の自由など民主主義に基づく自由が付与されたわけではありませんでした。解放された奴隷は，国民主権を完全に享受するような国民ではなかったのです。

　たとえば仏領セネガルでは，1848 年の奴隷解放後も抵抗と征服が繰り返されました。19 世紀末までにはムリッド教団を通じて商品作物を強制栽培させる植民地体制が敷かれます。フランス化した都市部の有産市民（担税者）には参政権が付与されましたが，強制栽培に従事し自らの土地や財産をもたない無産市民は原住民法によって支配されつづけました。

　当然ながら，植民地世界の無産市民は男性だけではありません。女性たちは，伝統的共同体で維持されてきた家父長制と，宗主国からもたらされた資本主義的搾取や新しい家父長制的支配のもとにありました。二重の疎外を受けたのです（スピヴァック 1998）。小沢弘明は，近代のネイションの担い手はまさしく「北の男性有産市民」（小沢 2003：229）だったと述べます。

　19 世紀の自由主義者で奴隷解放の支持者たちの多くは，解放は市場の拡大につながり，経済を刺激すると主張していました。工業化が奴隷の人手を不要としていましたし，解放された労働者は消費者にもなると考えられたからです（ウォーラーステイン 2013：117）。こうしてみると，資本主義の進展とネイション構築時の包摂および排除のメカニズムとは連動していることがわかります。

4　ネイションの現在と未来

　本章で学んできたネイションに関する知識を活用して，現代世界における
ネイションの課題を歴史学的に考えてみましょう。

　まず，わたしたちは，近代のネイション構築が産業化や資本主義と関連し
ていたことを学びました。そうすると，①今後，資本主義が変容すればネイ
ションも同様に変質するのではないかと仮定することができます。すでに
2000年代に入ってから，資本主義は20世紀後半に知識資本主義に変質した
といわれるようになりました。その政治的実践のイデオロギーが新自由主義
です。グローバル化が進展し新自由主義が世界を席巻する今日，国民や民
族，すなわちネイションはすでに変貌を遂げているといわれます。資本主義
のグローバルな展開にあわせて，EUのような超国家機関がつくられた結
果，ウェストファリア条約（1648年）以来の国家主権のあり方が大きく変容
しはじめたからです。たしかに国民や民族のアイデンティティも，国民国家
権力も，第一次世界大戦や第二次世界大戦の時代と比べれば，強固なもので
はなくなったといえましょう。

　一方で，コロナ・パンデミックがこの状況を劇的に変えたと最近いわれる
ようになりました。超国家機関に先んじて，世界各地の国家が医療や福祉の
危機に迅速に対応する姿を「国民国家への回帰」と呼ぶ傾向が強くなってき
ました。とくにヨーロッパでは，今般のパンデミックによりEUのような超
国家機関のプレゼンスが下がり，ポピュリズムの力を借りて国民国家が再生
してきているといわれます（Gideon 2020）。さらに，ロシア・ウクライナ戦
争を通じて，大量殺戮をともなう，20世紀のようなネイションどうしの戦
いも目の当たりにしています。ネイションとネイション・ステイトがいまだ
国内外の政治の基軸であることが再認識されつつあるのです。新自由主義の
時代に，実際にネイションやネイション・ステイトのなにがどう変形してい
るのか，あるいは，変形していないのか，みなさんは各地の個別事例を考察

していくことができるでしょう（たとえば，ヨーロッパ諸国では，グローバル化にともないネイション・ステイトの経済的主権は削減されたが，逆に治安や軍事的な決定権は近年著しく肥大化した，などなど）。

　さらに，本章ではネイション構築にあたって，そこからこぼれ落ちる主体についても検証してきました。ネイションは常に包摂と排除の構造をもっています。その視点に立てば，②新自由主義の時代におけるネイションの変容によって，新たに包摂され排除される主体が出現していないかどうかに関心が向かいます。たとえばコロナ・パンデミックのもと，給付金の支給など福祉政策の対象をめぐって，だれが国民なのかという議論が世界各国でさかんになりました。この議論は新自由主義による政治・社会権力の再編と関連していると仮定することができます。

　このように，コロナ・パンデミックなど自分自身が経験した出来事を通じて，ネイションの変容について考えることができるのではないでしょうか。なぜそもそも人は今もネイションを前提とする世界に生き，ネイションに縛られつづけているのか，逃れられないようにみえるのか，どうも資本主義の構造に起因する問題としてとらえられそうです。そのためには，近代の産業資本主義から現代の新自由主義にいたるまで長期的な視野をもって，歴史的に深く物事を考えてみる必要があります。過去を学ぶ歴史学は，現代を正確に把握するための重要なツールなのです。

参考文献

アンダーソン，B　1997『増補　想像の共同体──ナショナリズムの起源と流行』白石さや・白石隆訳，NTT出版。

ウォーラーステイン，I　2013『近代世界システム4　中道自由主義の勝利1789〜1914』川北稔訳，名古屋大学出版会。

小沢弘明　2003「東欧における地域とエトノス」歴史学研究会編『現代歴史学の成果と課題1980〜2000年　2　国家像・社会像の変貌』青木書店，223-237頁。

ギアリ，P・J　2008『ネイションという神話──ヨーロッパ諸国家の中世的起源』鈴木道也・小川知幸・長谷川宜之訳，白水社。

ゲルナー，E　2000『民族とナショナリズム』加藤節監訳，岩波書店。

スピヴァック，G・C　1998『サバルタンは語ることができるか』上村忠男訳，み

すず書房。

スミス，A・D　1999『ネイションとエスニシティ——歴史社会学的考察』巣山靖司ほか訳，名古屋大学出版会。

高木八尺・末延三次・宮沢俊義編　1957『人権宣言集』岩波書店。

中澤達哉　2023「1848 年革命論」木畑洋一・安村直己編『岩波講座世界歴史 16　国民国家と帝国　19 世紀』岩波書店，出版予定。

——　2017「国民国家論以後の国家史・社会史研究——構築主義の動態化にむけて」歴史学研究会編『第 4 次現代歴史学の成果と課題 2001～2015 年　2　世界史像の再構成』績文堂出版，82-98 頁。

——　2009『近代スロヴァキア国民形成思想史研究——「歴史なき民」の近代国民法人説』刀水書房。

ブラン，O　2010『オランプ・ドゥ・グージュ——フランス革命と女性の権利宣言』辻村みよ・太原孝英・高瀬智子訳，信山社。

モンテスキュー，C・S　1988『法の精神』下巻，野田良之ほか訳，岩波書店。

良知力　1993『向う岸からの世界史—— 一つの 48 年革命史論』ちくま書房。

ルター，M　1963「キリスト教界の改善に関してドイツのキリスト者貴族に与える書」印具徹訳，『ルター著作集』第 1 集第 2 巻，聖文舎，1-72 頁。

Gideon, R. 2020. Nationalism is a side effect of coronavirus. *Finacial Times*, March 23 2020, https://www.ft.com/content/644fd920-6cea-11ea-9bca-bf503995cd6f（2021 年 7 月 14 日閲覧）

Van den Berghe, P. 1978. Race and ethnicity: A sociobiological perspective. *Ethnic and Racial Studies* 1（4）: 401-411.

Zimmer, O. 2003. Boundary mechanisms and symbolic resources: Towards a process-oriented approach to national identity. *Nations and Nationalism* 9（2）: 173-193.

Путин, В. 2021. Об историческом единстве русских и украинцев, http://kremlin.ru/events/president/news/66181（2021 年 7 月 14 日閲覧）

Украинская правда 13. 07. 2021, https://www.pravda.com.ua/rus/news/2021/07/13/7300371/（2021 年 7 月 14 日閲覧）

●推薦図書——　一歩先に踏み出すために

歴史学研究会編『第 4 次現代歴史学の成果と課題 2001〜2015 年 1 新自由主義時代の歴史学』
　　新自由主義時代の特性を詳細に検証し，2001 年から 2015 年までに生じた現代歴史学の転機を重視したうえで，歴史学の方法に関する新しい論点と方向性を提示しています。［績文堂出版，2017］

歴史学研究会編『コロナの時代の歴史学』
　　新型コロナウィルス感染症の拡大により，政治と社会が分断され，国民国家は変容し，新たな排除と差別，労働・格差・ジェンダー問題が顕在化することになりました。この状況を真正面から受け止めた 16 名の歴史家が歴史学の新たな視座を提供しています。［績文堂出版，2020］

E・ホブズボーム＆ T・レンジャー編『創られた伝統』
　　伝統には三つの形態（帰属意識を確立する伝統，旧来の権威・地位を正当化する伝統，旧来の信仰や価値体系や行為の因習性を正当化する伝統）があります。これらと近代ネイションの歴史性の創出は相補的な関係にあったことが解明されています。［前川啓治・梶原景昭訳，紀伊國屋書店，1992］

第 10 章

人種主義

複合的な差別のひとつとして考える

藤川隆男

　人種主義というのはなにを意味するのでしょうか？　英語ではこれを
racism（レイシズム）といいますが，人種主義と racism とは同じなのでしょ
うか。日本語で人種主義というと，「主義」という訳語からの連想で，人種に
関する差別「思想・偏見」をイメージする傾向が強いと思います。しかし，
英語で racism といえば，それはたいてい人種・民族差別全般を意味します。
人種に関係する差別思想や偏見から歴史的・制度的差別まで，広い意味での
人種や民族・宗教・賤民差別をすべて含む広い概念です。この章では，この
広い意味での racism，人種主義を俎上に上げて検討します。

　近年のグローバリゼーションの進行は，商品や資本だけでなく，世界的に
移民を増大させました。それと同時に多くの先進国では，新自由主義政策が
採用され，政府による富の再分配機能が低下し，貧富の差が拡大しました。
当然，国民国家の凝集力は低下します。そうしたなか，国民への実質的なサー
ビスの提供に替えて，心理的な国民意識を強めることで国民統合を維持しよ
うとする動きが起こります。それは，排外意識を醸成すること，多くは偽物
ですが，伝統への回帰を主張することでおこなわれます。世界中で，移民集
団や国内で長年差別されてきたような集団に対する攻撃が強まっています。
もちろん，日本も例外ではありません。

1　前近代から近代へ

(1)　黒人奴隷制

　歴史的知見の有用性は，現代世界の相対化を可能にするような長い時間的スパンを考察対象に含めるところにあります。現在では，普遍的真実のように思われることさえ，時代を遡れば，まったく見当違いとされていたという場合も多いように思います。そこで人種差別についても，前近代，つまりフランス革命やアメリカ合衆国の独立や産業革命以前の世界に遡って，考えることにします。

　前近代の人種差別の最大のものは，黒人差別でしょう。アフリカ大陸の大西洋岸，西アフリカとアフリカ中央から1000万人を超える奴隷が南北アメリカへと送られました。ヨーロッパ人は，南北アメリカ大陸を新大陸と呼び，そこに移民したとされるのですが，じつは，前近代におけるアメリカ大陸への移民の4分の3はアフリカからの奴隷移民でした。現在の合衆国にあたる地域でも半数の移民は黒人でした。奴隷移民をもたらした最大の要因は，世界商品だった砂糖のプランテーションにおける栽培です。そのために黒人奴隷の多くが，南アメリカとカリブ海沿岸に送られました。

　人種差別に関連していえば，前近代と近代の最も重要な違いは，皮肉なことに自由と平等の理念や制度の普及にあります。アメリカ独立革命やフランス革命，イギリスにおける自由主義的改革の時代を経て，人間が生まれながらにして自由で平等であるという主張が世界中に浸透し，ひとりひとりの国民を平等な単位とみなす国民国家が急速に成長していきました。思想としての狭い意味での人種主義は，前近代の残滓というよりも，近代社会の産物です。人種主義思想は，自由や平等の理念に対抗して，人種差別制度や行為を正当化するための思想として形成されてきました。

　人種差別思想や偏見と人種差別制度や行為は切り離せるものではありません。しかし，思想としての人種主義があって，人種主義の制度が生まれてき

たのではなく，重要な経済的搾取システム，たとえば黒人奴隷制を正当化す
る必要から，人種主義思想や偏見が生まれてきたことは，いくら強調して
も，強調しすぎることはないでしょう。人間が自由で平等であるという近代
的思想に対し，奴隷制を擁護する思想，それが近代人種主義の源流のひとつ
です。政治的・経済的・社会的利害こそ，人種主義の苗床です。どのような
衣装をまとっていたとしても，人種差別という結果を生み出すための思想や
理念や意見が人種主義なのです。

(2)　身分制度と社団的編成

　少し話をもとに戻します。前近代社会における差別の一般的な特徴は，ど
ういうものでしょうか。前近代社会は基本的に身分制の社会です。日本では
士農工商，農工商に大差はなかったとしても，武士や貴族と農工商さらに賤
民との差は社会秩序の一部であり，身分間に差別が存在することは当たり前
でした。また，近代のアパルトヘイトで人種間通婚が禁止されていたよう
に，身分間の通婚は制限されていました。たとえば，エタや非人との通婚は
禁止されており，同じ職場で働くことも認められませんでした。フランスで
も，第一・第二身分の聖職者や貴族と，第三身分の市民，さらには農民のあ
いだの差異は明白でした。このような身分間の差別は，伝統的秩序の一部と
して，各身分の権利と義務として，社会規範の一部になっていました。
　さらに，こうした構造としての身分制度のほかに，各人は，さまざまな社
会集団，つまり自治都市などの地域団体，ギルドなどの職能団体，教会など
の宗教団体などとして，社団に編成されており，政治権力は，個人を直接支
配するのではなく，社団を通じた間接支配をおこなっていました。多くの
ヨーロッパ都市に居住する外国人やユダヤ人も，自らのコミュニティを形成
し，社団として編成されていました。
　黒人奴隷制がアメリカ大陸で展開される以前から，スペイン本国では解放
された黒人奴隷や奴隷（家内奴隷以外は貧困地区に居住）から成るコミュニ
ティが形成されはじめていました。1475 年，アフリカ系のファン・デ・ヴァ
ヤドリッド（Juan de Valladolid）は，国王によってセビーリャの黒人コミュ

ニティの長に任命されました。スペイン各地には，黒人のコミュニティにおける医療や福祉を補助する兄弟団が組織されており，追放されるまでのユダヤ人や外国人と同じように，黒人（奴隷と自由人）もコミュニティとして，スペイン社会に統合されていたのでした。黒人は差別されていましたが，コミュニティの成員としての権利ももっていました。同様の制度はアメリカ大陸にも移植されましたが，奴隷制が発展していくと，黒人奴隷としての過去が血統の汚れとして認識されるようになり，人種主義思想への土台が築かれていったと考えられています。

　日本では，賤民身分として士農工商の下に位置づけられたのはエタや非人とされていますが，それは決して全国的に統一されていたわけではなく，地域によってその名称もバラバラで，その実態は地域によって異なり，複雑な伝統的義務と権利の関係をもつ支配体制の一部になっていました。東日本では，江戸の穢多頭弾左衛門が関東一円のエタや非人に対する支配権を与えられ，皮革・灯心の専売権を握り，大名と並ぶ経済力をもち，さらに配下の者たちへの裁判権ももっていました。大坂町奉行所の管轄内では，エタは渡辺村，非人は四ヶ所長史が重大犯罪以外の処分をおこないました。エタや非人は，地域によっては芝居小屋の権利や死んだ牛馬の処理の権利を与えられるなど，慣習に基づいて差別されると同時に権利も与えられていました。ところが，幕府の権力が動揺した幕末期に近づくと，エタ・非人への差別が強まり，その権利も侵害されていきます。

(3)　近代的人種概念の誕生

　わたしたちは，ある人種と他の人種とが比較的はっきりと分かれていると考えがちですが，実態はどうでしょうか。近世の大西洋沿岸都市の下層社会では，さまざまな人種や民族が混在するのはよくあることですし，実際，混血の子どもが多く生まれています。また，近代以前の社会には，人種という要因で人間を体系的に分類する理論がありませんでした。

　こうした状況は，啓蒙主義の発展とともに変化しはじめます。18世紀のヨーロッパでは，探検活動が活発化すると同時に，動植物の体系的な分類も

はじまりました。スウェーデンの博物学者で，分類学の父と呼ばれるカール・フォン・リンネは，人類を哺乳類霊長目に分類し，今でも使われているホモ・サピエンスという学名を与えました。リンネはさらにこれを，その亜種としての，アメリカ人，ヨーロッパ人，アジア人，アフリカ人という人種と野生人と奇形人の 6 つのサブカテゴリーに分けました。これによって，人種というカテゴリーが，人類を「科学的に」区分するカテゴリーとして確立します。科学的といっても，それは名ばかりで，身体的な特徴に，自然に近いアメリカ人，文明を担うヨーロッパ人，堕落したアジア人，野蛮なアフリカ人とでも表現できるような偏見に満ちた文化的特徴を加えて，分類がおこなわれました。

　このあと，人類学の父と呼ばれるヨハン・フリードリヒ・ブルーメンバッハが人類を 5 人種に分ける分類法を提唱し，コーカサス人から他の人種が退化していく系譜を示しました。また 19 世紀初頭のフランスを代表する科学者ジョルジュ・キュヴィエは人種 3 分類法を提唱しました。こうして，人類を人種によって区分するという考え方が科学的な根拠を与えられ，人種差別を正当化する思想を支える土台が築かれました。

　近代以前の社会では，人種という概念はかならずしも異民族にだけ使われるものではありませんでした。イギリスでは，支配階層と被支配階層の違いを人種の違いだとする考え方があり，両者の対立をノルマン人種とサクソン人種の闘争だとする主張が広まっていました。フランスでは，貴族をフランク族の末裔，庶民をゴール人の末裔とする考え方があり，身分の差異が人種の違いとして表現される場合がありました。身分制度の撤廃は，こうした主張の退潮をもたらしました。

2　近代人種主義

(1)　平等との共存・共栄

　啓蒙思想は，人種主義と対立する思想，すべての人間が自由で平等である

という思想も生み出し，アメリカ独立革命やフランス革命の思想的基盤を提供しました。人類がすべて自由で平等であるという考え方は，サン・ドマング（ハイチ）など，ヨーロッパの植民地の黒人たちにも広まり，ハイチの独立運動や奴隷の反乱を思想的に支えました。しかし，プランテーションから得られる莫大な収益や財産としての奴隷を維持したいという経済的利害，黒人奴隷や自由黒人の反抗を抑え込み，ヨーロッパ人だけによる植民地自治を求める政治的欲求が，人種主義思想を生み出し，人種差別制度を強化させます。ジャマイカのプランテーションの経営者のエドワード・ロングの『ジャマイカ史』は，奴隷制を擁護する代表的な書物です。

　人種差別を支えるための制度も発達します。たとえば，アメリカ独立宣言は，人間が平等に造られ，生命・自由・幸福追求の奪われることのない権利をもつことを唱っています。合衆国憲法は，これを受け継ぎました。こうした崇高な理念に，黒人奴隷の存在は矛盾しています。しかしながら，理念と矛盾しないかたちで奴隷制を維持する制度がつくられました。「人間」の平等を宣言する一方で，国のなかで平等な権利を享受する「国民（市民）」の資格を制限することで，市民権をもつ者のあいだの差別を維持したのです。

　国民の資格の制限は，合衆国では連邦制度を通じておこなわれました。合衆国憲法は，13のステイト（州）が主権をもったまま連合した国家でしたから，政治決定権の多くが州に委ねられました。連邦下院議員の選挙権は，州の下院の選挙権に基づくと定められたので，州権のもとで黒人奴隷だけでなく自由黒人も選挙権を奪われる場合がありました。また，女性には選挙権が認められませんでした。19世紀のジャクソン民主制は，選挙権をすべての白人男性に拡大したことから名づけられたのですが，それは逆に貧しい白人男性もそれまで選挙権を奪われていたことを意味します。さらに連邦の上院は，州の主権を代表する議院とされており，州議会に上院議員の任命権がありました。その結果，最初の黒人の上院議員が誕生したのは，南北戦争後の1870年を待たなければなりませんでした。

　南北戦争後，憲法修正第13条，14条，15条によって，人種の平等が確保されてもなお，人種差別が退潮することはありませんでした。14条や15条

によって，人種や奴隷であったことを理由に差別することは禁じられましたが，その他の理由で市民権を制限することは可能でした。南部の諸州では，識字テストや人頭税の支払いを条件としたり，予備選挙への参加を白人に限定したりすることで，黒人から選挙権を事実上剥奪しました。さらに，「分離すれども平等」という原則に基づいて，白人と黒人を，交通機関，学校，公園，プール，宿泊施設などで分離しようとしました。これらの政策は，公共空間を単に分離するだけでなく，黒人に劣悪な環境を与えるものでした。また，しばしば黒人用の施設そのものがなく，分離という建前さえ守られない場合もありました。クー・クラックス・クランなどの人種差別団体による私的なリンチ，黒人に対する夜間外出の禁止，異人種間結婚の禁止なども多くの州に広まりました。

　19 世紀後半，国民国家としての国民の平等が推進されるのと並行して，こうした人種差別制度は，人種思想や偏見の拡大をともなって定着しました。名目上すべての人間が平等であっても，実際は特定の人種を国民から除外するのが，民主的社会における人種差別のあり方です。こうした体制は，ヘレンフォルク・デモクラシー，支配民族民主主義とも呼ばれます。

(2)　近代的人種主義体制の構築の条件

　近代以前のラテンアメリカ植民地では，17 世紀に入るとカスタス制度が発達します。これは，ヨーロッパの白人，先住民，黒人などの血を受け継いだされるさまざまな混血の住民を，混血の度合いによって身分的に区分し，居住地・職業・税金を払う義務や服装などを規制する制度でした。アフリカ系の黒人の出自をもっていたとしても，混血の度合いによってステイタスは異なりました。これは人種主義の源流のひとつですが，その実効性には大きな疑問符がつきます。ラテンアメリカ世界では，パトロネージ（とりわけ名づけ親との関係は重要）の影響力が強く，個人の社会的地位については，人種よりも重要であったという見解もあります。

　その理由のひとつは，パトロネージが明確なのに対し，個人の人種的ステイタスが曖昧模糊としていることでした。重要なのは個人の特定が可能かと

いう点です。当時，黒人や混血の人の多くは，姓を親から受け継いでおら
ず，大人になるまで名だけで生活していました。姓は洗礼や結婚のときに聖
職者から与えられるものでした。姓が親から継承されない世界で個人の人種
を特定するのは簡単ではありません。洗礼記録や埋葬記録の多くは，人種を
表記していますが，その根拠は父母の血統というよりも，見た目や世間の評
判が大きかったようです。また，記録から漏れた住民も多数いました。純血
にこだわったスペイン人支配者層を除いて，カスタス制度が目指した人種の
分類は不可能であったといえるでしょう。

　近代社会になると，ナチスによる600万人にのぼるユダヤ人やロマの虐
殺，南アフリカのアパルトヘイト制度による厳しい黒人差別，アメリカ合衆
国のワンドロップルールのような，徹底した人種差別制度が現れます。その
実施には，近代以前には存在しなかった正確な血統の情報を体系的に手に入
れるシステムが必要です。姓名が確定せず，政府がそれを体系的に管理でき
ない世界では，黒人の血が一滴でも入っているかどうかを基準として差別す
るワンドロップルールのような仕組みの導入は不可能です。

　人種管理の徹底には，全住民を統一的に把握できる制度を確立し，個人を
特定する手段を確保しなければなりません。フランス革命の画期的な点は，
市民戸籍を導入することで，全国民を国が統一的に把握したことです。1794
年のデクレは，子どもが出生証明に記載された姓名だけを名乗ることを定
め，血統の情報が容易に管理できるようにしました。フランスに限らず，出
自情報の国家による一元的管理は，市民権の土台であると同時に，国民を兵
士として直接動員し，国民から税の徴収をおこなうという近代国家の目的に
叶うものでしたが，国民の人種的管理の礎石ともなりました。近代国民国家
として，国民を直接掌握し，個々の国民を記録・管理する制度，それが20
世紀最悪の人種主義的暴力の前提でした。

　全国民を個別に把握しても，その情報をもとにして個々人を特定できなけ
れば，国家単位での人種管理は実現できません。そうした手段が手に入るの
は，19世紀末から20世紀初めになります。写真技術の発達・普及と指紋や
掌紋の利用は，パスポートなどの身分証明書の携行義務と併せて，個人の特

定を可能にしました。こうした技術が最初に組織的に導入されたのは，人間の移動，つまり移民管理でした。犯罪捜査に指紋が導入されはじめたのとほぼ同時に，南アフリカのケープ植民地やオーストラリアで，指紋や掌紋による中国人や日本人の人種主義的な移民規制がはじまりました。

(3)　黄禍論

　わたしたちにかかわりの深い人種主義に黄禍論があります。黄禍論（イエロウ・ペリル）とは，おもに 19 世紀末から 20 世紀前半にかけて，北アメリカ，オーストラリア，南アフリカなどの移民受け入れ国やヨーロッパなどで唱えられた，アジア人（黄色人種）脅威論のことを指します。前者では中国人移民に対する反発を契機として，経済的・社会的に広範な黄禍論がみられました。それに対して，ヨーロッパでは日清・日露戦争に勝利した日本に対する軍事的恐怖心をその端緒として，政治的な黄禍論が生じましたが，この時期がピークになり，社会に深く根づくことはありませんでした。

　黄禍論はまさに自由と民主主義の時代の人種差別です。太平洋沿岸の白人入植地域では，対等な条件で競争するアジア系移民労働者（中国人，日本人，インド人）に対する恐怖心が，黄禍論の背景にあります。また，日本に対しては，経済のみならず，軍事的・政治的にも対等になろうとする国への反発も重要でした。黄禍論の唱道者は，中国という巨大な人口を有する眠れる獅子に，日本というエンジンが結合して，欧米の支配を崩壊させるというシナリオをしばしば語っています。

　19 世紀末には教育を受けた日本人やインド人が危険視されるようになります。ヨーロッパ人の文明の水準に近づいた有色人種ほど大きな脅威だという認識が広まりました。現実には自分たちとますます近似するようになった集団を，「人種主義思想・偏見」によって，まったく異なる集団だと主張し，差別する。これが近代の人種主義の大きな特徴です。黄禍論にそれが典型的にみられます。社会的・経済的な差異が実際には縮小していますから，差異を意図的に生み出し，官僚制度に基づく人種管理によって登録・管理し，差別をするための標識としました。自由・平等の原則のもと，ますます

近似するようになった集団を差別するのが，近代人種主義の特徴です。

3　人種・ジェンダー・階級 = 差別の複合体

(1)　差別の複合体

アメリカ合衆国における異人種間の結婚の禁止は，太平洋沿岸地域では，アジア人との通婚に適用されました。アジア人労働者がほとんどいなかったヨーロッパでは，黄禍論は長続きせず，域内に多数居住するユダヤ人やロマの人びとに対する差別が顕在化しました。人種主義は，普遍的に広がるというよりも，地域における人種的・民族的混合の程度に応じて，さまざまな形態をとって発生します。

さらに人種的・民族的混合だけではなく，人種主義とは別のものとされる階級やジェンダーなど，他の差別とも深く関連しています。前節で述べたように，黒人や奴隷を直接対象とする差別を禁止したとしても，新たな差別の方法が編み出されていきます。近代の人種差別は，差別の複合体の一部として存在し，機能しています。人種差別のみを対象として分析するだけでは，人種差別の構造を適切に理解することにはならないでしょう。

(2)　白豪主義

私のおもな研究対象を例にとると，オーストラリアでは，連邦が成立した1901年に，すべての有色人種の移民に，言語テスト，すなわち入国管理の役人が恣意的に選ぶヨーロッパ語の書き取り試験を課す移民制限法が成立し，非白人移民は排除されました。さらに，同年の太平洋諸島労働者法によって，クィーンズランドにサトウキビ栽培のために導入されていた通称カナカと呼ばれるメラネシア人契約労働者を，1906年までに国外に輸送することが決まりました。これ以降，1970年くらいまで，オーストラリアでは，いわゆる白豪主義の時代がつづきます。移民制限法は，有色人種のほかにも，公的扶助を受ける者，白痴，精神異常者，伝染病患者，犯罪者，売春

婦，年季契約労働者を締め出しました。

　白豪主義の成立は，階級・ジェンダーと深く関連した国民統合の過程の一部として，理解しなければなりません。初代首相のエドモンド・バートンによれば，太平洋諸島労働者法は，「人種の純潔，平等で適切な生活水準を保持するための，全オーストラリアの政策」（1901 年 10 月 2 日オーストラリア連邦議会議事録より）でした。ここでいう適切な生活水準とは，強制仲裁裁判制度が示した目標です。州のレベルからはじまり 1904 年に連邦政府も採用した強制仲裁裁判制度とは，男性労働者に家族（生活）賃金，つまり夫婦と子ども 3 人が生活するのに十分な賃金を保障することで，1890 年代にゼネストで資本家と衝突した労働者を統合しようとする政策でした。ただし，生活賃金を享受できたのは男性だけで，女性は低賃金に甘んじなければなりませんでした。

　他方，経済的に差別される一方で，女性への参政権付与は進みました。南オーストラリアをはじめ，すでに複数の州で女性の参政権が認められていましたが，1902 年の連邦選挙法によって，「すべて」の女性が男性と同等の選挙権・被選挙権を獲得しました。しかし，この選挙法は同時に，オーストラリア，アジア，アフリカ，太平洋諸島の先住民の選挙権を否定しました（マオリの選挙権は認める）。南オーストラリアでは，それまで先住民にも選挙権が認められていましたが，それが剥奪されました。「すべて」には，非白人先住民を除くという条件がついていたのです。

(3)　タイトル・ナイン

　タイトル・ナインとは，1972 年に成立した，アメリカ合衆国の公的高等教育機関における男女の機会均等を定めた連邦法の修正法で，女性解放運動の成果のひとつです。意図的なタイトル・ナイン違反が証明された場合，原告が懲罰的損害賠償を受け取ることが認められています。スポーツの分野が有名ですが，これは男性から女性へ，女性から男性へのセクハラを含む法律です。

　2017 年，ニューヨーク大学において，アヴィタル・ロネル教授に対する

タイトル・ナインの調査がはじまりました。彼女の教え子のニムロッド・ライトマンに対するセクハラの疑いに関するものです。ロネル教授はレズビアンで，ライトマンはゲイ，共通して二人にはユダヤ文化の背景がありました。問題は，ここからはじまります。ロネル教授は有名な国際的学者で，指導的なフェミニストでした。

　2018年，ある手紙がリークされます。その手紙は，大学の学長と副学長に宛てたもので，セクハラの証拠文書については実際に見ていないと認めながら，事実上，告発者の「悪意」を非難し，国際的な名声のあるロネル教授に対する処分は容認できないとするものでした。この手紙の署名欄の先頭には，ジュディス・バトラーの名前があり，ジョーン・スコットやガヤトリー・スピヴァクなど，有名なフェミニストの名前が目白押しでした。

　最大の問題は，確かな証拠もなく，セクハラの告発者に悪意があると非難し，自分たちの仲間を国際的な名声と業績のゆえに擁護した点です。ジェンダー関係の構造的な差別を批判してきたフェミニストたちが，権力を握った白人男性と同じことをしているという批判が，大学院生や学生たち，黒人の研究者，一部のフェミニストたちから湧き上がり，ツイッターは批判の声であふれました。

　この出来事は，複合的な差別関係や多元的なアイデンティティが支配的になった現在の難しい状況を示しています。#MeToo（ミートゥー）によるセクハラ告発の広がりや，BLM（ブラック・ライブス・マター）運動による黒人差別告発の世界的拡大は，望ましい動きなのですが，それだけでは解決できない複雑な差別の問題が残されています。わたしたちはあるアイデンティティに基づいて差別され，他のアイデンティティに基づいて差別するような複雑な世界に生きています。

　アメリカ合衆国におけるオバマ大統領の当選やイギリスのスナク首相の誕生は，人種差別の終わりを告げているかのようにみえますが，貧しい黒人や移民に対する差別や偏見はつづいています。フェミニストは人種に関係なく統一行動をとるようになっているようにみえますが，先に紹介したような暴走も起こります。人種的外見やジェンダーだけで画一的に差別されるのでは

なく，個人のアイデンティティが多重化しているのと並行して，差別のあり
方も多重化・輻輳化しています。人種差別も女性差別も階級差別も，複合的
な差別構造の一部として，機能しています。

4　差別と闘うコミュニティ

(1)　差別と闘う運動

　ナチズムが敗北し，ホロコーストの残虐性が暴露されたあとの世界では，
人種差別の克服が人類共通の課題となりました。第二次世界大戦後に差別と
闘う運動として，公民権運動と女性解放運動（第二波フェミニズム）が大き
な成功を収めました。この二つの運動は，制度としての人種差別や女性差別
を撤廃し，それが社会的にも認められない原則であることを広く認知させる
のに成功しました。しかし，そこには限界もありました。

　公民権運動では，キング牧師やマルコムＸなどの黒人男性指導者が有名で
すが，モントゴメリー・バスボイコットをはじめたローザ・パークスや，学
生非暴力調整委員会 SNCC の組織化を後押ししたエラ・ベイカーなど，女
性も活発に運動に参加していました。しかし，運動は男性が牛耳るようにな
り，女性差別がおこなわれていました。女性解放運動は，公民権運動から刺
激を受け，その方法を応用しましたが，公民権運動における女性差別への幻
滅から女性解放運動に転じた人びともいました。この時期の女性解放運動
は，第二波フェミニズムとも呼ばれますが，解放されるべき女性が白人の中
流層の女性であった点に大きな問題を抱えていました。女性のなかには，白
人の中流家庭で働く家事手伝いの貧しい黒人女性や，教育を十分に受けてい
ない非熟練の移民労働者などもいましたが，そうした女性の解放が主要な問
題となることはありませんでした。

　この時期の運動は，黒人の普遍的権利を主張しながら，じつは黒人男性が
主導する黒人の権利であったり，女性の普遍的権利を主張しながら，白人中
流女性が望む要求であったりした点に問題を抱えていました。普遍的主張は

運動成功の鍵でもありましたが，その凋落の原因でもありました。それ以後は，さまざまな黒人がおり，さまざまな女性がいることを前提とする差別との闘い，多元的なアイデンティティを前提とする権利の主張が，複合的な差別を克服しようとする運動の前提になっていきます。

　最後に，現在へとつながる差別克服の試みを紹介して，この項を閉じようと思います。二大運動の成功によって，黒人中流層が誕生し，権力を握るフェミニストが現れる一方で，新自由主義政策のもとで，人種差別や偏見が再び力をもちはじめており，トランプ前大統領を持ち出すまでもなく，マイノリティの権利を擁護しようとする活動には逆風も吹いています。日本でも，たとえば大阪では，維新の会の指導者がドーンセンター（大阪府立女性総合センター）や大阪人権博物館を批判し，その存続を危うくしてきました。さまざまな反差別の運動が分裂状態に陥り，それに対する逆風が吹くなかで，差別に抗する活動で成功したものには，次の4つの特徴があるように思われます。第一にコミュニティを基盤とする点，第二に人種だけでなく多元的なアイデンティティを尊重する点，第三に経済的な見返りがある点，第四に広く社会的な支援を集めることに成功した点です。

(2)　ラグビーリーグ・ノックアウト

　オーストラリアのニューサウスウェールズ州には，アボリジナル・ラグビーリーグの「ノックアウト」と呼ばれる競技会があります。毎年開催される「ノックアウト」には，100以上のチームが参加しています。新型コロナによる2年間の停止を経て2022年に第50回記念大会が開催されました。女性チームも約20あり，少年・少女のクラスと併せて，4500人くらいの選手が参加しました。先住民のチームが，全州規模で1年をかけて勝ち抜き戦をおこない，最終的に優勝チームを決めるために4日間くらい一堂に集まります。こういう競技会の目的は，創設者の言葉を借りますと，「アボリジナルの選手が，プロのリーグにリクルートされるような場を提供すること，もうひとつは，葬式や結婚式と同じように，家族やコミュニティのような結合の場」を提供することでした。

　開催地は優勝チームの持ち回り制で，地方都市にとっては多数の観光客を
期待できるイベントになったこともあり，地域の自治体が競技場の確保や整
備に便宜を図るなど，先住民を超えて広く支持を集めています。ラグビー
リーグは最も危険な球技として，フィジカル的にきつい競技ですが，女性も
運営委員や選手として参加し，コミュニティをあげての行事になっています。
　「ノックアウト」の強豪チーム，レッドファーン・オールブラックスは，
南シドニーに本拠地を構えています。シドニーの南のインナーサバーブは伝
統的に労働者の居住地域です。チームの起源は戦前にあるのですが，1960
年代からこの地域の対抗戦に参加しはじめて，その後は顕著な成績を収めま
した。今ではレッドファーン・オールブラックスといっても，シニアのレベ
ルだけでなく，11 歳，12 歳，13 歳，14 歳……と 10 チームくらい年齢別の
チームを擁する規模になっています。
　このレッドファーン・オールブラックスの本拠地があるレッドファーン
は，かつて人種暴動があったところですが，同時にオーストラリア先住民の
政治運動の拠点でもありました。この町は，スポーツによってコミュニティ
が形成されるひとつの実例です。また，この町から，ニューサウスウェール
ズ州各地の先住民を毎年一堂に集めるイベント，「ノックアウト」も誕生し
ました。

(3)　アボリジナル・アートでコミュニティを再生

　2007 年から，オーストラリア北部の町ダーウィンで，毎年 8 月に先住民
のアボリジナル・アートフェアが開催されています。そこでは，オーストラ
リア各地の先住民コミュニティにあるアートセンターが集まり，先住民の
アート作品を直接販売しています。
　2004 年のオーストラリアでは，保守色の強いハワード政権が，先住民の
公式な代表機関 ATSIC を廃止し，つづく 2007 年には先住民のコミュニティ
に直接介入する政策を強行しました。先住民に対する反感が高まる厳しい状
況にあって，アートは先住民コミュニティを支えつづける大きな働きをしま
した。公式の統計には十分に現れてこないのですが，とりわけ遠隔地の先住

民にとって，その影響力は大きかったと思われます。

　アボリジナル・アートセンターは，先住民のアート産業の発展に決定的な役割を果たすだけでなく，若者の職業訓練，文化の継承や福祉サービスの提供などもおこない，先住民コミュニティにとってなくてはならない存在になっています。アートセンターには，男女に関係なく，常勤，パートタイム，ボランティアなどの資格で多数の先住民が参加し，多くの女性リーダーが活躍しています。センターは，政府や企業，観光客との交流と交渉の主体でもあります。大阪大学の社会人大学院生の杉山暁子さんが，現在この問題に取り組んでいますので，くわしい内容がもうすぐわかるようになります。

(4)　公民権運動から壁画の町へ

　私のもうひとりの教え子の安井倫子さんは，公民権運動の研究をつづけてきました。それをまとめた博士論文は賞を受賞し，出版されています（安井2016）。研究対象はアメリカ合衆国のフィラデルフィア。そこを何度も訪問するうちに，安井さんはフィラデルフィアの町を飾る何百，何千枚という壁絵に魅了されました。じつは，この壁画は，ジェーン・ゴールデンという女性が中心となって立ち上げた，プロジェクトの成果でした。

　フィラデルフィアのインナーサバーブは，1980年代半ば，経済構造の変革の荒波をかぶり，豊かな白人中流層が郊外に脱出，白人貧困層と黒人が混住し，犯罪が多発する荒れ果てた地域になっていました。町には不法投棄されたゴミが溢れ，壁は落書きだらけでした。公民権運動はすでに四分五裂し，差別に抗する活動が低調になり，社会的な差別を受けている者どうし，貧しい白人と黒人が対立していました。壁画のプロジェクトは，落書きを根絶するという単なる町の美化運動ではなく，ゴールデンと協力者によって，コミュニティの再生プログラムに発展していきます。貧困地区に住む黒人と非黒人マイノリティの若者や地域の人びとが協力して，コミュニティのために芸術的価値を有する作品を生み出すプロジェクトが誕生しました。地域の人びとが人種を超えて連帯する壁絵の制作は，さらに広く差別に苦しむ人びと，ホームレスや犯罪者，精神疾患や薬物依存の人びとにも及びました。こ

うした取り組みは世界的に認められて，コミュニティ再生の先駆的なモデル
となっています。

　安井さんも社会人大学院生でした。多元的なアイデンティティを承認し，
多種多様な人びとをまとめてコミュニティの再生を図る壁画の研究のため，
世界を飛びまわり，その成果がもうすぐ本になります。

5　分断された社会

　全米で 10 万を超えるといわれる，豊かな階層が居住する人工的なゲイ
ティド・コミュニティ（住民以外の立ち入りを制限する地域）では，人種差別
が顕在化することがほとんどありません。人種主義に無関心な人びとが当然
ながら増加します。合衆国からの帰国子女のなかには，私に人種差別を見た
ことがないと答えた人が多くいます。他方で，貧困層が多く居住するイン
ナーサバーブでは，人種差別が日常茶飯事です。二つの世界が一つの国に併
存しています。人種差別が公式には否定され，処罰される社会において，多
くの人から見えなくなった後者のようなマイノリティの人びとが多数を占め
るコミュニティを再生し，差別に抗することを可能にしていく，そうした活
動がますます重要になっています。スポーツやアートは，こうしたコミュニ
ティに住む人びとが自ら，コミュニティに誇りをもち，コミュニティの人び
とのつながりを強化していく有力な手段です。

　歴史研究にとって，公民権運動後の世界，多元的なアイデンティティと価
値が認められる世界（同時に多元的アイデンティティがぶつかりあう世界でもあ
る）にあって，多様な集団を連携させ，差別に負けない地域コミュニティを
構築するモデルを提示するのは，とても貴重な仕事だと思います。人種差別
の研究が差別に抗うためのものだとすれば，今や研究の本筋かもしれません。

参考文献

アーミテイジ，D　2012『独立宣言の世界史』平田雅博ほか訳，ミネルヴァ書房。

川島浩平　2012『人種とスポーツ——黒人は本当に「速く」「強い」のか』中公新書。

スコット，J　2004『ジェンダーと歴史学』荻野美穂訳，平凡社ライブラリー。

寺木伸明・藪田貫編　2015『近世大坂と被差別民社会』清文堂出版。

トーピー，J　2008『パスポートの発明』藤川隆男監訳，法政大学出版局。

浜忠雄　2007『ハイチの栄光と苦難』刀水書房。

藤川隆男編　2005『白人とは何か？——ホワイトネス・スタディーズ入門』刀水書房。

安井倫子　2016『語られなかったアメリカ市民権運動史——アファーマティブ・アクションという切り札』大阪大学出版会。

Cope, R. D. 1994. *The Limits of Racial Domination: Plebeian Society in Colonial Mexico City, 1660-1720.* Madison: University of Wisconsin Press.

Fracchia, C. 2016. "The Place of African Slaves in Early Modern Spain." In A. Spicer & J. Stevens Crawshaw (eds.), *The Problem and Place of the Social Margins.* Oxford UK: Routledge Studies in Cultural History, pp.158-180.

Harris, K. L. 2014. "Paper Trail: Chasing the Chinese in the Cape (1904-1933)", *Kronos* 40 (1), https://www.jstor.org/stable/24341937 (2023 年 4 月 29 日閲覧)

Leiter Reports: A Philosophy Blog, https://leiterreports.typepad.com/blog/2018/06/blaming-the-victim-is-apparently-ok-when-the-accused-is-a-feminist-literary-theorist.html (2022 年 12 月 9 日閲覧)

Slave Voyages, https://www.slavevoyages.org/ (2022 年 12 月 9 日閲覧) (奴隷船のデータベースのほか，地図，統計，3D の奴隷船など豊富なデータをもつ)

●推薦図書── 一歩先に踏み出すために

平野千香子『人種主義の歴史』
　おもに思想としての人種主義の歴史を，大航海時代から今日にいたるまで扱う射程の長い良書。啓蒙思想との関係，後に人類学となるような学問との関係，反ユダヤ主義などとの接続などを俯瞰するのに役に立ちます。［岩波新書，2022］

秋田茂・細川道久『駒形丸事件──インド太平洋世界とイギリス帝国』
　駒形丸事件を手がかりに，日本，カナダ，インド，イギリス本国を含む諸関係に人種主義が果たした役割が語られています。人種主義的な移民制限が日本を含むアジア太平洋世界で果たした役割を具体的に知るきっかけになるでしょう。［筑摩書房，2021］

藤川隆男『人種差別の世界史』
　本書の前半部分をもっとくわしく知りたい人にお薦めです。人種差別とさまざまな差別との関係を示し，前近代から近代にいたるグローバルな規模での人種差別の変化を扱っています。差別と平等という対立するかにみえる原理が共存する状況を解説しています。また，白人性という概念も説明しています。［刀水書房，2011］

第11章

ジェンダー

規範から自己決定へいたる歴史

小田原琳

　女はこうでなければ，男はこうしなければと言われたり，性別でなんとな
く役割が決まったり，親密な関係が男女だけを前提としていたり……ふだん
はあまり気にしないけれど，ふと立ち止まってしまうことはないでしょうか。
「ジェンダー」とは，そのような決まりごとの意味や，それに対する違和感に
ついて考える道具（概念）です。

　「ジェンダー」ということば自体は新しいものですが，歴史を振り返ってみ
ると，それぞれの社会がそれぞれの時代に，性や性別をめぐって異なるさま
ざまな決まりごとをもっていました。現在を生きるわたしたちに直接的に影
響を与えているのは，主として近代以降に西洋世界で形成されたジェンダー
規範です。

　ここではイタリアのファシズム時代を例にとって，ジェンダー規範がどの
ように人びとの日常生活に作用していたかを振り返りながら，それがどのよ
うに個々人の可能性を狭めてきたかを考えてみましょう。ジェンダーの歴史
を通じて，わたしたちがジェンダーに関しておかれている状況の起源や理由
を考えると，より開かれた，生きやすい社会への道筋がみえてきます。

1　ジェンダーとはなにか，ジェンダー史とはなにか

(1)　「ジェンダー」と「ジェンダー規範」

　2016年5月，イタリアで，民主党（当時）を第一党とする中道左派連立政権のもと，同性および異性間の持続的関係をもって共生するカップルが結婚とほぼ同等の権利をもつシヴィル・ユニオン制度が成立しました。ヨーロッパのなかでは遅い承認でしたが，人権の保障への大きな一歩となりました。しかしその後も，ジェンダーやジェンダー・アイデンティティ，セクシュアリティの自由を否定する保守的な政治家の発言や，セクシュアル・マイノリティに対する暴力事件などがつづいています。これらの人びとは，「男性」と「女性」という性差はもって生まれた「自然」なものであり，「男らしさ」（男性性）と「女らしさ」（女性性）も性に一致した「自然」なものであって，人類史において普遍的であると主張して，出生時に割り当てられた性と異なる性自認や，異性愛以外の性愛とのかかわり方を否定します。

　人類の長く広い歴史を振り返ってみると，男／女という二つの区分以外の性をもつ文化は多く，また異性愛以外の性的関係は幅広くみられます。性に対して社会が付与する意味もさまざまです。このような，性に関連づけられる社会的な意味を「ジェンダー」と呼び，それに沿ってあるべき姿・とるべき行動などとして課されるものを「ジェンダー規範」といいます。ジェンダーおよびジェンダー規範は，近代以降，西洋世界を中心に，次第に男／女という二つの性と，それぞれが有しているとされる「女らしさ」や「男らしさ」，そして異性愛のみが正統とされるような体制へと収斂されてゆきます。

　「ジェンダー史」は，ジェンダーをめぐる観念や規範が普遍的な真理などではなく，実際には多様な形態をとり，また時間の経過や状況の変化にともなって変わってきたことを明らかにしてきました。ここでは，現在を生きるわたしたちに密接に関連する，近代のジェンダーを中心に，社会が性をめぐる認識や行為を規範化することでなにを守り，なにを切り捨ててきたのか，

そして，規範を再検討し，認識を変化させる必要があるのはなぜかを考えて
みたいと思います。

(2)　ジェンダー史の登場——女性史からジェンダー史へ

　歴史学のなかに「ジェンダー」という視点が導入されたのは，この 30 年
ほどのことです。学問としての歴史学の成立が 19 世紀の終わり頃だと考え
ると，ジェンダーの歴史学の歴史は比較的新しいといえるでしょう。

　ジェンダーの歴史学の登場を準備したのは，1960 年代後半から 70 年代に
かけて興隆した「第二波フェミニズム」とも呼ばれる女性運動です。20 世
紀の前半に参政権など権利のうえでの不平等は是正されたものの，社会的に
はさまざまな不平等や差別があることを告発しました（たとえば日本では，
女子の大学進学率は現在では 50% を超えていますが，1967 年には 4.9% でした。
「女性に学問は必要ない」という強い社会的規範がその背景にあります。内閣府男
女共同参画局 2019）。

　社会運動の影響を受けて，歴史学の世界でも女性の歴史への関心が生まれ
ました。それまで歴史学の探求の中心は政治や経済といった「公的領域」で
行使される権力におかれ，登場人物はおもに男性でした。歴史のなかに女性
の姿を再発見するために，歴史学の対象範囲は，宮廷や内閣から，労働や家
事・育児の場，日常生活へと広がっていきました。男性が活動する空間とと
きに重なりつつ際立った対照を描く「私的領域」が，歴史家の目のまえに広
がっていったのです（ローズ 2017）。

　過去の女性の姿を可視化させた女性史研究が見出したのは，女性の領域あ
るいは男性の領域とされるものが自然に分かれているのではなく，権力をと
もなった関係性のなかで分離されているということでした。政治や諸制度，
賃金の発生する労働などが「公的領域」と呼ばれ，重要性と普遍性を与えら
れ，圧倒的に男性によって支配される一方で，家事や育児など賃金の発生し
ない，あるいは賃金の低い労働は女性に振り分けられ，その結果，公的な場
面で女性が発言する機会は減少してゆきました。生にかかわるさまざまな活
動やそれらが展開される領域が，男／女の二分法で分割されることをジェン

ダー分業といいます。それは単なる分業ではなく，不均衡な力関係の固定化でした。女性史の歴史家たちは，近代化・工業化・都市化のなかでこうした不均衡な分離が進んだことを明らかにしてきました（ダヴィドフ & ホール 2019）。

　歴史を包括的に理解するためには，男性の領域とされるもの，女性の領域とされるものだけをみるのではなく，両者の関係性を知る必要があり，ひいては「男性」や「女性」という概念そのものを問い直さなければならないのではないか。これが，「ジェンダー史」の根底にある問題意識です。歴史学において「ジェンダー」という視点の重要性を指摘した第一人者であるジョーン・W・スコットは，ジェンダーを，性差を二項対立的にみなし，そこに社会的・文化的意味を付与する行為と定義しました。ジェンダーは，宗教や教育，科学，政治などさまざまな局面で規範的・超歴史的に表現されるので，歴史研究を通じてそこにどのような抑圧が働くのか，言語を通じて付与されるそれらの意味が社会組織や人間の活動にどのような現実的な効果を及ぼすのかを検討する必要があると述べています（スコット 2022）。

(3)　身体

　ジェンダーは，性そのものや，それにかかわる言語，慣習，態度などを社会的に定義した諸観念を指します。個々人はその社会的期待に沿ったり，またときに反したりもします。ジェンダー・アイデンティティとは，性にかかわって構築された意味の網の目のなかで，自身のジェンダーをどのように認識するかということで，それは意図的な選択ではなく，むしろ自分自身を発見してゆく意識のプロセスといえます。ジェンダーに関する自己認識は必ずしも「男性」か「女性」かの二者択一ではありませんが，19世紀に西洋が帝国主義的な野心をもって世界に広がってゆくと，軍事的・政治的な力関係のなかで，西洋世界の規範的なジェンダー認識が，さまざまな文化をもっていた社会で強い影響力をもつようになりました。

　ジェンダーを二項対立的なものとする想像が非常に強固なのは，身体，とくに生殖機能と関連づけられているからです。「ジェンダー」という概念は

しばしば,「生物学的な性（セックス）」に対して「社会的な性」と説明されます。これは, 身体的には男女の性差があり, それ自体は客観的なもので, それに対する社会的な意味づけに問題があるのだというとらえ方といえるでしょう。

　しかし, ジェンダー論やジェンダー史においては, 身体の性の絶対性も, 議論の対象になっています。先に述べたように, 地球上には男女二項以外の性をもつ文化が複数あります。また, 身体的性差の観念に根拠を与えているのは医学や生物学ですが, そもそもそうした生物の身体の「性」に関する自然科学が, 社会のジェンダー観の影響を受けながら, 研究対象を見, 分類している可能性が指摘されています。ホルモンや遺伝子などについての科学の言説そのものが, あらかじめ二つの性という見方に拘束されているならば, 二つの性と性差しか見出すことができないかもしれません（ファウスト＝スターリング 1990）。

　他方で, 個々人は身体を通して世界を経験するので, そうした身体的経験の異なりは, 身体と性の認識に強い影響を与えるに違いありません。第二波フェミニズムにおいて, 女性たちが, 制度上の形式的な平等だけでなく, 身体の差異を踏まえた平等を要求するために「女性」という主体を主張したのはそのためでした。しかし, わたしたちの身体がもつ差異は, 性―生殖にかかわるものだけではありません。見えるものも見えないものも含めて, わたしたちの身体にはおたがいに膨大な差異があります。そのうち, なにが「本質的な差異」であり, なにがそうでないかを決定するのは, 身体機能だけではありません。

　「人種」という観念の歴史を考えてみるとよいでしょう。19 世紀から 20 世紀の半ばまで, 異なる肌の色は人間としての優劣を示す本質的差異であるという疑似科学が広く共有されていましたが, 今日では完全に否定されています。病気や障害, 老化といった, 後天的にも生じ, 生に大きな影響を与える可能性のある変化もたくさんあります。身体を通じた経験に影響を及ぼすさまざまな差異のなかで,「性」だけが特別に扱われるのは, そこに他と異なる際立った重要性を与える価値観があるからです。

(4)　男性性と女性性——ジェンダーと社会，ジェンダーと国家

　なぜ，性差こそ／だけが決定的に重要な経験であると，わたしたちは考えるようになったのでしょうか。これは，ジェンダー史にとって最も重要な問いのひとつです。

　18世紀にヨーロッパにおいて近世から近代への移行を画した思想である啓蒙主義は，人間の理性を重んじ，従来の世俗的・宗教的権力を批判して，合理的・批判的精神によって差別や迷信を否定しました。このような新しい世界観は，自然科学の発展や，人間の発展可能性への信頼，すなわち「進歩」への確信を導いたという意味で，過去から現在へいたる時間を記述する歴史認識にも，大きな影響を与えました。政治的には，国家権力に侵されることのない，人間が生まれながらに等しくもつ権利と自由をめぐる思想が市民革命において結実し，近代国民国家において思想や言論の自由，私有財産の不可侵，参政権など，基本的人権を保護する諸制度を生みました。

　しかし，原理的には平等であるはずの諸権利にも，いくつかの決定的な不均衡がありました。近代における不平等を資本主義の観点から，階級という問題として指摘したのがマルクスです。そして，女性史とジェンダー史の発展によって新たに指摘された不均衡の構造が，「ジェンダー」でした。ジェンダー史は，新しい視点から歴史を振り返ることによって，国家が保障する諸権利のすべてを手にすることができたのは，長らく男性（厳密にいえば白人の男性）だけだったことを明らかにしてきました。もちろん，女性史・ジェンダー史の発展以前に，歴史のなかの女性たち自身はすでにそのことに気づいていました。たとえばオランプ・ド・グージュは，人は生まれながらに等しい普遍的な権利を有すると宣言して身分を否定した通称「フランス人権宣言」，正式には「人間と市民の権利の宣言」において，「人間」（英語でmanが人間も意味するように，フランス語でも男性という単語が使われています）と「市民」がいずれも男性しか指していないとして，「女性と女性市民の権利の宣言（女権宣言）」を対抗的に発表し，選挙権と被選挙権，私的所有権などにおける男女の平等を訴えました。参政権を例にとってみると，多くの

国々で，まずは男性のみを対象として，財産等によって制限された制限選挙が成立し，そのあと男子普通選挙，そして女性の選挙権の成立と，参政権は当初の不均衡を是正するかたちで拡大していっています。相続など階層を限定した権利の場合，19世紀ヨーロッパに成立した国民国家のなかでは女性の権利が後退するという現象もみられます。

　ジェンダーによって権利に差を設けることは，まさにこの「理性」の尊重を軸として正当化されました。政治思想のみならず，医学や生理学などさまざまな「科学」が，男性は生来強靭で理性的であり，女性は生来脆弱で感情的である，したがってそれぞれに固有の領域があるというイデオロギーを支え，強化しました。こうした分離は自然に由来しているのだから，適切な分業であって差別ではないと主張する人は今日でさえいるかもしれません。しかしグージュが看破したように，この二項対立は対等ではありません。男性こそが自律的で自己抑制的で，崇高な目的のために自己を犠牲にできる普遍的人間である一方で，女性はそうではないものと否定的に意味づけられるため，権利を抑制されても仕方がないとみなされてしまいます。たとえば，男性は兵士となって国のために戦うのだからより多くの権利をもっていて当然だといった考え方は非常に根強く，あとでみるように，女性たちもまた別のかたちで国家に貢献することによって権利を獲得しようとしてきました。

　市民権や政治的権利など基本的人権は生まれながらにもつ必要不可欠な権利であって，他の権利のように義務と結びつけられるものではありません。にもかかわらずジェンダー規範は，極めて多くの近代社会において，権利の差異を正当化する役割を果たしつづけてきました。それがどのように機能したのか，歴史的な事例から考えてみましょう。

2　ファシズムとジェンダー

(1)　ジェンダーによる動員

「男らしさ」「女らしさ」の規範を極限までイデオロギー的・政策的に活用

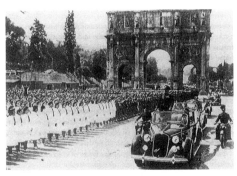

写真 11-1　軍服を着てローマのコンスタンティヌスの凱旋門前をパレードするムッソリーニ。左に，ムッソリーニを崇拝する白い制服を着た女性ファシスト組織メンバーが並んでいる（1930年代）（Duggan 1994：226）

写真 11-2　1938年に作成された「全国母子保護事業団」のポスター。右側の男性像はムッソリーニの姿をしており，子どもを抱く母親を慈しむ様子が描かれている（De Grazia 1992：74）

したのがイタリアのファシズム体制です。ムッソリーニはしばしば，自らがモデルとなって，軍服姿や上半身を脱いだ姿でたくましい肉体を誇示しました。力強い身体を有する兵士＝労働者男性はイタリア・ファシズムの男性性の典型的なイメージでした。対して，たくさんの子どもを産み，育てる女性＝「母」像が賞賛されることになります。このことについてくわしくみるまえに，そうした男性性・女性性は，ファシズム体制とともに突然現れたわけではないことをみておきましょう（写真 11-1，写真 11-2）。

　イタリアのファシズムは，第一次世界大戦の復員兵を中核として，元兵士への支援を国に求めた「イタリア戦闘ファッシ」（「ファッシ」は団体の意）という運動の創設（1919年）にはじまります。第一次世界大戦は第二次産業革命以後はじめての戦争であり，技術力が兵器へと転換された結果，戦車や航空機，毒ガスなどの新兵器が登場し，死傷者数はそれ以前の戦争をはるかに超えるものになりました。また，生産力が戦争の勝敗を決するため，成人

男性だけでなく，女性や未成年も軍需生産やその他の労働に動員される，史上初の総力戦でした。国民を総動員するために用いられたのが，ジェンダー規範に基づく男性性や女性性のイデオロギーです。祖国のために戦う兵士たちの勇敢さを称えるポスターが作られ，女性たちも労働や慈善活動を通じて「内なる前線」を守ることが求められました。

　愛国的プロパガンダを受け，積極的な戦争協力を，女性解放のひとつの手段と考える女性たちもいました。男性が前線に出る一方，女性が公的サービスや工場労働，農業などに進出することは，女性の「権利」であると主張しました。「女性らしさ」の象徴として，「母性」や「慈愛」を強調し，福祉部門で活動する女性団体もつくられました。

　このような愛国主義的な活動がおもにミドルクラスの女性たちによって担われる一方，男性労働力の不足した工場などで働いたのは，労働者階級の女性たちでした。当初は補助的な位置づけでしたが，戦争が長引くにつれてこうした女性たちは不可欠の労働力となっていきます。にもかかわらず，彼女たちに対する評価は低く，賃金などで差別的な待遇を受けました。労働という「男性の領域」で活動する女性に対する反発が，社会的にも制度的にもあったからです。労働者の女性たちが働くのは，愛国主義によるものというよりは，父親や夫が不在中に家族を食べさせていく責任を負っていたからです。低賃金や劣悪な労働環境は生存にかかわる問題であったので，女性たちが主導してデモやストライキをおこなうこともありましたが，当局からは勝利を邪魔しようとする，敗北主義的な行動だと非難を受けました。

　戦争は，既存のジェンダー規範を拡張し，強化しました。公的領域において，優れた理性を有し，それによって女性や子どもなど市民として十分な能力を備えていないとされていた人びとを守護する役割を与えられていた男性は，それを物理的な暴力へと拡張することを求められました。私的領域において，感情や身体をケアする役割を求められていた女性たちは，出征した男性の背後を守るというかたちで，その活動の領域を広げました。既存のジェンダー秩序を維持しつつ，男性も女性も国家と密接にかかわる役割を期待されるようになったのです。

　他方で，実際に女性の活動領域が拡大したことも事実です。総力戦におけ
る女性の役割の変化は，公共空間において女性の姿がそれ以前に比べて可視
化されることにつながりました。19世紀後半から20世紀初めにかけての女
性運動（第一波フェミニズム）の主要な目標のひとつであった女性参政権が，
第一次世界大戦を機に実施されるようになった国が多いことは，そのしるし
といえるでしょう（ソビエト，イギリスで女性の制限選挙権が実現されたのは
1918年，ドイツで1919年，アメリカで1920年など）。イタリアでは1919年
に，女性が夫の許可がなくても公職（行政官，外交官，警察官などをのぞく）
を含む職業に就くことを認める法律が可決されました（女性普通参政権は実
現せず）。

　では女性の解放は一気に進展したのでしょうか。そうではありません。社
会のさまざまな場面に進出した女性たちは，戦後，帰還兵たちの職場を確保
するために排除されてゆきます。政治や制度上の権利の平等は進みませんで
した。第一次世界大戦は，国民が総動員される総力戦であったために国民統
合を進めたといわれます。しかしジェンダーの観点からみると，それがすべ
ての国民にとってまったく同じ経験であったといえないことは明らかです。

(2)　男性性をつくりかえる

　彼自身も復員兵であったベニート・ムッソリーニは，復員兵組織として
「イタリア戦闘ファッシ」を創設し，過酷な戦争経験を通じて兵士に刷り込
まれた男性性をいっそう強調しました。それはことばやイメージにとどまら
ず，戦場で肯定された暴力を平時の市民社会においても行使することでし
た。戦後の混乱とロシア革命の波及を恐れる既存のエリート層がファシスト
の暴力を利用し，社会主義者や労働運動の活動家などを暴力によって排除し
ていったのです。1921年におこなわれた総選挙の選挙運動期間中，ファシ
ストの暴力による死者は，社会党を中心に100名以上にのぼったといわれま
す。ファシストは非合法的な暴力を遂行してエリート層に協力することで，
国政に議席を獲得します。エリート層は過剰に革命を恐れるあまり，民主主
義をおびやかす私的な暴力集団が市民社会に存在することを許容してしまい

ました。暴力的男性性を，ファシストたち自身だけでなく，本来であればそれを法の下に排除しなければならなかったはずの政治家たちも共有していたといえるでしょう。ファシズムは民主主義や自由主義に対抗して「男らしさ」を復活させる（1926年の通達）とムッソリーニは述べています（伊藤1997：400）。民主主義や自由を嘲笑し，強靱さや決断力といった男性性にこだわることは，現実にイタリアを独裁への道に導いていきました。

　なぜこのような，極端な男性性が受け入れられたのでしょうか。第一次世界大戦と男性性をめぐる歴史研究は，未曾有の被害を生んだ戦争が，男性性認識にもたらした深刻な影響を明らかにしています。先述したように，第一次世界大戦には最新の技術を利用した新しい兵器が大量に導入され，戦闘の様子を一変させました。それ以前には，力強い肉体をもち，堂々と戦うことが男らしい兵士として求められましたが，戦車のような鉄の塊と銃火器のまえには，人間の身体はあまりに脆弱です。ひたすら身をかがめてやり過ごし，失敗すれば火薬によって，運がよくても手足や体の一部を吹き飛ばされる。「戦争神経症」と呼ばれる，過酷な環境によって惹起される不安や不眠，錯乱は，戦場を離れてもつづきました。戦争は膨大な数の障害者を生み出し，かれらは十分な補償もないまま，戦後の，戦争を忘れたかのように発展する社会を惨めに生き抜かなければならなくなりました。祖国を守る英雄の姿で思い描かれた男性性は，これ以上ないほどに打撃を受けたといえるでしょう。しかし，だからといって，社会は，従来の男性性を否定する方向には向かいませんでした。オードワン゠ルゾーは，第一次世界大戦がつくりかえた男性性について，ドイツの事例をあげて次のように述べています。

　　「〔若い戦士の〕整った顔立ちは地平線に向けられている──ドイツの勝利という地平線か，死の地平線か，それはわからない。大きく見開かれた澄んだ目は，兜の庇の影で文字通りきらきら輝き，まなざしにほとんど恍惚とした光を付与している。これがまさに，1916年の激しい物質戦という溶鉱炉で鋳造され，戦争を生き延びた『鉄の男』の姿に他ならない。〔中略〕戦時の男らしさという神話を，第一次世界大戦前にはけっして到達したことのない頂点

にまで高めたのである」(オードワン＝ルゾー 2017：551。〔　〕内は引用者注)。

　人間の肉体の脆弱さを無視することは，戦争の新しい現実の否定でしかありませんでしたが，逆説的にも強固に人びとの心をとらえました。男性性の称揚，戦場の暴力の平時における行使の容認は，戦場で失われた男性性への自信を回復させ，イタリア・ファシズムの正統性を承認し，確立させたのです。

(3)　ファシズムと女性

　女性にとっての第一次世界大戦は，解放の可能性をかいまみさせながら，結果的に失望をもたらすことになったと述べました。この屈曲が，女性たちをファシズムに引き寄せた一因ともなりました。初期のファシズムは，女性参政権賛成など女性解放的な要素をもっていたので，大戦後の後退に失望していたフェミニストたちは，こぞって「女性ファッシ」に参加しました。しかし，政党の結成 (1921 年)，政権獲得 (1923 年) の過程で，ファシズムは権力の安定を図るため，資本家やカトリック教会といった既存の保守的勢力と妥協し，女性政策を保守化させます。女性ファッシを通じた家庭外での活動は奨励されましたが，その分野は文化や慈善活動に限定されていました。

　ファシズムのジェンダー秩序は，その人口政策に典型的に現れています。1924 年に産児制限を禁止すると，政府は奨励と制限の双方向で，女性の出産を促進し，人口増を図ります。多産の母親や，夫や息子を兵士として捧げる犠牲的な母親イメージ，男性中心の家族秩序の強化などの母性プロパガンダとともに，それを実現させるための諸制度の整備が進められます。1925 年には母と子の「精神的保護」と「物質的援助」を目的として「全国母子保護事業団」が設立され，貧困など困難な状況にある母子の支援が開始されました。診察室や食堂が備えられた「母子の家」や，妊娠・出産前後の女性への無料の食事提供，貧困家庭の乳幼児の診療やミルクなど必需品が提供される「母親食堂」の運営などがおこなわれました。家族手当や住宅補助などの大家族優遇政策，結婚・出産に関する社会保障などもありました。

　こうした奨励策は母性保護（この場合の「母性」は，妊娠，出産，哺育とい

う母体の機能を意味します）という観点からみれば意味のあることでしたが，ファシズム期には同時に女性を出産・育児などの私的領域に拘束するための積極的な政策も実施されました。女性の就労制限です。雇用は独身女性に限定され（1926年），雇用者全体に占める女性の割合は一割が上限と定められました（1938年）。母体の保護という名目で，女性は社会空間から排除されていったのです。母子保護事業団や女性ファッシの活動は数少ない女性の社会参加の機会であり，積極的に参画する女性たちは少なくありませんでしたが，性別役割の強化に向かう体制を支えることにもなりました。

　人口政策は，女性にのみかかわることではありません。家父長たるべき男性は，平時には労働者として，戦時においては兵士として，家父長的男性性規範を守らなければなりません。子どもの多い男性には就職や昇進の特典が与えられる一方，独身男性には「独身税」が課されました。男性も女性も強固なジェンダー規範に拘束され，そのイデオロギーが国民生活に貫徹するようにさまざまな制度が設計されたことがわかります。

　ただし，ここまでみてきたように，男性＝外＝労働者・兵士，女性＝内＝妻・母というジェンダーの構造自体はファシズムに特有のものではありません。19世紀以降社会の近代化とともに進行し，今日にいたるまで持続しているジェンダー分業を，ファシズムは踏襲し強化したのでした。それが旧来のエリート層を安心させ，ファシズムが既存の秩序に浸透して共存する条件をつくったと，ジョージ・モッセは論じています（モッセ 1996）。

　実際に人口動態という観点からみると，19世紀末からファシズム時代にかけては，体制の意図とは異なる連続性があります。一般的に，公衆衛生，医療などの近代化が進むと死亡率が低下し，同時に出生率も下がります。第一次世界大戦以降，都市化や工業化，大衆化，消費社会化が進展したイタリアでも出生率の低下は止まりませんでした。ファシズム体制による女性を人口の再生産機能とみなすイデオロギーは，意図した結果を生み出したわけではありませんでした。それでも男性や女性は，それぞれに与えられたジェンダー規範にしたがって，労働者になり，兵士になり，母になり，ボランティアをして，資本主義と独裁の組み合わされた奇妙な体制を積極的に支えまし

た。規範に従っているかぎり，国民は国家の保護を受けることができ，国家は国民を，侵略や戦争，体制への協力に，動員することができたのです。それこそが，ジェンダー規範の効果でした（De Grazia 1993）。

3　ジェンダー規範による排除

(1)　セクシュアリティ

　19世紀以来の近代的なジェンダー規範を引き継いで，男性性を過剰に評価し，受動的な女性性を強調するファシズムのジェンダー規範は，それぞれのジェンダーにそれぞれの活躍の場（性別役割）を与えることを通じて，ファシズム体制下での国民統合を図りました。ファシズムは第二次世界大戦への参戦（1940年）まで，国民から極めて高い支持を得ていました。しかし，国家と国民の一体化というファシズムの理想に向けてのジェンダー規範の作用は，完全に包摂的なものではありませんでした。そこから決定的に排除されるものがあったからです。ここでは，セクシュアリティ，人種，民主主義という三つの側面から，ジェンダーにかかわる社会的排除とその意味を考えたいと思います。

　ジェンダー規範は身体に根拠をおいているとされたため，必然的にセクシュアリティ（生殖や快楽，恋愛，自己表現など性のあり方，性と欲望にかかわる活動全般）と関連づけられてきました。セクシュアリティの観念は，ジェンダーと同様に，生物学的に決定されているという虚構のもとに構築され，生殖を可能にする異性愛のみが正しく（異性愛規範），その他のセクシュアリティは異常とみなされました（セクシュアリティという語自体，ヨーロッパでは19世紀になるまで使用されたことのないことばです）。国家による出産奨励政策も，「正しい」セクシュアリティのための管理の一環です。

　正しい性のあり方が規範化されると，性的活動は「アイデンティティ」を構成する決定的な要素とみなされるようになりました（フーコー 1986）。20世紀の男性性文化において，男どうしの，ときにエロティックなまでの強い

絆は賞賛されましたが，それが性的行為をともなうと「同性愛者」という異常者としてカテゴリー化されました。セクシュアリティという性をめぐる自己認識も厳しい眼差しにさらされ，社会の一員として包摂されるかどうかという境界として機能するようになります。

　1977年に制作されたエットレ・スコーラ監督による「特別な一日」は，ヒトラーがイタリアを訪問し，ムッソリーニと会談する歴史的な一日を舞台に，ファシズム体制下でのセクシュアリティの統制を描いた作品です。主人公の女性アントニエッタは，ムッソリーニを信奉するファシストです。夫によく仕え，6人の子どもを産み育てています。もうひとり産むと，多産の報奨金を受け取れます。しかし夫は彼女に家事労働全般を押しつけて，自分は買春や浮気をしています。「女性は家庭の番人であれ」というムッソリーニのことばが示すように，アントニエッタの生きる領域はかぎりなく限定され，セクシュアリティの自由はありません（その息苦しさは，ムッソリーニに対する性的な意味を込めた情熱で紛らわされています）。

　規範の息苦しさはもうひとりの主人公である，同性を愛する男性ガブリエーレにとって，より深刻なものです。ガブリエーレは同性愛者であることで仕事を解雇され，流刑（体制に対して政治的・社会的に異議申し立てをおこなう人物を，島や山間部などの僻地で警察の監視下におき，活動や社会的影響力の行使を妨害する刑罰）を目前にしています。映画のなかで，ヒトラーとムッソリーニを迎える祭典に向かう男性市民たちは，高齢者をのぞいてひとり残らずさまざまな制服（軍服）を身につけていますが，ガブリエーレは作中，一貫して私服です。制服は，なんらかのファシスト組織に加入していることを示しています。ファシズム体制下のイタリアでは，大人から子どもまで市民はファシスト党と結びついた組織に加わっていることが求められました。組織はイデオロギーを伝達するだけでなく，それを介して国家の福祉政策が届けられる回路であったからです。セクシュアリティを理由として党から追放されているガブリエーレは，国家にとって保護すべき国民ではありません。福祉，すなわち生存権という基本的人権が，党に忠実であるか——政治的にのみならず，セクシュアリティにおいても——によって左右される状況

だったことを踏まえると，この映画が描く，ひとりの女性と男性の束の間の
出会いを通じて，セクシュアリティの統制が生そのものの可能性の制限を意
味する政治の苛酷さを読み取ることができます。

(2)　人種主義とジェンダー

ファシズムのイデオロギーとして最もよく知られているのは，その人種主
義でしょう。これもファシズムやナチスの発明ではなく，19 世紀末以来，
欧米で広く共有されていた，人種の差異を進化や文明の発展と結びつけたイ
デオロギーです。

イタリアでは 1937 年から 38 年にかけて，植民地とイタリア国内におい
て，「ユダヤ人や植民地の住民ら『非ヨーロッパ的人種』は，文明的な『アー
リア人種』であるイタリア人とは決して同化できない」として，教育や就職
などさまざまな権利を制限する法律が制定されました。イタリア人と「非
アーリア人」の結婚の禁止は，人種主義的なセクシュアリティの統制という
ことができます。ジェンダーとセクシュアリティ，そして人種が生物学的に
決定されるという立場に立つならならば，「異人種との性的混交」はイデオ
ロギー的に最も忌避されることでした。イタリアにおけるユダヤ人迫害を描
いた 1997 年の映画「ライフ・イズ・ビューティフル」には，「アーリア人」
である妻ドーラが，強制収容所へ移送される主人公のユダヤ人の夫グイード
と子どもジョズエと引き裂かれるシーンがあります。

植民地の住民もまた，「混交」すべきでない「人種」でした。イタリアは
現在のソマリア，エリトリア，エチオピア，リビアに植民地を有していまし
たが，植民地主義そのものが，倫理的で力強い文明（男性）による，堕落し
て脆弱な後進国（女性）の保護という，ジェンダー規範の比喩で表象されて
いました。実際にも植民地における宗主国出身者は，植民地化以後もつづく
抵抗運動の弾圧や治安維持のための軍人や警察官，インフラ整備のための労
働者など男性に偏っており，イタリア人男性が現地の女性に対して，家事労
働や性的関係を求める現象が広くみられました。1937 年以降にはそうした
関係は非合法とされ，女性たちや，彼女たちとイタリア人男性とのあいだに

生まれた子どもたちは,「父親」からの認知や援助を受けることもなく捨てられ, 差別や貧困の苦境に陥ることになりました。

　第二次世界大戦末期, 1942 年以降には, 連合軍がイタリアに上陸します。「敵」の侵攻は,「男らしさ」の挫折する瞬間です。兵士に究極の男性性が仮託されるようになった 19 世紀末から 20 世紀初頭以降, この挫折はしばしば,「敵」による国民の女性たちの侵害の恐怖と表象されるようになりました。第二次世界大戦末期のイタリアにおいては, 連合軍を構成する米軍や仏軍の「黒人」兵による「アーリア人」女性の性的暴行がイメージされました。戦時性暴力の加害者は「黒人」に限りませんでしたが, 恐怖の焦点は「人種」にあったのです。こうした戦時性暴力の記憶は戦後長いあいだタブーとなったり, 被害女性に責任が転嫁されたりしてきました。このような誤った認識が生み出されたのは, 戦時性暴力が女性に対する男性の優位性の誇示であり, すなわち被害女性を「守る」はずであった男性の権威の破壊であったからですが, ジェンダー規範と結びついた人種主義的な観念も深く作用していました。

(3)　民主主義とジェンダー

　ジェンダー規範と人種主義はそれぞれ別のイデオロギーとして発展しましたが, 共通点をもっています。第一に, 近代国民国家制度のなかで, 司法や行政の制度を通じて強化されていったということ, 第二に, どちらの概念も,「自然」に根拠をもっていると主張することで, それらが指し示す差異を絶対化して, 決して変化しないものにみせかけるという作用です。

　近代市民社会は, 生まれながらに人の生を限定する身分制からの解放, 対等な市民によって構成される新しい, 民主主義的な共同体という観念の実現を目指したものでした。ジェンダー規範や人種主義はそれを阻むものであるにもかかわらず, むしろ強化されるかたちで発展していきました。権力は, 制限された権利の分配と排除の恐怖によって, 政治と社会を支配してきたということが, 歴史を踏まえるとみえてきます。

　民主主義や平和主義を「女々しい」と罵倒し否定したファシズムと闘った

レジスタンスは，戦後，「労働に基礎をおく民主共和国」（イタリア共和国憲法第1条1項）のいしずえとなりました。ファシズム体制の打倒のためさまざまなかたちでレジスタンスに協力した女性たちは，共和国創設のための選挙ではじめて，国政選挙に参加しました。

　ジェンダーの歴史を考えることを通じて，ジェンダー間の関係性は，それが主張するように永続的なものでは決してないこと，過去の人びとも，ジェンダー規範のなかで生きづらさや葛藤を抱えてきたということがみえてきます。それは同時に，現在を生きるわたしたちに，ジェンダー間の不平等はどのような意味でも正当化できないことを示してもいます。ジェンダー規範を再考することは，セクシュアリティのさまざまな可能性や，リプロダクティブ・ヘルス／ライツ（性や生殖の健康と権利）の拡大にもつながります（ウィークス 2015）。ジェンダーやセクシュアリティに基づく差別が歴史的にどのように機能してきたかを振り返るならば，規範による抑圧の再考をうながす法や制度，啓発を要求したり整えたりすることは，民主主義的な社会において必要不可欠なあゆみといえるでしょう。ジェンダーの歴史は，曲がりくねりながら，今につながっているのです。

参考文献

伊藤公雄　1997「『夫・父・兵士ではない男は男ではない』――イタリア・ファシズムと〈男らしさ〉：E・スコーラ『特別な一日』に沿いながら」小岸昭・池田浩士・鵜飼哲・和田忠彦編『ファシズムの想像力――歴史と記憶の比較文化論的研究』人文書院，395-412頁。

ウィークス，J　2015『われら勝ち得し世界――セクシュアリティの歴史と親密性の倫理』赤川学監訳，弘文堂。

オードワン＝ルゾー，S　2017「第一次世界大戦と男らしさの歴史」J-J・クルティーヌ編『男らしさの歴史2　男らしさの勝利――19世紀』小倉孝誠監訳，藤原書店，541-552頁。

スコット，J・W　2022『ジェンダーと歴史学　30周年版』荻野美穂訳，平凡社。

ダヴィドフ，L & C・ホール　2019『家族の命運――イングランド中産階級の男と女1780～1850』山口みどり・梅垣千尋・長谷川貴彦訳，名古屋大学出版会。

内閣府男女共同参画局　2019「女子の進学率の推移」『男女共同参画白書』令和元年

版，https://www.gender.go.jp/about_danjo/whitepaper/r01/zentai/html/zuhyo/zuhyo01-00-08.html（2022 年 8 月 12 日閲覧）。

ファウスト＝スターリング，A　1990『ジェンダーの神話――「性差の科学」の偏見とトリック』池上千寿子・根岸悦子訳，工作舎。

フーコー，M　1986『性の歴史 1　知への意志』渡辺守章訳，新潮社。

モッセ，J　1996『ナショナリズムとセクシュアリティ』佐藤卓己・佐藤八寿子訳，柏書房。

ローズ，S・O　2017『ジェンダー史とは何か』長谷川貴彦・兼子歩訳，法政大学出版局。

Duggan, C. 1994. *A Concise History of Italy*. Cambridge University Press.

De Grazia, V. 1993. *How Fascism Ruled Women: Italy, 1922–1945*. Berkeley, Los Angeles, London: University of California Press.

―― 1992. *How Fascism Ruled Women: Italy, 1922–1945*. University of California Press.

●推薦図書──　一歩先に踏み出すために

J・モッセ『ナショナリズムとセクシュアリティ』
　ブルジョア社会とナショナリズムのジェンダーの連続性をイギリスとドイツ
　の事例から明らかにした古典的名著です。ジェンダーの視点からみればファ
　シズムは特異な時代ではなかったことは，今も重要な指摘です。［佐藤卓己・
　佐藤八寿子訳，柏書房，1996］

V・デ・グラツィア
　『柔らかいファシズム──イタリア・ファシズムと余暇の組織化』
　政治的支配を貫徹するためには，プロパガンダを広めるだけでは不十分です。
　体制のつくった福祉や娯楽の基盤となるクラブ活動を通じて，ファシズムは
　市民の日常生活に浸透し，市民は自発的にファシストになりました。［豊下楢
　彦・高橋進・後房雄・森川貞夫訳，有斐閣，1986］

弓削尚子
　『はじめての西洋ジェンダー史──家族史からグローバル・ヒストリーまで』
　家族や身体，男性性など，ジェンダー史が扱うことのできるさまざまな論点
　が先行研究とともにコンパクトに整理されています。タイトルに「西洋」と
　ありますが，グローバルな視点に立っていることも特徴です。［山川出版社，
　2021］

第 12 章

経済成長と格差

なぜ世界には豊かな国と貧しい国があるのか？

小林和夫

　わたしたちが生きている世界にみられる豊かな国と貧しい国は，どのような歴史的背景によって生まれてきたのでしょうか。これは人類史の究極の問題のひとつといえるでしょう。経済格差は，経済成長（より正確にいえば，近代の持続的な経済成長）抜きに論じることができません。

　それでは，ある国はどのようにして豊かになった（あるいは貧しくなった）のでしょうか。この問題は，歴史家や経済学者を中心に多くの人びとから注目され，さまざまな観点から議論されてきました。たとえば，ある人たちは，地理や環境といった条件が経済成長に及ぼした影響を重視していますが，別の人たちは，制度の役割に注目します。植民地化の影響が大きかったと主張する人たちもいます。これらは，経済成長の「究極の要因」として位置づけられています。その一方で，労働や資本の投入量，技術進歩などは，成長に直接影響を与える「近因」とみなされています。経済成長と格差の問題を論じるうえでは，それぞれの要因に目を向ける必要があります。

　しかし，この章では，経済成長の「究極の要因」（地理・環境，制度，植民地化）に注目して，それぞれの視点に立つ説明がどれほど説得力のある議論を提示しているのか，ひとつずつ検討していきたいと思います。それぞれの視点の長所と短所を押さえれば，複眼的に経済成長と格差の起源を理解することができるようになるはずです。

1　ヤリが問いかける格差の問題

　みなさんは，ジャレド・ダイアモンドという人をご存知でしょうか。彼は
アメリカの鳥類学者・生物学者ですが，歴史に関する著作も多く発表してい
て，優れた書き手としてもよく知られています。代表作『銃・病原菌・鉄』
（1997 年）はピューリッツァー賞（1998 年）にも選ばれました。

　この本は，ダイアモンドが 1972 年 7 月にニューギニアの海岸で，現地の
政治家であったヤリという人物に出会い，さまざまな事柄について語り合っ
たエピソードからはじまります。好奇心旺盛なヤリは，ダイアモンドの鳥類
研究から，ヨーロッパからやってきた白人がニューギニアをどのように植民
地化したのかといったことまでたずねました。そして次のような質問をダイ
アモンドに投げかけました。

　　「あなたがた白人は，たくさんのものを発達させてニューギニアに持ち込んだ
　　が，私たちニューギニア人には自分たちのものといえるものがほとんどない。
　　それはなぜだろうか」（ダイアモンド 2012：14）。

　ここでいう「たくさんのもの」には，集権的政治組織，鉄の斧，マッチ，
医薬品，衣服，飲料や傘などが含まれます。

　それでは，いったい，ヤリの問いかけはなにを意味しているのでしょう
か。結論からいえば，それは，平均的なニューギニア人と平均的な欧米人の
生活とのあいだには大きな格差（経済格差）が存在しているという現実です。

　わたしたちの生きている世界を見渡してみると，ある国々は豊かである一
方で，ほかの国々はそうではないことに気づきます。しかし，いま豊かな
国々は，はるか昔から豊かだったのでしょうか。あるいは，いま貧しい国々
は，もともと貧しかったのでしょうか。このような問いについては，歴史的
視点から考えてみないと，答えを出すことはできません。そこでわたしたち

が問うべきは，なぜある国々は豊かになったのに，ほかの国々はそうならなかったのか（もしくは，まだ豊かになっていないのか）ということです。

　この問い自体は，決して真新しいものではありません。（まだ）豊かになっていないと，豊かな国（欧米を中心とする先進国）に基準をおいている点で，ヨーロッパ（西洋）中心主義的な考え方だと批判することもできますが，ここではその問題に立ち入るのは控えましょう。

　このような格差をめぐる問いは，経済成長をめぐる問題の一部として考えることができます。というのも，経済格差と経済成長は密接に結びついているからです。この章では，経済成長とはなにかという説明をしてから，経済成長を生み出す要因について紹介します。それを通じて，経済格差が生じる背景や格差の変化を一緒に考えてみましょう。いったい，どのようにして人類は豊かになり，貧富の差が生じてきたのでしょうか。そして，貧富の差は，過去数世紀のあいだにどのように変化したのでしょうか。

2　（近代）経済成長とはなにか

(1)　なぜ経済成長なのか

　経済関係のニュースを読むと，経済成長という用語を目にすることがよくあります。経済成長とは，経済活動が拡大する現象を意味します。そして，その規模は，しばしば GDP（Gross Domestic Product：国内総生産。一定の期間に国内で生産された財・サービスの付加価値の総量）によって測られます。ちなみに，経済成長と似た用語に経済発展があります。経済成長が GDP や他の指標によって測られる量的な変化である一方で，経済発展は都市化や産業構造の変化など質的な変化を示します。

　もっとも GDP の概念は，20 世紀になってから用いられるようになったにすぎません。その概念によって，20 世紀以前の経済成長をどれほど正確に測定することができるかといった点について，わたしたちは慎重にならなくてはいけません。この点で最も有名な研究者は，アンガス・マディソンで

す。彼はオランダのフローニンゲン大学の教授になるまえに，OEEC／OECD（欧州経済協力機構／経済開発協力機構）で20年におよぶキャリアを積み，開発途上国の政策アドバイザーとして活躍してきました。経済史の専門家としては，世界各地のひとりあたりGDP（1990年の国際ドル〔ゲアリー＝ケーミス・ドル〕表示）成長率の長期的な時系列を構築したパイオニアとして知られています。そのカバーしている範囲は，国や地域によって異なりますが，現在でも大きな影響力があります（マディソン 2015）。マディソンは2010年に亡くなりましたが，彼の仕事は，ユトレヒト大学のヤン・ライテン・ファン・ザンデンやユッタ・ボルトが率いる「マディソン・プロジェクト」（https://www.rug.nl/ggdc/historicaldevelopment/maddison/）として引き継がれ，GDPや人口系列の改訂作業が今もつづけられています。

　その一方で，経済史の研究者は，さまざまな史料から，賃金や物価などに関する情報を集めて，過去の非熟練労働者がどれほどモノを購入することができたのか推計する作業をつづけてきました。近年では，生存に必要なカロリー量とタンパク質量に見合う消費財バスケットを作成して，ヨーロッパとアジアの人びとの生活水準を比較する研究も出ています（斎藤 2008）。

　ところで，わたしたちはなぜ経済成長に注目するのでしょうか。その答えは，経済成長こそが人類が経験してきた貧困を減らすための鍵を握っていると考えられているからです。マーク・コヤマとジャレッド・ルービンによれば，1820年から1990年にかけて，世界の人びとの平均所得は大きく上昇し，極貧層が全人口に占める割合は2世紀前の84％（1日1米ドル未満で生活する人びと）から，2015年までには10％未満（1日1.9米ドル未満で生活する人びと）へと激減しました。他方で，研究者のなかには，貧困の削減だけでなく，余暇の時間，長寿，健康，識字能力，教育，女性の社会的地位の向上，弱者のための権利と保護なども，経済成長によって実現されると考える人たちもいます（Koyama & Rubin 2022 : 1-4）。

　とはいっても，経済成長は万能薬ではありません。経済活動が拡大する一方で，大気汚染など環境問題を引き起こし，人びとの生活水準に悪影響をおよぼすこともあります。たとえば，工業化にともなって都市化が急激に進展

したところでは，平均身長の増加にネガティヴな影響がみられました（斎藤
2012：54-55）。このような変化が経済成長にともなって発生しうることは，
頭の片隅に入れておくべきでしょう。

(2)　近代経済成長の歴史的意義

　歴史上，経済成長はさまざまな時代や場所で発生しました。ただし，18
世紀以前の経済成長は，いずれも一時的な現象にすぎず，その後に衰退を経
験しました。けれども，18世紀半ばにイギリスで最初の産業革命がはじまっ
てから，持続的な経済成長がみられるようになったのです。この持続的な経
済成長は，都市化や非農業部門（製造部門やサービス部門）の成長，工場・企
業・株式市場といった新しい経済活動の出現など，社会経済の再編（経済発
展）をともなった点で，それ以前の経済成長と異なっていました。アメリカ
合衆国の経済学者サイモン・クズネッツは，このような持続的な経済成長を
「近代経済成長」と名づけました（クズネッツ 1968）。この章でも，近代経済
成長と持続的な経済成長を同義の用語として使用することにします。

　19世紀，ヨーロッパの一部とアメリカ合衆国でも持続的な経済成長が生
じて，イギリスの経済水準にキャッチ・アップするようになりました。この
変化は，欧米と他地域のあいだにおける所得格差の拡大をもたらし，20世
紀後半には「南北問題」として大きな注目を集めました。その一方で，20
世紀後半の日本の高度経済成長を契機として，東アジアや東南アジア，さら
に20世紀末にはインドでも経済成長が実現すると，国家間の格差は縮小に
向かいはじめました。アジアの新興国では，低所得および中間所得層の所得
が大幅に伸び，貧困者数が大幅に減りました（ミラノヴィッチ 2017）。他方
で，21世紀に入ってからアフリカ諸国は急速な経済成長を経験しています
が，その恩恵が農村に達していないため，アフリカの貧困削減に結びついて
いません（平野 2013）。

　以上のように，18世紀のイギリスをはじめ，他の国や地域もまた持続的
な経済成長を遂げて豊かになりました。これを歴史の問題として考えるなら
ば，経済成長が，いつ，どこで，なぜ発生したのかを説明することになりま

す。いったい，なにが経済成長を生み出すのでしょうか。次の節では，18
世紀のイギリスの事例を取り上げて，地理・環境，制度，植民地化といった
観点からどのような説明ができるか考えてみましょう。

3　経済成長を生み出す要因

(1)　地理・環境

　歴史研究で地理や環境といった初期条件に注目が集まるようになったの
は，20世紀前半のアナール学派まで遡ります。そのなかでもフェルナン・
ブローデル（1991〜1995）は，代表作『地中海』を「環境の役割」から説き
起こし，陸地（山地・高原・平野など）や海原といった自然環境と人びとの
活動がどのような関係にあったのか克明に描いたことでも知られています
（海の歴史については，この本の第5章を参照してください）。歴史の構造を示し
たともいえます。

　経済成長の背景を考えるうえでも，地理や自然環境は重要な手がかりを与
えてくれます。たとえば，土地の利用可能性（豊かな土壌に恵まれた土地を豊
富に活用できるかどうか）や水へのアクセスといった点は，その地域の農業
だけでなく，地域の支配国家の財政基盤にも影響をおよぼすことが考えられ
ます。

　この章の冒頭で紹介したダイアモンドも，地理や環境と経済成長の関係に
ついて興味深い議論を提示しています。15世紀末のコロンブスの「新大陸」
到達につづいて，スペイン人は中南米の先住民の国々を侵略しました。1533
年には，アンデス地方のインカ帝国がピサロによって滅ぼされました。征服
を可能にした「直接の要因」として，ダイアモンドは，先住民が知らなかっ
た鉄器や馬をヨーロッパ人が使っていたこと，またヨーロッパから持ち込ん
だ病原菌などに対する免疫を先住民がもたなかったことを指摘しています。
しかし，その一方でダイアモンドは，そのような差異を生み出した「究極の
要因」として，大陸が東西・南北のどちらに伸びているのかといった地理的

214

特徴に注目しています。ダイアモンドによれば，大陸の伸びる向きは，種の分散や技術・発明の伝播の速度に影響を与えます。たとえば，ユーラシア大陸のように東西に伸びる大陸では，食糧生産の技術は速く伝播する一方で，アフリカ大陸や南北アメリカ大陸のように南北に伸びる大陸だと，大陸内の異なる気候条件が伝播の妨げになったというのです。彼自身，「人類の歴史の運命は，この違い（大陸の伸びる向き）を軸に展開していった」（ダイアモンド 2012：356。括弧は引用者注）と結論づけているように，彼は，地理的条件が人類史の展開に大きな影響をおよぼしたことを強調しています。

　イギリスの近代経済成長についても，地理的観点に基づいて説明されることがあります。イギリスの近代経済成長はさまざまな技術革新に支えられていました。それはまた，石炭（化石燃料）の活用と密接に結びついた動きでもありました。この点に関連して，ケネス・ポメランツという歴史家は，イギリスの工業都市の近くに豊富な石炭があったという「地理的偶然」こそが，近代経済成長の背景のひとつであったと強調しました（ポメランツ 2015）。ポメランツの主張にはさまざまな反論が出ていますが，工業都市の付近で大量の石炭を安価に調達できた点は注目に値するように思われます。

　このように地理や環境といった初期条件が人類の経済活動におよぼした影響は，決して無視できません。その一方で，地理や環境から説明できない点があるのもまた事実です。再びイギリスの近代経済成長を例にあげますと，なぜ18世紀半ばに産業革命がはじまったのかというタイミングにかかわる問題を，地理や環境といった観点ではうまく説明することができません。

　また，地理や環境の影響を強調しすぎると，環境決定論に陥ってしまう恐れがあります。先ほど紹介したダイアモンドの議論からも，そのような印象を受けるかもしれません。この考え方の問題は，人類の主体的な選択を過小評価する傾向がみられる点にあります。これはとくにイギリス産業革命以降の人類史を理解するうえで不都合だといえます。たとえば，産業革命期の都市では，工場の煤煙から大気汚染が引き起こされたように，この時期から人類は環境に大きな影響をおよぼすようになりました。このような人類と環境の関係の大きな変化に注目して，人類史は「人新世」という新たな局面を迎

えたと考えられています（Crutzen 2002）。

（2）制度

　経済成長の背景を理解するために次に取り上げたいのは，制度です。制度が経済のパフォーマンスに影響をおよぼすことは知られています。両者の関係を論じた先駆者のひとりであるダグラス・ノースは，制度を「社会におけるゲームのルール」と定義しました（ノース 1994：3）。制度とは，憲法や法律のようにフォーマルなものだけでなく，慣習や行為コードのようにインフォーマルなものも含みます。

　制度を通じて，わたしたちは，ある場面で，どのように行動すればよいのか判断することができます。たとえば車を運転するときには，交通ルールに従わなければいけません。交通ルール（制度的制約）が存在し，人びとがそれを遵守すれば，事故が起きるリスクを減少させることにつながります。また，交通ルールを無視（違反）すれば法によって処罰されます。ノースの言葉を借りれば，「制度は日常生活に構造を与えることにより不確実性を減少させる」のです（ノース 1994：4）。

　さてノースは，1973 年にロバート・ポール・トマスとの共著で刊行した『西欧世界の勃興』のなかで，西ヨーロッパで持続的な経済成長が生じた原因として「効率的な経済組織」をあげました。かれらは，「効率的な経済組織」は取引コストを低下させる諸制度から成立し，具体例として 16〜18 世紀の西ヨーロッパ（オランダやイングランド）で導入された所有権の保護を強調しています（ノース＆トマス 2014）。国家（政府）による所有権の保護は，その国の人びとに商業活動をおこなって富を蓄えるインセンティヴを与えて，西ヨーロッパの持続的な経済成長に結びついたという主張です。

　国家による所有権の保護について，もう少し補足しておきましょう。これには二つの意味があります。ひとつは，民間の取引における契約の執行を国家が担保するという意味です。たとえば，あなたが店主だとして，客に商品（財）を引き渡したにもかかわらず代金が支払われない状況を想定してみましょう。その場合，あなたは国家の裁判所に訴えることで客に支払いを強制

することができます。つまり，国家権力が，人びとが安心して取引できる
ルールを決めているといってもよいでしょう。

　もうひとつは，個人の財産が国家によって恣意的に奪われることがないと
いう意味です。個人の財産が国家から収奪されることが抑制されていない状
況では，人びとが商業活動を通じて富を蓄積するインセンティヴは働かなく
なります。実際にイングランドでは，1688 年の名誉革命（カトリックの国王
とプロテスタントが多数派を占める議会の対立に由来する内紛）以前は，国家の
財政的理由から，税を通じて国民の財産は収奪されていました。しかし，名
誉革命が議会側の勝利に終わり，「権利の章典」が発布されると，国王に対
する議会の優越が認められ，国王の権力濫用は抑制されることになりまし
た。このようにして，個人の財産が国家によって恣意的に収奪される状況に
歯止めがかかったのです（岡崎 2016：66-69）。

　所有権の保護が持続的な経済成長を生み出すというノースの議論は，多く
の研究者に影響を与えました。たとえば近年ではダロン・アセモグルなど
が，現代の世界における所得格差を制度の観点から説明しようと試みていま
す。かれらは，ヨーロッパ人によって植民地に導入された制度が，それぞれ
の地域経済にどのような持続的影響をおよぼしたのかを論じています。そこ
では，どのような制度が導入されるかは，各植民地にヨーロッパ人が定住し
やすい条件（死亡率の度合い）が整っているかどうかにかかっていたことに
なります。具体的には，ヨーロッパ人が定住しやすかった北米植民地（のち
のカナダやアメリカ合衆国）やオーストラリア，ニュージーランドでは，宗主
国と同様の制度（私的所有権の保護など）が導入された一方，定住が容易で
はなかった植民地では，収奪的な制度が導入されることになったというので
す（Acemoglu et al. 2001）。

　このように制度と経済成長の関係は，大きな注目を集めています。ノース
とトマスは，所有権の保護に関連して，特許制度がイギリスの技術革新を支
え，持続的な経済成長の実現に貢献したことを指摘しました（ノース & トマ
ス 2014：207-211）。しかし，実際に特許制度の確立がどれほどイギリスの経
済成長に持続的な影響をおよぼしたのかといった点については，慎重に検討

する必要があります。またアセモグルらの議論は，「歴史の圧縮」といえる
ほど，歴史の因果関係を単純化している点や，植民地におけるヨーロッパ人
の行動に注目する一方で，現地の人びとの行動や選択を考慮していない，つ
まり，ヨーロッパ（西洋）中心主義的アプローチである点で厳しく批判され
ています（オースティン & 北川 2012）。経済史を理解するうえでは，制度の
役割を適切に評価しなければいけませんが，ほかにも考慮すべきことが多く
あります。そこで次は，植民地化の影響に目を向けてみましょう。

(3)　植民地化

　1500 年頃から現在までの世界史の特徴として，ヨーロッパ諸国による植
民地化をあげることができます。植民地化そのものについては第 13 章を参
照してほしいのですが，ここでは，植民地化が植民地と宗主国の経済成長や
生活水準にどのような影響をおよぼしたのかといった点に焦点をあてること
にしましょう。この点は，グローバル化と格差の関係に関する論争のなかで
も議論されてきました。
　まず，植民地化が植民地側の経済におよぼした影響について少しみてみま
しょう。これは，帝国支配が経済格差をもたらしたのかという論点にも結び
つきます。ここでは，イギリスによる植民地支配がインド経済におよぼした
影響を取り上げることにしましょう。この点については，かなり前からマル
クス主義の影響を受けた研究者が，イギリスの支配はインドの繊維産業の衰
退や資源の「流出」などによってインドの貧困化を招いたと主張してきまし
た。しかし，ティルタンカル・ロイ（2019）によれば，かれらの主張は必ず
しも実態を正確にとらえているわけではないようです。たとえば，インドの
繊維産業の衰退を強調する見方は，同時代の都市部で展開していた工業化を
適切に評価せず，資源の「流出」の議論は精密さに欠けていることが指摘さ
れています。
　19 世紀にイギリスはインドを統治するにあたり，イギリスとインドのあ
いだでの市場統合の達成を目指しました。植民地政府は，さまざまな法制度
の整備をはじめ，公用語や主要貨幣，知識取引の経路などを提供したほか，

鉄道を建設して，市場統合を推進しました。とくに鉄道は，公共財として機能した点に注目すべきでしょう。もともと鉄道は帝国防衛を目的として建設された可能性がありますが，いったん建設されると，インド人のビジネスに用いられるようにもなりました。たとえば，内陸部の農民が，鉄道を利用して沿岸部の市場まで小麦や綿花といった輸出向け商品を供給して，利益を上げることができたのです。

　ただし，市場統合にともなう農業の商業化から恩恵を得た農民が，農民全体の一部に限られていたことには注意しなければなりません。農業の商業化で成功するには，鉄道へのアクセスに加えて，十分な土地，財産権の整備，安価な水といった条件も満たす必要がありました。インド亜大陸におけるインダス川・ガンジス川の両デルタ以外の大部分の特徴として，水不足とやせた土地があげられます。水が利用できないところでは，肥料の活用も難しくなります。そのような土地に住む農民には，農業の商業化は高いハードルだったのです。植民地支配の経済的影響という点に話を戻すと，市場統合を通じて，植民地内部で所得格差を拡大したということができます（ロイ2019）。

　同様に，ジェンダーの視点もまた，植民地時代の成長の恩恵が社会の内部で不均等に分配されていた状況を理解するのを助けてくれます。たとえば，植民地時代に導入された教育制度は，教育水準や職業などで男女間の差異を生み出す一因となったことが指摘されています（Gardner & Roy 2020：73）。ジェンダーの視点を含めた植民地化と格差の関係は，さらなる研究の進展が強く望まれます。

　次に，植民地が宗主国の経済成長に影響をおよぼしたのかという論点をみていきましょう。イギリスの持続的な経済成長との関連では，どのような議論ができるのでしょうか。

　これに関する興味深い議論として，ここではまず，トリニダード島出身の歴史家エリック・ウィリアムズの代表作『資本主義と奴隷制』（2020，原著1944）を簡単に紹介しましょう。この本のなかで彼は，大西洋奴隷貿易とカリブ海（西インド諸島）の奴隷制の利潤こそが，イギリス産業革命の経済的

基盤になったと主張しました。17世紀から19世紀初めにかけて，ジャマイカを中心とするカリブ海の英領植民地では，アフリカ大陸から連れてきた黒人奴隷をプランテーションで働かせて，おもにヨーロッパの消費者向けに砂糖などを生産していました。ウィリアムズは，奴隷貿易と砂糖生産から生み出される莫大な富は，バークレー銀行に代表される金融業，ロイズのような保険業，さらにイギリスの諸産業の発展を導いたと強調しました（ウィリアムズ 2020）。ちなみに，バークレー銀行やロイズは，現在のイギリスの金融・保険を象徴する存在として知られていますが，その初期の活動はイギリスの大西洋奴隷貿易と密接に結びついていたのです。

　このようなウィリアムズの主張は，のちに「ウィリアムズ・テーゼ」のひとつとして知られることになります。それは，イギリスの産業革命の歴史的起源とカリブ海の英領植民地での奴隷制を結びつけた点で，それまでイギリスの学界の主流であった自己礼賛的な産業革命論（イギリス内部の条件に産業革命の原因を求める解釈）とは大きく異なっていました。当時としては，かなり挑戦的な主張だったのです。とはいえ，『資本主義と奴隷制』を刊行したばかりの段階では，彼の主張に対する反響は大きくありませんでした。

　しかし，1960年代に入ると状況が一変します。この時期，アメリカ合衆国の公民権運動やアフリカ諸国の憲政的独立を背景として，植民地化以前のアフリカ史に対する研究関心が高まりました。また，コンピュータの発達を背景として，計量経済史（クリオメトリクス）と呼ばれる分野が台頭しました。そのような変化のなかで，奴隷貿易や奴隷制の利潤を推計する研究が次々と出てきて，ウィリアムズの主張の妥当性をめぐる論争が起こりました。この論争は，研究者のあいだで「奴隷貿易利潤論争」（あるいは単純に「利潤論争」）として知られ，国際会議の論題にもなりました。

　この論争では，奴隷貿易の利潤がイギリスの経済成長や産業革命とどれほど結びついていたのかが問われました。ウィリアムズの主張に対して肯定的な見解と懐疑的な（あるいは否定的な）見解が対立したのです。20世紀末では，当時のイギリスのなかで奴隷貿易の利潤自体は大きかったことが認められた一方で，ウィリアムズが考えていたほどイギリス経済に対する影響は大

きくなかったという懐疑的な見解が優勢に立つようになりました。この論争で，計量分析（計量経済史）を用いた研究者の多くが懐疑的立場をとったことは興味深いところです（小林 2020）。

　今世紀に入ってからは，ウィリアムズの主張を積極的に評価する重要な研究も登場しています。この論争について調べると，新しい研究手法や理論の登場，新しい史料の発掘，また既存の史料を新たな視点から再解釈することで，歴史研究が進展している様子を読み取ることができます。この論争の決着は現時点ではまだついていませんが，今後も多くの議論が積み重ねられてゆくことになるでしょう。この論争が示すように，植民地化と宗主国の経済成長の関係は，歴史研究において重要な論点のひとつなのです。

　その一方，植民地化を経験したために植民地側が貧しくなったと断言することもできません。アメリカ合衆国のように，過去に植民地支配を経験した国が現在では富裕国のひとつになっている場合もあります。その事実を踏まえると，先に述べたように，植民地時代にどのような制度が導入されたのかといった点に目を向けたほうが，意味のある議論ができるかもしれません。植民地化を通じて，なにが起こったのか，その変化や出来事によってだれが恩恵を受けたのか（あるいは，恩恵を受けなかったのか）といった点を検討することが必要なのです。

4　未来に向かって

　この章を終えるにあたって，みなさんには，なぜ人類にとって経済成長は重要なのか，経済成長はどのような問題を解決することができるのか，あるいは，どのような問題を引き起こす可能性があるのかといった点について，あらためて学びを深めてほしいと願っています。過去数世紀において国家間や国内の格差が拡大・縮小した要因はなにかといった点について，関連データを集めて考えてみるのもよいでしょう。

　前の節で取り上げた地理・環境，制度，そして植民地化は，経済成長の要

因となっただけでなく，国家間や国家内での格差の拡大や縮小をもたらす要
因でもありました。それぞれの視点に立つことでみえてくるものがある一方
で，みることができない限界もあることを確認しました。今回は紙幅の都合
から上記の三つの視点を取り上げましたが，経済成長や格差の歴史を理解す
るには，人口（出生率・死亡率），ジェンダー，文化，人的資本の形成や技術
の進歩なども検討しなければいけません。優れた類書もあるので（Koyama
& Rubin 2022；ガロー 2022），みなさん自身で取り組んでもらえれば幸いで
す。それぞれの視点では，経済成長や格差の歴史をどの程度説明することが
できるのか，心に留めておくと理解を深めやすいでしょう。経済成長と格差
の問題は，多面的に考察していく必要があるからです。現在では持続可能性
がますます注目されているからこそ，この問題を掘り下げていくことは，わ
たしたちが生きていく社会の未来を展望するうえでもきっと役に立つはずで
す。

参考文献

ウィリアムズ，E　2020『資本主義と奴隷制』中山毅訳，筑摩書房。

岡崎哲二　2016『コア・テキスト経済史　増補版』新世社。

オースティン，G & 北川勝彦　2012「アフリカ経済史研究の回顧と新展開」川端正
　　久・落合雄彦編『アフリカと世界』晃洋書房，92-119 頁。

ガロー，O　2022『格差の起源——なぜ人類は繁栄し，不平等が生まれたのか』柴
　　田裕之監訳，森内薫訳，NHK 出版。

クズネッツ，S　1968『近代経済成長の分析』上下巻，塩野谷祐一訳，東洋経済新
　　報社。

小林和夫　2020「大西洋奴隷貿易」金澤周作監修『論点・西洋史学』ミネルヴァ書
　　房，192-193 頁。

斎藤修　2012「体位と経済発展」『経済セミナー』667：53-58。

斎藤修　2008『比較経済発展論——歴史的アプローチ』岩波書店。

ダイアモンド，J　2012『銃・病原菌・鉄——1 万 3000 年にわたる人類史の謎』倉
　　骨彰訳，草思社。

ノース，D　1994『制度・制度変化・経済成果』竹下公視訳，晃洋書房。

ノース，D & R・P・トマス　2014『西欧世界の勃興——新しい経済史の試み　新
　　装版』速水融・穐本洋哉訳，ミネルヴァ書房。

平野克己 2013『経済大陸アフリカ——資源，食糧問題から開発政策まで』中央公論新社。

ブローデル，F 1991～1995『地中海』全5巻，浜名優美訳，藤原書店。

ポメランツ，K 2015『大分岐——中国，ヨーロッパ，そして近代世界経済形成』川北稔監訳，名古屋大学出版会。

マディソン，A 2015『世界経済史概観——紀元1年～2030年』（公財）政治経済研究所監訳，岩波書店。

ミラノヴィッチ，B 2017『大不平等——エレファントカーブが予測する未来』立木勝訳，みすず書房。

ロイ，T 2019『インド経済史——古代から現代まで』水島司訳，名古屋大学出版会。

Acemoglu, D., S. Johnson & J. Robinson 2001. The colonial origins of comparative development: An empirical investigation. *American Economic Review* 91 (5): 1369-1401.

Crutzen, P. J. 2002. Geology of mankind. *Nature* 415: 23.

Gardner, L. & T. Roy 2020. *The Economic History of Colonialism*. Bristol: Bristol University Press.

Koyama, M. & J. Rubin 2022. *How the World Became Rich: The Historical Origins of Economic Growth*. Cambridge: Polity.

●推薦図書—— 一歩先に踏み出すために

川北稔『工業化の歴史的前提——帝国とジェントルマン』
　　イギリスで最初の近代経済成長（工業化）がはじまった要因を，供給・生産
　　やイギリス内部の条件ではなく，需要・消費，帝国（植民地）や商業（貿易）
　　といったイギリス外部の条件から解き起こそうとした古典的名著です。[岩波
　　書店，1983]

斎藤修『比較経済発展論——歴史的アプローチ』
　　近世から近代にかけて，ヨーロッパとアジアの生活水準はどのように変化し
　　てきたのでしょうか。比較の方法，膨大なデータへの意味づけ，さまざまな
　　経済発展の類型化なども学べる比較経済史研究の必読書です。[岩波書店，
　　2008]

杉原薫『世界史のなかの東アジアの奇跡』
　　20世紀後半にアジア経済は，「奇跡」と呼ばれるほど飛躍的な成長を遂げま
　　した。その歴史的背景と意義を，アジア間貿易や労働集約型発展といった観
　　点から論じ，その持続可能性を展望したグローバル経済史の大著です。[名古
　　屋大学出版会，2020]

第 13 章

帝国主義

国際社会の歴史的淵源を考える

前川一郎

　2022 年 2 月，ロシアがウクライナを侵攻しました。国際社会の平和と安定を支える立場にあるはずの大国が犯した暴挙をまえにして，これを弁護する余地はいっさいありません。

　しかし，私がそれと同じくらいに衝撃を受けたのは，じつは欧米諸国がみせた態度でした。NATO 諸国は早々に連帯を表明しながら，直接介入を拒絶しました。核戦争や全面戦争を避けるとか，抑止がどうだとか，中東への介入と比べてダブスタだとか，「自由世界」が激論を交わしているあいだに，ウクライナの国民は過酷な運命に翻弄されることになります。その無常を目の当たりにして，世界史のある時代を想起せずにはいられなかったのです。

　すなわち，帝国主義の時代です。

　それは，一部の強大国が，小国の運命などお構いなしに，世界のルールを決した時代でした。ウクライナの苦境をはた目にみながら，結局はロシアとの関係を前提に国際社会の現状を維持しようとする欧米諸国の姿勢は，大国中心の国際秩序を一大事として小国の現状変更を黙認する，帝国主義さながらの弱肉強食の世界をみせつけられた気がしてならなかったのです。

　これが錯覚でないのだとすれば，100 年以上も昔にまかり通っていた国際社会の行動パターンが，いまなお平然と繰り返されていることになります。このことをもう少し丁寧に考えるために，近年の研究成果に照らして帝国主義の歴史を見直してみることが，本章のねらいです。

1　歴史上の「帝国主義の時代」

(1)　「帝国主義の時代」の到来

　帝国主義と唐突にいわれても，すぐにはピンとこないかもしれません。まずは歴史上の帝国主義を簡単におさらいするところからはじめましょう。

　そこで手に取っていただきたいのが，高校の世界史教科書です。手元になければ，書店に並んだ受験参考書でもかまいません。今日のヨーロッパでもアジアでも，世界史はじつに多様な人間社会の栄枯盛衰に彩られてきたことがわかります。さらに，どの教科書にもついている（なるべくカラー刷りの）年表や歴史地図を開けば，たとえばページの右側や下側あたり，ちょうど19世紀頃を境にして，一部の強大国が世界を支配し，彩り豊かな歴史絵巻を一変させる様子を見出すことができます。

　これが，歴史上の「帝国主義の時代」です。それまでも一部の強大な勢力がほかを圧倒したことは何度もありましたが，世界全体を席巻するようなことはありませんでした。19世紀後半から第一次世界大戦にいたる世紀転換期に，欧米諸国や日本など「列強（Great Powers）」と呼ばれた帝国主義諸国が，世界の覇権を争いました。そしてわたしたちにとってより重要なことには，そこで生まれた国家間のルールや秩序をベースにして，今日の国際社会を構成する仕組みの多くがつくられていったのです。

　実際，モノ・カネ・ヒトが世界中を大規模に往来する，わたしたちがグローバリゼーションと呼んでいる世界的事象が飛躍的に進展し，その裏側で経済力や政治的影響力に格差が生じて，世界が分断状況を呈するようになったのは，帝国主義の時代です。「列強」を構成する西欧諸国の言語のいくつかは，世界公用語のような扱いを受けるようにもなりました（「言語帝国主義」といわれます）。なによりわたしたちが自明のこととして受け入れている国民国家の存在と，その国民国家によって構成される国際社会の原型は，帝国主義の時代にかたちづくられていきました（木谷 1997）。

(2)　レーニンの帝国主義論

　もっとも，西欧諸国で帝国主義という言葉が使われはじめた 19 世紀中頃は，たとえばナポレオン 3 世（ナポレオンの甥にあたるフランス第二帝政の皇帝）の対外遠征や，ヨーロッパ諸国の海外進出の動きなどを指して，帝国主義はどちらかといえば肯定的な意味合いで理解されていました。当時のヨーロッパでは，植民地は成長著しい自国産業に資源を提供し，あるいは国内で増加した囚人の流刑地として活用できるとも考えられていました。

　そうした肯定的な意味合いを 180 度逆転させ，帝国主義を，富裕層と結託した強大国の強欲な世界支配の動きととらえ，これを批判する言葉として使いはじめたのが，世界でおそらく最も有名なマルクス主義思想家にして初期のソビエト連邦（現在のロシアの前身）を指導した，かのレーニンです。

　レーニンが生きた時代，南アフリカ戦争や米西戦争など植民地がらみの武力衝突が世界中で起こっていました（植民地戦争については高校の世界史教科書にもくわしく書かれています）。それがやがて未曽有の世界戦争になだれこんでいくなかで，レーニンは，なぜそんな争いが起こるのかと問い，それは世界が帝国主義の時代に突入したからだと考えたのです。

　『帝国主義論』（1917）には，そんなレーニンの考えが簡潔にまとめられています（レーニン 1999）。敷居が高そうな本ですが，高校社会科の知識があれば読みこなせます。資本主義が高度に進んだ西欧諸国では，世界の富の独占を望む資本家らが台頭し，政府と結託して市場と資源をめぐる植民地獲得競争を繰り広げ，世界を分割した，という話が書かれています。邦訳もいくつか出ていて，岩波文庫版の副題には「資本主義の最高の段階としての」と付されていますが，それはレーニンが，「独占」段階に突入した資本主義の世界膨張と，強大国が世界的影響力を競う情勢とを結びつけ，これを帝国主義と呼んだからです。レーニンにとって第一次世界大戦は，そのあげくに迎えた悲劇にほかなりませんでした。

(3)　「支配された側」への関心

　世界資本主義論や国際秩序論の性格を強く帯びたレーニンの議論は，帝国史研究（ここでは近代帝国や帝国／植民地主義の歴史研究を総じてそう呼びます）の発展に大きな影響を及ぼすことになりました。たとえば帝国主義の原因論は長らく論争の的でしたが，レーニンがいうように〈本国〉×〈経済（金融）〉に帝国主義の動因を見出す一連の研究は，イギリス帝国史研究では影響力のある学説となっています（ケイン＆ホプキンズ 1997）。

　他方，第二次世界大戦後には，帝国主義ならぬ植民地主義を批判的に検討する歴史研究もさかんにおこなわれるようになりました。アジアやアフリカの植民地が次々と独立を果たし，国連に加盟して存在感を増すなかで，国際社会に反植民地主義の機運が高まりはじめたことを背景にしています。

　独立によってアジアやアフリカの声が国際社会に直接に反映されるようになったことのインパクトは，わたしたちの想像をはるかに超えるものだったといわれています。かれらの告発は，欧米の為政者の耳には届きませんでした。たとえ届いても耳を塞いでしまいたくなるような，痛烈な批判に満ちていました。当時の雰囲気がどんなものであったかは，たとえばカリブ海の仏領出身の政治家にして詩人のエメ・セゼールが著した『帰郷ノート』などを読めば，わたしたちでも十分に感じ取ることができます（セゼール 2004）。

　もちろん，被支配者側がいつも事実を語っているわけではありません。資料はどんなものであれ，書き手の立場や歴史的文脈を勘案し，複数の異なる言い分を突き合せながら，その意味を読み解くことが求められます。

　それでも植民地支配の実態については，「支配する側」よりも「支配された側」の声のほうが雄弁に物語る，というのが私の経験的理解です。また，最近邦訳されたイギリス帝国史の概説書からも読み取ることができるように，「支配された側」が過酷な運命に翻弄されるだけの受け身の客体ではなかったこと，時代に抗い，ときには支配者側と双方向的な関係を構築しえた能動的な主体でもあったことを描き直すことによって，歴史上の帝国主義はさまざまな角度から分析できるようになりました（レヴァイン 2021）。

2　帝国主義という大きな歴史的文脈

(1)　植民地主義の暴力性

　とはいうものの，そこに注意すべき点がないわけではありません。

　まず，一方的な従属関係で説明がつかない支配―被支配の複雑な関係性に着目するのはよいとして，そのことで植民地主義が前提としていた暴力や権力勾配の実態をうやむやにするわけにはいかないという問題があります。

　事実，どんな帝国主義国にも，どの植民地にも，現地の厳しい生活環境の改善を試みたり，当局を批判したりする人びとは少なくありませんでした。かれらの言動を資料に見出すのは，それほど難しいことではありません。帝国主義の図式で「支配された側」にありながらも，下級役人や地域社会のまとめ役として植民地統治に結果的に加担し，そこで利を得る人びと，またそうせざるをえなかった「協力者」の存在も明らかにされています。

　しかし，そのように心優しい植民地官僚がいたからといって，あるいは植民地統治に協力した現地住民がいたからといって，植民地主義にともなう剥き出しの暴力をなかったことにはできないのです。そもそもあったことをなかったことにはできないし，個別の心温まるエピソードで，歴史の文脈全体に埋め込まれた暴力の事実や性質をごまかすことなどできないからです。

　植民地支配を現地で支えたとされる「協力者」についても，圧倒的な武力と権力勾配を背景にした，少数の支配者が多数の現地住民を統治する植民地社会の基本構造が前提にあったことを理解しておく必要があります。むしろ，そうした状況に否応なく巻き込まれて，人知れず葛藤を繰り返した現地住民の歴史的経験を丁寧に読み解くことで，わたしたちは植民地支配の生々しい実態をより深く知ることになるはずです（宮嶋ほか2004）。

　繰り返しになりますが，単純な支配関係に回収されない，多様な主体や人間関係に光をあてることは，植民地主義の歴史に血を通わせる重要な方法です。ただし，そうした歴史の襞に分け入るまえに，細部はみな時代の構造や文脈の太い幹に位置づけられているのだと強調しておきたいと思います。

　蛇足ながら，数でいえば非常に限られた個別事例を「発見」し，これをた
だちに歴史全体の解釈を決する「証拠」として扱うのは，植民地支配の暴力
性に目を背け，自分たちが信じたいストーリーだけを描きたがる昨今の歴史
否認主義者らが好む常套手段だということも，急いでつけ加えておきます。

(2)　「健全な」植民地主義という発想

　植民地主義の暴力性をきちんとおさえておく，全体の文脈をとらえて物を
みる必要は，ある厄介な問題をまえにするときに，さらに重要になってきま
す。すなわち，「支配する側」に綿々と引き継がれてきた，ある種の植民地
支配擁護論の問題です。

　ひとことでいえば，植民地争奪戦を招く帝国主義政策には反対するが，他
方で現地の生活を豊かにし，「文明」へと導く「健全な」植民地主義はあり
うるとする発想が，帝国主義の時代から今日まで欧米諸国のあいだに，政府
関係者のみならず良心的な市民層のなかにも根強く残っている問題です。

　たしかに，自由や民主主義，人権など，今日一般的に受け入れられている
普遍的な価値観や制度の多くは，近代西洋に出自を求めることができるとい
われています。生活を豊かにする産業の興隆や科学の発達，そして多様性を
重んじる社会共生価値などもみな，欧米から世界に伝播していったと考えら
れています。19世紀から20世紀を通じて欧米諸国が謳歌した経済的繁栄や
民主主義の発展は，そうした理解を裏づけるかのようでした。

　ただ，近年の研究は，こうした発想に潜む西洋中心主義を洗い出し，資料
に基づき検証し直しています。たとえば近代科学の発展は欧米の専売特許だ
といった話は，今ではもう学術的にはほとんど通用しません（ラジ 2016）。

　また，社会の多様性というものは，古来より世界で一般的にみられる光景
でした。むしろ，帝国主義の時代に欧米由来の国民国家の理念や制度がグ
ローバルスタンダードと化すなかで，どこでも同質化なり均質化なりの方向
へ向かっていったというのが実態です。社会の同質化は，同時にどうしても
カテゴリー化できない集団を生み出す排除の論理も焚きつけて，世界中で人
種・差別意識が強まっていきました。これもまた帝国主義の時代の特徴で

す。日本の帝国史研究では，人種主義や民族差別をともなう大国による世界支配を当然だと考える心性を，「帝国意識」と呼んでいます（木畑 1987）。

　にもかかわらず，「支配する側」にあった帝国主義国では，体制に批判的な人びとでさえ空気のようにそうした時代の趨勢を受け入れていました。当時，帝国主義は「文化」であったともいわれています（サイード 1998, 2001）。

　事実，「健全な」植民地主義を擁護したのは，稀代の反帝国主義者と目されたイギリスの経済学者ジョン・A・ホブスンでした。彼が 1902 年に著した『帝国主義論』は，レーニンに影響を与えた先駆的な経済帝国主義論ですが，この本で注目すべきは，舌鋒鋭き反帝国主義者が一転して「健全」な植民地主義の擁護に回り，現地住民の幸福と相互利益を願う自由（帝国）主義者の顔を覗かせるところにある，と近年の研究は示唆しています（竹内 2011）。

　欧米に追い付け追い越せと近代化に突き進んだ日本でも，収奪に明け暮れた欧米の植民地政策とは異なり，日本の支配は現地住民を真に「文明」の高みに引き上げる意義深い事業だと考える政治家や知識人は少なくありませんでした（役重 2018）。これもまた〈反帝国主義だけど，植民地主義は肯定する〉発想と同根です。いずれも〈他の国は邪悪だけど，自分たちの支配は健全だ〉という都合のよい発想なわけで，欧米と日本とを問わず，「支配する側」の自己弁護を表現する感情にすぎないというべきなのかもしれません。

　そうした張りぼての理念や感情を，いったいどうしたら純粋無垢に信じることができるのか，それ自体が歴史研究としては興味深いテーマです。

　ただ，たとえ感情の域を超えなかったにせよ，自由や民主主義や人権発祥の地とされているからこそ有する理念的な力（ideational power）があるという点については，よく考えておく必要があるでしょう。そのことが，経済や軍事といった物質的な実力（substantial power）が衰えてもなお，欧米諸国をして国際政治や国際法の世界でなにが正しくて，なにが間違っているのかを決定する立場に居座ることを許してきたとも考えられるからです（Onuma 2010）。

(3)　〈競争的共存〉を旨とする国際体制

　私がここでいわんとしているのは，要するに「木を見て森を見ず」の姿勢
はまずいということです。「支配された側」に光をあてればなおさらに，「支
配する側」の問題と世界史の大きな文脈をおさえておく，必要ならばレーニ
ン流の骨太な世界秩序論を刷新しながらでも考えを深めておく，そうしてお
かないと，とたんにおかしな方向に話が流れかねないという懸念です。

　その意味で，戦前に帝国主義に走り，戦争を招いたことへの反省から，日
本の歴史学界でレーニンの問題意識が継承されてきたことは，もっと評価さ
れてもよいのではないかと思っています（木畑 2012：6-10）。「戦後歴史学」
と呼ばれる知的伝統のなかでたびたび指摘され，欧米の学界でも最近ようや
く指摘されるようになったのが，帝国主義の時代に醸成された〈競争的共
存〉の行動原理と大国中心の国際社会観をめぐる問題でした（木畑 2002）。

　〈競争的共存〉という表現はさまざまな学問分野で異なる使われ方をして
いるようですが，ここでいう「競争」とは，産業革命を経て近代化と軍国化
に走った一部の帝国主義国どうしが，世界の覇権をめぐって激しく衝突した
様子を意味しています。レーニンが指弾したように，19 世紀後半から 20 世
紀にかけて帝国主義諸国がアジアやアフリカで繰り広げた熾烈な植民地争奪
戦は，この「競争」原理が具現化した最たる事象であったといえます。

　対して「共存」とは，そのような世界秩序を維持するためには，小国の運
命など歯牙にもかけずに，ときには武力で弾圧してまでも自分たちの立場を
守ろうとした，帝国主義国どうしの連帯関係を意味しています。かれらは，
激しく植民地争奪戦を繰り広げながらも，ある時点で必ず手打ちをして，最
終的には互いの勢力範囲を認め合うのが常でした。有名な「義和団の乱」に
際して公使館を救出するとの名目で，いわゆる「八カ国連合軍」——各国兵
士が一列に並んだ写真は有名です——が派遣されたことなどは，レーニンが
いうような「帝国主義連合」の実態をはからずも示した一コマでした。

　もっとも，レーニンにとって国境を越えた資本家の結託が重大問題であっ
たように，〈競争的共存〉の問題の所在は，競争よりも共存のほうにあった

と私は考えます。なにせ強大国が自分たちでルールをつくっていたわけで，これを疑問視する声が国際社会の主流になることはありませんでした。近年では，ロンドン大学の帝国史研究者リチャード・ドレイトンも，強大国が結託して帝国主義を進めた様子を「隠された共同統治（Masked Condomia）」と呼び，「共同帝国主義（co-imperialism）」の問題に注意をうながしています。

3　今も生きている帝国主義

(1)　帝国主義を温存した国連

　繰り返していえば，本章の冒頭で触れた 2022 年 2 月のロシアによるウクライナ侵攻と，それに対する欧米諸国の姿勢，その狭間で翻弄されるウクライナの姿は，この〈競争的共存〉を旨とする帝国主義の世界にまるでタイムスリップしてしまったかのような錯覚を私に与えたのでした。

　もちろん，今も昔もまったく変わらないなどといっているのではありません。また，アメリカ合衆国をはじめ NATO 諸国やロシアの意図がどこにあるのか，武器供与や経済制裁を軸とする介入の是非についても，歴史学の立場から判断するには時期尚早であるといわねばなりません（本稿は 2022 年 6 月に脱稿しており，その段階での記述ですが，判断するに時期尚早であるという点では，本書出版時の段階においても大差ないだろうと思います）。

　とはいうものの，たとえば国際連合（国連）が手も足も出ずに迷走する姿をみて，失望の念に駆られた人は少なくなかったはずです。他方で，そもそも国連にそんなことを期待すること自体が「ないものねだり」だと，ため息交じりにつぶやく人もいたことでしょう。じつは，私もそう感じながら，夜中にインターネットで国連での議論をフォローしていたひとりでした。

　このとき私が思い起こしていたのは，マーク・マゾワーという歴史家の議論でした。今次の戦争に言及したわけではありませんが，マゾワーは，歴史的にみれば国連は強大国が共存共栄する国際体制＝「帝国主義的インターナショナリズム」を温存するために創設されたのであって，第二次世界大戦後

にアメリカ合衆国を中心に新しい国際秩序が打ち立てられたという，一般的にいわれるストーリーは幻想だと論じています（マゾワー 2015）。

　国連が戦後国際秩序を代表する国際機関であることに変わりはありませんが，それが帝国主義体制を温存するための機構であったのだとすれば，国連が大国の横暴をまえに無力をさらけだしたとしても，あるいは戦後一貫して大国に対しては甘く，中小国には容赦ない態度に出つづけたとしても，もはや驚くに値しません。国連は，まさに〈競争的共存〉を旨とする体制維持の組織使命を忠実に果たしただけだということになるでしょう。

　国連史やマゾワーの学説にこれ以上踏み込む余裕はありませんが，ロシアのウクライナ侵攻についてはもとより，今日まで繰り返されてきた国連無用論——拒否権による安全保障理事会の機能不全——の背景を歴史的に俯瞰するならば，現代の国際秩序は，わたしたちが思っている以上に帝国主義的な行動原理を踏襲していると考えるほうが自然だということではないでしょうか。

(2)　植民地の独立は帝国主義を終わらせたのか

　実際，帝国主義国際秩序が今でも通用していると考えざるをえない理由は，ほかにもいくつか指摘することができます。帝国史研究の立場からみれば，おそらく最大の問題は植民地の独立，すなわち脱植民地化過程そのものにあったと考えられます。

　この点に関して，多くの研究者が「非公式帝国」の問題に着目しているのは示唆的です。「非公式帝国」とは，かつてレーニンが「半植民地」と呼んだ，「政治的には形式上自律的であるが，実際には金融上，外交上の従属の網でぐるぐる巻きにされている従属諸国の種々さまざまな形態」（レーニン 1999：139）のことを指すと理解してさしつかえありません。研究者のあいだでは，19世紀半ばの自由貿易と「小英国」の時代が，統治コストを抑えるために〈できるだけ「非公式」に，やむをえない場合は「公式」に〉帝国を拡張した「自由貿易帝国主義」の時代だったと理解するうえで用いられてきた概念でした。

　この「自由貿易帝国主義」論を第二次世界大戦後の帝国解体過程の理解に
援用し，植民地の独立すなわち「公式帝国」の解体は，たんに「公式」から
「非公式」への支配形態の変化にすぎないのであって，かくして強大国は帝
国崩壊後もグローバルな影響力を保持しつづけたと説くのが，とくにイギリ
ス帝国史研究で重視されてきた「脱植民地化の帝国主義」論です。

　もっとも，これは学説である以前に，当時の世相を反映した議論でもあり
ました。植民地の独立は新たな支配のはじまりだという感覚は，独立直後の
途上国で広く共有されていた実感でした。独立しても外部から有形無形の従
属関係を強いられているという不満は，「新植民地主義」という造語ととも
に各地で表明されていました。途上国の側が，国内の不満のはけ口としてこ
うした批判を政治的に利用することもありましたが，植民地支配が不平等な
政治経済関係を歴史的に構造化してきたという批判は，学術的にも「従属理
論」や「世界システム」論を通じてさかんに議論されるようになります。

　こうした考えは考証に耐えないと，近年では否定的にとらえる向きが強い
のですが，これは主に日本を含めて欧米の学界での話です。アジアやアフリ
カや中南米の研究者の言動をみると，かの地域では「新植民地主義」批判や
「従属理論」に基づく世界観はさまざまなかたちで根強い支持を得ていて，
少なくとも議論する価値はあると理解されてきたことがわかります。

　いずれにせよ，独立が帝国主義的な諸関係を清算したとは必ずしもいいき
れないのは明らかです。19 世紀の「自由貿易帝国主義」と 20 世紀の「脱植
民地化の帝国主義」を地続きの世界史的事象ととらえ，本来的に「非公式帝
国」を志向する英米のグローバル・パワーの果たした役割とその歴史的意義
を再考する国際秩序論も登場しており（半澤 2010），「非公式帝国」概念を軸
に脱植民地化史を見直す議論はますます活況を呈しています。

(3)　国民国家として独立したことのジレンマ

　帝国主義の時代の今日的影響についてもうひとつ指摘しておかなければな
らないのは，国民国家に関する植民地後継国家の問題です。

　周知のように，アジアやアフリカ諸国のほとんどは，植民地時代の境界線

に沿って独立しました。植民地の境界は，現地社会が営んできた歴史や文化
にかかわりのない理由や経緯に即して，ありていにいえば支配国の都合に
よって人為的に引かれたものです。人びとはそこで，ときに暴力を背景に
〈部族〉や〈市民〉に分類されました。植民地の独立は，そうした人びとを
あらためて〈国民〉として同質化し直すことを意味していましたが，にわか
づくりの国民意識はあまりにも脆く，植民地後継国家の多くが内紛や政治的
不安定を抱える歴史的背景をなしたといわれることもあります。

　そもそも帝国主義とは，多様性に満ちたそれまでの社会や世界のありかた
を認めず，ヨーロッパ流の考えや制度に沿って，世界各地を集団化して同質
化する歴史過程にほかなりません。現地社会の意向とは本来的にかかわりの
ない動きである以上，それで社会がまとまるということにはならず，むしろ
分断が拡がっていきました。このことは国内外に多くの不安定要素を加える
ことになりますが，他方で植民地がまがりなりにも国民国家として独立した
ことは，ヨーロッパ流の国際関係が世界中を覆って，ほとんど完成の域に達
したことを意味していました。

　このとき，独立が国連への加盟をともなっていたことは，事態を複雑にし
ました。独立国が国連への加盟を欲したのは，独立の正統性を対外的にも国
内的にも担保してくれたのが国連だったからにほかなりません。国連の使命
が帝国主義的な国際秩序の温存にあったかどうかは別の議論であるとして
も，植民地の多くが独立後，かつては変革を望んできたはずの国際秩序の擁
護者に変節した背景には，こうした事情がありました（マゾワー 2015：214）。

　「支配する側」にとって，もちろんこれは好都合でした。先に触れたよう
に，少数者による多数支配が成立する要件のひとつは，現地の「協力者」の
存在です。現状の国際秩序に寄り添うかたちでの独立は，いわばその「協力
者」の役割を新興独立国全体で肩代わりしてしまうようなものでした。こう
して支配国からみると，「公式帝国」の解体は必ずしも痛手とはならず，む
しろ「脱植民地化の帝国主義」につながる好ましい展開でもありました。

　もっとも，「支配された側」にとっては，事はそんなに単純ではありませ
ん。かれらは国際社会に認めてもらうために，〈国民化〉を急ピッチで進め

ました。「文明化」の成果を国際社会にアピールしました。植民地の側は，独立するために，「支配する側」の目線に合わせて自分たちを適応させなければならなかったのです。括弧つきの文明化や近代化をともなう国民国家としての植民地後継国家の独立は，はからずも植民地主義の再生産を招いたともいわれています（西川 2006）。

こうしたなかで植民地後継国家が抱え込んだ独特な国際社会観は，2022年 2 月 21 日，ウクライナ情勢に関する国連緊急会合でケニア国連大使が述べたスピーチにもはっきりと刻印されていたのではなかったかと私は考えています（邦訳も原文もインターネットにあがっていますので，ご覧になってください）。「西側」や「自由世界」で称賛の声に包まれたこの演説については，植民地支配の過去をもつアフリカの怒りだとか，ロシアを批判しておきながら他所で武力行使を繰り返す欧米のダブスタに対する批判だとか，さまざまに寸評が加えられていますが，私はここに，複雑な思いを飲み込みながらも国際社会——たとえ帝国主義の衣鉢を継ぐ枠組みだとしても——で生き残ることを決断した植民地後継国家の矜持とともに，決して一筋縄ではいかない「支配された側」の国際社会観を垣間見る思いがしました。

少なくとも，独立が進むほどに帝国主義国際秩序が強化されていく，マゾワーの言葉を借りれば「帝国主義的インターナショナリズム」が世界の隅々にまで徹底されていくことのジレンマは，「支配する側」よりも「支配された側」に当然のこと重くのしかかってきたわけで，このことをケニア国連大使のスピーチは示していたように思えます。

4　帝国主義に向き合うとは

(1)　弱肉強食の不条理な現実

要するに，どこをどう考えても，大国の都合で中小国の運命が翻弄される国際秩序は，帝国主義の時代からほとんどなにも変わっていないのです。

本章で言及してきたように，工業化と近代化を急ピッチで進めた強大国

は，飽くなき利益と名誉の追求に明け暮れて，多様な世界が併存した人類史を瞬く間に書き換えていきました。〈競争的共存〉を旨とする大国中心の国際秩序は，世界大戦で自滅を余儀なくされながらも，国連を舞台にして再建され，「脱植民地化の帝国主義」を通じて強化されました。帝国主義の時代に台頭した強大国は，「支配された側」が翻弄されるのをはた目にみながら，近年その経済的・軍事的実力の衰えが露呈されるようになっても，依然として世界のルールを決する「支配する側」に居座りつづけています。

　国際社会は弱肉強食の世界だといわれますが，歴史的にみてもそれはまったく正しい。わたしたちは，そういう不条理な現実のなかで生きています。

　国際法学や国際政治学であれば，それでも道義や規範の力で大国の身勝手を制御できるのかと，あるいは中東やアフリカでの度重なる紛争で取り沙汰されてきたように，「人道的介入」はどこまで内政不干渉の原則に優先するのかと，この不条理な現実に直接切り込んでいくことでしょう。

　ですが，歴史学ではそうはいきません。誤解を恐れずにいえば，歴史学は現在進行中の問題解決や政策提言の学ではないからです。

　とはいえ，歴史学は現実と無関係なわけではありません。第1章で述べたので繰り返しませんが，物事を多角的にとらえ，証拠に基づき，「事実」を突き詰め，他者との共通理解を探求する歴史学の実践はそのまま，現実社会をよりよくするために学び，生きているわたしたちの感性や分析力，知性を驚くほど豊かにしてくれます。歴史学そのものが現実に働きかけるのではなく，歴史を学んだわたしたちが現実にコミットしているのです。

　本章は，ロシアによるウクライナ侵略に衝撃を受けて，欧米諸国の姿勢に強烈な既視感を覚えた私が，帝国史研究の成果に学び，〈競争的共存〉を旨とする帝国主義国際秩序が今日まで継承されてきたことの重大さをあらためて考えてみる試みでした。ただ，そこから導かれる現実がどれだけ不愉快なものであっても，「ならばどうするか」まで示すことはできません。多少言い訳がましくなりますが，それは，〈帝国主義は今も生きている〉と考えた私が，そして賛否はあれども問題意識は共有してくださっている読者のみなさんが，自分事としてこれから向き合っていくほかないのです。

(2)　脱植民地化の第三の波と「植民地責任」

　そこで最後に，歴史学を通じて検討を深めることでわたしたちの現実感覚を研ぎ澄ませてくれるテーマとして，「植民地責任」といわれる近年の研究動向に少しだけ言及して本章を閉じたいと思います。

　〈帝国主義は今も生きている〉とは，別の見方をすれば，つまりは国際社会が戦争や植民地主義の加害事実の〈不正義〉をほとんど追及してこなかったということでもあります。敗戦国は戦争責任で裁かれたといわれるかもしれませんが，植民地主義の加害に関してはそうでもありません。第二次世界大戦の戦勝国などは，戦争責任さえもろくに問われていません（前川 2020）。

　ところが，冷戦が終結した 1990 年代あたりから，国際社会のパワーバランスの変動を背景に，それまで棚上げされてきた戦争や植民地支配の被害や苦しみの記憶や出来事に光をあて，謝罪や賠償や補償を求める動きが起こるようになりました。「謝罪の時代」や「記憶の政治」といわれています。帝国主義の衣鉢を継ぐ国際社会は，この変化には後ろ向きでした。

　そうした事態を歴史的に理解するために提起されたのが，「植民地責任」論です（永原 2009）。植民地支配の加害責任をとりあげてきたために，歴史というより政治的な現状批判ではないかといわれることもありますが，「植民地責任」論が脱植民地化史研究の一環として定立されたことは重要です。

　そもそも植民地の独立は，帝国主義国際秩序の変更を迫る最大の要素であって，20 世紀に世界は二つの大きな波を経験しています。まず第一次世界大戦後，カナダなどイギリス自治領が本国とほぼ同等の立場を獲得し，他方で敗戦国の植民地が国際連盟のもとで曲がりなりにも独立に向けて管理されるようになったとき，そして第二の波は，20 世紀半ばにアジアやアフリカ，カリブ海域の植民地が独立したときです。とはいえ，こうした動きはそのつど〈共存〉本能にかられた旧支配国からのバックラッシュに遭い，最後は大国中心の国際秩序に回収されつづけたことは，歴史が教えるところです（前川 2020）。

　「植民地責任」論は，そうした 20 世紀の大きな歴史的文脈に 1990 年代以

降の「謝罪の時代」を位置づけ，これを脱植民地化の〈第三の波〉ととらえて，それぞれの事案を歴史具体的に分析する試みにほかなりません。

　なによりこれまでとはいささか異なる事態を，わたしたちは目の当たりにしています。第一に「謝罪の時代」は，それまで脱植民地化をめぐる国家間交渉から取りこぼされてきた人びとが中心になって声を上げるところからはじまりました。そのうえで各種報道が伝えるように，当初は後ろ向きだった旧支配国が近年，国家元首や政府の立場で，植民地支配に起因する苦痛や虐殺などへの関与を認め，謝罪とみなしうる行為に及ぶようにまでなったのです。法的責任まで踏み込むことは稀だとしても，現代につらなる帝国主義の長い歴史のなかで，このようなことはこれまで一度もありませんでした。

　つまり，〈帝国主義は今も生きている〉とはいえ，そこには小さな，しかし確かなゆらぎがみえはじめているのです。この変化は，現代史に関心のある者ならだれでも，どこか心が掻き乱されるような思いに駆られる動きのはずで，言葉を選ばずにいえばエキサイティングな変化です。この現象を歴史的に跡づけることは，なにか特定の政治的意思の表明というより，脱植民地化史研究の最前線に立つ特権とでもいうべき試みではないでしょうか。

　ですので，最後にもう一度いいます。歴史は，わたしたちの感性になにかを訴えるものです。ただ，そこから先をどうするかは，わたしたちひとりひとりの問題です。「植民地責任」論そのものが現実に働きかけるのではなく，その歴史を学んだわたしたちが現実にコミットしているのです。

参考文献
木谷勤　1997『帝国主義と世界の一体化』山川出版社。
木畑洋一　2012「総論　帝国と帝国主義」木畑洋一・南塚信吾・加納格『21世紀歴史学の創造4　帝国と帝国主義』有志社，2-54頁。
　―― 2002「1900年前後の帝国主義世界体制と日本」比較史・比較歴史教育研究会編『帝国主義の時代と現在――東アジアの対話』未來社，20-30頁。
　―― 1987『支配の代償――英帝国の崩壊と「帝国意識」』東京大学出版会。
ケイン，P・J & A・G・ホプキンズ　1997『ジェントルマン資本主義の帝国』全2巻，竹内幸雄・秋田茂訳，名古屋大学出版会。

サイード，E・W　1998, 2001『文化と帝国主義』全2巻，大橋洋一訳，みすず書房。

セゼール，A　2004『帰郷ノート／植民地主義論』砂野幸稔訳，平凡社。

竹内幸雄　2011『自由主義とイギリス帝国』ミネルヴァ書房。

永原陽子編　2009『「植民地責任」論——脱植民地化の比較史』青木書店。

西川長夫　2006『〈新〉植民地主義論——グローバル化時代の植民地主義を問う』平凡社。

半澤朝彦　2010「液状化する帝国史研究」木畑洋一・後藤春美編『帝国の長い影』ミネルヴァ書房，3-24頁。

前川一郎編　2020『教養としての歴史問題』東洋経済新報社。

マゾワー，M　2015『国連と帝国——世界秩序をめぐる攻防の20世紀』池田年穂訳，慶応義塾大学出版会。

宮嶋博史・尹海東・林志弦・李成市　2004『植民地近代の視座——朝鮮と日本』岩波書店。

役重善洋　2018『近代日本の植民地主義とジェンタイル・シオニズム——内村鑑三・矢内原忠雄・中野重治におけるナショナリズムと世界認識』インパクト出版会。

ラジ，K　2016『近代科学のリロケーション——南アジアとヨーロッパにおける知の循環と構築』水谷智・水井万里子・大澤広晃訳，名古屋大学出版会。

レヴァイン，P　2021『イギリス帝国史——移民・ジェンダー・植民地へのまなざしから』並河葉子・水谷智・森本真美訳，昭和堂。

レーニン，V　1999『帝国主義論』聴濤弘訳，新日本出版社。

Onuma, Y. 2010. *A Transcivilizational Perspective on International Law: Questioning Prevalent Cognitive Frameworks in the Emerging Multi-polar and Multi-civilizational World of the Twenty-first Century.* Leiden/Boston: Martinun Nijhoff Publishers.

●推薦図書—— 一歩先に踏み出すために

J・ダーウィン『ティムール以後——世界帝国の興亡 1400〜2000 年』上下巻
　帝国史研究の大家による近代帝国興亡史。本書を読みこなせば，帝国のグローバル・ヒストリーについて自分の言葉で語れるようになるでしょう。［秋田茂・川村朋貴・中村武司・宗村敦子・山口育人訳，国書刊行会，2020］

大沼保昭『国際法』
　弱肉強食の国際社会に挑んだ国際法学の泰斗が，戦争と平和の 20 世紀を論じた新書。近現代史の優れた教科書としても読むことができます。［ちくま新書，2018］

山本有造編『帝国の研究——原理・類型・関係』
　日本でこの 20 年間に蓄積された帝国史研究の論点は，今から振り返れば，多かれ少なかれ本書で示された論点を継承ないし批判するかたちで発展してきたといえます。本格的に研究に進むのであれば必読の専門書。［名古屋大学出版会，2003］

第 14 章

戦　　争

カテゴリーの暴力を超えて

五十嵐元道

　戦争は，人類の歴史と切っても切れない関係にあります。これまで，いくら多くの人間が平和を望んでも，戦争がこの世界からなくなることはありませんでした。2011 年にはシリアで内戦が勃発し，2022 年にはロシアがウクライナに侵攻しました。今も世界のどこかで戦争がつづいています。

　もちろん，戦争のない世界がそのまま平和を意味するわけではありません。たとえ戦争がなくても，たくさんの社会的マイノリティが一方的に虐殺されるなら，それを平和と呼ぶことはできないでしょう。たとえば，中国の新 疆ウイグル自治区の人権状況や，ミャンマーのロヒンギャの人びとへの弾圧は，戦争でないとしても，やはり平和とはいえません。

　とはいえ，戦争は平和を実現するうえで最大の障害です。国連憲章第 2 条 4 項は，「すべての加盟国は，その国際関係において，武力による威嚇又は武力の行使を，いかなる国の領土保全又は政治的独立に対するものも，また，国際連合の目的と両立しない他のいかなる方法によるものも慎まなければならない」と定め，戦争を禁止しました。

　では，戦争とはなんでしょうか。戦争が引き起こす人間の苦しみとは，どういうものでしょうか。そして，それを克服するために国際社会はいかなる試みをおこなってきたのでしょうか。本章では，これらの問題について考えます。

1　戦争とはなにか

(1)　戦争の特徴と定義

　戦争とはなんでしょうか。当たり前ですが，ひとりぼっちで戦争すること
はできません。軍事戦略の古典である『戦争論』を著したプロイセンの軍
人，クラウゼヴィッツが指摘したように，戦争は社会的な営為です（クラウ
ゼヴィッツ 1968上：189）。戦争の主体は個人ではなく集団であり，その集団
は組織化されていなければなりません（組織化とは，だれかが指揮や命令をし
て，それに他の人びとが従う状態のこと）。その集団が近代国家の場合もあり
ますが，国家ではない武装勢力の場合も少なくありません。人類の歴史を俯
瞰すれば，近代国家の出現は比較的最近の話です。

　戦争で避けられないのが死者の発生です。兵士が死ぬことはもちろん，戦
闘に参加していない一般人が巻き込まれて死亡することも多いです。死者が
発生するのは，戦争が物理的な暴力を用いる活動だからです。銃撃，砲撃，
空爆，さまざまな暴力によって人を殺害します。なぜ，そんなことをするの
でしょうか。一般的にいえば，それは集団と集団のあいだで利害が衝突し，
言葉による交渉では解決できないと双方が判断したためです。かれらはそれ
ぞれの目的があり，その目的を実現するために，暴力によって相手を屈服さ
せようとするのです。

　以上をまとめると，戦争とは，複数のアクターがそれぞれの目的を実現す
るために，組織的かつ継続的に暴力を用いることで衝突し，死者を発生させ
る社会的な現象であると定義できます。

(2)　国家間の戦争と総力戦

　では，具体的な戦争の例として，まずは第二次世界大戦を考えてみましょ
う。第二次世界大戦は，おもに国家と国家の戦争でした。第二次世界大戦に
代表されるような国家間の戦争の場合，基本的に自国民（その国の国籍をも

つ人びと）が兵士の任を担います。国家はかれらに訓練を施し，戦闘に必要な武器や食料などを与えます。戦闘をおこなうのは基本的に軍人を職業とする人びとですが，人数が不足すれば，徴兵制などによって一般国民から兵士をかき集め，戦地に送り出すことになります。国民は仕方なく戦争に参加する場合が少なくありませんが，逆に積極的に参加する場合もあります。そうした動機のひとつがナショナリズム（つまり，自分が国民という集団の一部あるいは代表であるという感覚）で，実際，さまざまな戦争で「祖国を守る」ということが重要な目的として語られてきました。

　第二次世界大戦をはじめ，20世紀前半の戦争の最大の特徴が「総力戦」です（マクニール2014下：第9章）。総力戦とは，国内の政治・経済・社会の資源をすべて戦争のために動員する現象を指します。戦争はただただ消費する行為ですが，その費用はおもに国家が徴収した税金で賄われ，自国の防衛などの大義のもとで巨額の出費が正当化されます。第一次世界大戦ならびに第二次世界大戦では，参加した多くの国が，自国の資源を総動員して戦いました。徴兵制によって青年を強制的に戦地に送り出し，大量の武器を素早く生産するために，国家が企業を統制しました。国内だけでは資源を賄いきれない状況に対応すべく，同盟国のあいだで資源や物資を融通し合う国際制度までつくられました。

　資源の動員に不可欠なのが，戦争を正当化するためのイデオロギーです。イデオロギーとは，平たくいえば，社会に広く浸透する価値観や信念のことですが，戦争遂行のために国民に途方もない負担を要求する場合，政府はその戦争が道徳的にいかに正しいか，正義に適っているかを国民に伝え，信じさせなければなりません。これに失敗すると，国民のあいだで厭戦感が広がりかねません。

　戦争を正当化する代表的なイデオロギーのひとつが，第一次世界大戦時にアメリカの大統領だったウィルソンの「14ヵ条の平和原則」演説です。彼は1918年1月8日，アメリカ連邦議会で演説し，戦争の目的を明らかにしました。

「私が概要を述べたこの計画全体（14ヵ条の平和原則）が、明確な原則で貫かれています。それは、すべての人民と民族に対する正義であり、強い弱いにかかわらず、互いに自由と安全の平等な条件の下に生きる権利であります」（Wilson 1984：539。括弧は引用者注）。

　彼はアメリカをはじめとする協商国（ドイツを中心とする同盟国と戦った国々のことで、イギリス、フランス、ロシアなど）が、戦争を通じて抑圧された人びとの解放を目指していると述べ、アメリカの参戦を正当化しました。

　2022年にはじまったウクライナ戦争でも、侵攻を正当化する言葉がロシアのプーチン大統領から語られました。それによれば、ウクライナ政府に虐げられてきた人びとを保護すること、そのためにウクライナの非軍事化と非ナチ化を実現することが戦争の目的とされました。しかし、この正当化の言葉があまりにも現実とかけ離れているという批判は後を絶ちません。

(3)　内戦

　以上のような国家間の戦争は、実のところ、冷戦後の世界ではあまり多く発生していません。ウクライナ戦争を具体的な戦争として思い浮かべる読者も少なくないと思いますが、こうした国家間の戦争は統計的にはかなり稀です。冷戦後の世界で圧倒的に多いのは内戦です。その代表例が2011年に勃発したシリア紛争です。内戦もやはり戦争である以上、複数のアクターが組織的かつ継続的に暴力を行使するわけですが、そのアクターは必ずしも国家だけではありません。政府側の軍隊もいれば、反政府側の軍事勢力もいます。あるいは、どちらともいえない軍事勢力もいるかもしれません。いずれの勢力も国民や国家の全体を代表しているとはいえず、あくまでその一部を代表しているにすぎないのです。

　内戦は決して最近の現象ではありません。しかし、冷戦後に増加した内戦はそれまでにないグローバルな性質をもっていることから、国際政治学者のカルドーはこうした内戦を「新しい戦争」と呼びました（カルドー 2003）。「新しい戦争」論は論争を巻き起こし、はたして「新しい戦争」が本当に冷

戦後に特有の現象かどうかなどが議論されてきました。論争はさておき，冷戦後に主流となった内戦に，ある程度，共通の特徴があることは，多くの論者が認めています。

　内戦の場合，国家間の戦争と違って，大規模な徴税を資金源にすることがなかなか難しいです。内戦は国内を荒廃させ，平時に可能だった経済活動を困難にします。たとえば，イラクやシリアを拠点に拡大した過激派組織「イスラム国（IS）」の収入源のなかには，石油などの密売や，ジャーナリストや援助関係者の誘拐による身代金などが含まれました（バーク 2016：113-115）。あるいは，周辺国が特定の勢力に対して資金や軍備を援助したり，非公式に軍事介入したりすることも多いです。たとえば，シリア紛争では，ロシアやアメリカに加えて，イラン，トルコ，サウジアラビアなど，利害を異にした周辺国が，それぞれの思惑に従って干渉しました（アトワーン 2015：199-210）。

　こうした内戦では，第二次世界大戦の総力戦のように潤沢な資源の動員は見込めません。限られた資金で用意できる軍備の多くは，安価で殺傷能力の高い武器です。その代表例が，第二次世界大戦後にソ連で開発され，世界中に拡散したカラシニコフ銃などの軽火器です。また，兵士の運搬に使用されるのは，もっぱらトヨタのランドクルーザーなど，民間で使用されている自動車です（それもしばしば国連関係者から強奪されたもの）（Mac Ginty 2017）。資金はもちろん，人的資源も不足しており，教育制度や経済制度が崩壊した地域では，高度な訓練や技術を要する軍事作戦を展開することは困難です。そのため，こうした内戦は破壊力の限られた暴力が慢性的に継続するという意味で，しばしば「低強度紛争」と呼ばれます。

　内戦では社会が分裂したり教育制度が崩壊したりしている以上，国民としての教育を通じたナショナリズムの浸透も期待できません。その代わりに人びとを戦争に動員するのが，アイデンティティ・ポリティクスです。カルドーは「新しい戦争」論のなかで，とくにこの点を強調しました（カルドー 2003）。冷戦後の内戦では，特定の民族が別の民族を虐殺する事例が少なくありませんが，それはしばしば自民族中心主義的なイデオロギーに基づきます。

(4)　ハイブリッド戦争，ドローン，ロボット

　こうした内戦に加えて，近年では物理的攻撃以外の方法を組み合わせた複合的な戦争（ハイブリッド戦争）も注目されています。具体的には，ロシアが 2000 年代以降にエストニアやウクライナなどの近隣諸国で展開した攻撃がこれにあたります。この種の戦争では，インターネットを通じたサイバー攻撃や，ソーシャルメディアなどによる情報戦が積極的に活用されます。サイバー攻撃によって敵国のマスメディアやインフラを機能不全にすることで，国民生活に直接圧力を加えることができます。また，情報戦では敵国の政府の正当性を貶めたり，国民のあいだの分裂を悪化させたりして，敵国内の混乱を引き起こすことが狙いとなります。

　物理的な攻撃でも最新の科学技術が投入されています。たとえば，兵士の犠牲がともないにくいドローン（無人航空機）による偵察や空爆が一般的になり，AI（人工知能）を搭載したロボット兵器での攻撃も広まりつつあります。このように，現代の戦争の構造はますます複雑になっています。

2　カテゴリーの暴力

(1)　カテゴリーの暴力とは

　では，今度は戦争の苦しみについて考えてみましょう。多くの人間が戦争をその苦しみゆえに悪なるものとし，世界から根絶すべきだと主張します。戦争には，いったい，どういう苦しみがともなうのでしょうか。それを考える鍵が「カテゴリーの暴力」です。ここでいうカテゴリーとは，人間を属性などで分類するさまざまな枠組みのことを指します。われわれは普段，自分のカテゴリーを意識することが少ないかもしれません。ですが，一度戦争に巻き込まれると，自分のカテゴリーにともなう苦しみが迫ってきます。

　たとえば，第二次世界大戦期の日本について考えてみましょう。もしあなたが日本国籍の男性で，戦闘に参加可能な年齢と健康状態であれば，徴兵さ

れ，戦地に送られた可能性が高いでしょう。このとき，あなたは国籍，ジェンダー，年齢，身体の状態といういくつかの条件で分類され，最終的に「兵士」というカテゴリーに押し込められます。あなたは戦争に反対しているかもしれないし，人を殺すということを思想信条において絶対的に否定するかもしれません。けれども，国家はあなたを「兵士」というカテゴリーに押し込めた以上，そうした内面を考慮したりはしません。このように，人間は戦争のシステムのなかで，いくつかのカテゴリーによって分類され，暴力を行使する主体になったり，逆に暴力を行使される対象になったりします。そのことを，ここでは「カテゴリーの暴力」と呼びます。

　戦争のなかで利用されるカテゴリーにはさまざまなものがあります。たとえば，（A）国籍，民族，宗派といった所属集団のカテゴリー，（B）「兵士／文民」という戦闘の参加様態に関するカテゴリー，さらに（C）ジェンダーに沿ったカテゴリーです。以下では，これら三つのカテゴリーについて検討していきます。

(2)　所属集団のカテゴリー

　国家間の戦争では，国籍が重要なカテゴリーになります。20世紀前半の総力戦では，兵士は原則として自国の国籍をもち，それをもとに多くの地域で徴兵がおこなわれました。ただ，これも戦争の歴史のなかで，ずっと当たり前だったわけではありません。ヨーロッパでは17世紀から18世紀にかけて徐々に軍隊が傭兵から常備軍に切り替わり（ブリュア 2003），国民皆兵による徴兵もフランス革命以後，19世紀後半にかけてヨーロッパ全体に広がっていきました（Mjøset & van Holde 2002）。

　国籍と簡単にいいましたが，このカテゴリーは民族や人種と必ずしも一致しません。たとえば，第二次世界大戦期のアメリカでは，真珠湾攻撃をひとつのきっかけとして，日系アメリカ人を迫害する動きが高まり，最終的に10万人以上の日系アメリカ人が強制収容所に送られました（ナイワート 2013）。国籍がアメリカにあっても，日本とつながりのある人種や民族とみなされた人びとは，国内の「敵」というカテゴリーに押し込まれてしまった

のです。

　また，植民地という存在も非常に難しいものでした。たとえば，イギリス
の植民地であったインドはイギリス帝国の領土でしたが，そこに住む人びと
はイギリス本国に住む人びととはまったく異なる扱いを受けました。第一次
世界大戦では，多くの植民地人がイギリス帝国の兵士として動員されました
が，その扱いはイギリス本国の人びとと同じではありませんでした。戦死者
の埋葬ひとつをとっても，植民地の兵士はイギリス人兵士とはしばしば別の
カテゴリーとされ，死してもなお，差別的な扱いを受けたのです（Barrett
2014）。

　冷戦後の内戦では国籍というカテゴリーは後景に退き，民族や宗派といっ
た別のカテゴリーが前面に出てきます。そうした紛争の代表例が1990年代
に発生した旧ユーゴスラビア紛争です。当時のボスニアでは，ボシュニャク
系（ムスリム），セルビア系，クロアチア系などの民族の違いに基づき，相
互に殺し合いがおこなわれました。2000年代の中東の紛争でも，シーア派
かスンニ派かといった違いがしばしば取りざたされてきました。

　ただし，そのカテゴリーの差異が紛争の原因かどうかについては，非常に
論争的です（酒井 2018）。政治家が自分の支持を取り付けるために，民族や
宗教などのアイデンティティの差異を強調し，別の意味に読み替え，脅威と
なる存在をつくりあげてしまう場合があります。冷戦後の紛争では，こうし
たアイデンティティ・ポリティクスの事例が数多く報告されてきました。そ
のため，アイデンティティの差異が紛争の原因であると簡単に結論づけては
いけない可能性があります。いずれにせよ，総力戦であれ，内戦であれ，自
分が所属する集団のカテゴリーが自分の命運を左右するものであることに違
いはありません。

（3）　兵士／文民のカテゴリー

　いざ戦争がはじまると，問答無用で殺し合いがはじまります。しかし，国
際法（とくに国際人道法）によれば，そんな戦争にも一定のルールがありま
す。たとえば，敵の兵士だったとしても，捕虜として捕えた場合には虐殺し

てはいけません。また，武器をもたず戦闘にも参加していない「文民」というカテゴリーに属する人びとは，原則として攻撃の対象にしてはいけません。このように，国際人道法では「攻撃対象にしてよい人間」と「攻撃対象にしてはいけない人間」という二つのカテゴリーが存在します。いったい，なぜそのようなカテゴリーが生まれたのでしょうか。

　戦争において，軍隊の構成員はお互いに攻撃し合うことが想定されています。理屈のうえでは，かれらは武器をもち反撃が可能なので，殺されることも致し方ないとされます。しかし，現実の戦争は悲惨です。人びとは兵士として戦い負傷し，苦しみながら死んでいきました。19 世紀半ば，第二次イタリア独立戦争のなかで，ジュネーブ生まれのアンリ・デュナンは，そうした兵士たちの悲惨な姿を目の当たりにし，傷病者たちの救護にあたりました。そして，後に民間の救護組織として「赤十字」を設立します（井上2015）。それが世界中に広がり，各国の救護組織の設立につながったのです。赤十字の関係者らは，救護活動の実践に加えて，戦争の悲惨さを軽減するための国際法の策定を目指して活動し，それが数度にわたる国際会議と明文化を経て，最終的に「1949 年のジュネーブ諸条約」として結実しました。このジュネーブ諸条約では，軍隊などに属する戦闘員は，傷ついたり病に倒れたりした場合には看護され，捕虜として留置された場合には暴力から保護されることが規定されました。

　それでもなお，健常な兵士であれば殺害してもよいという議論には疑問が残るかもしれません。たとえ兵士であっても自発的に戦争に参加したのではなく，社会的な圧力から仕方なく戦場にいるだけかもしれません。できれば人を殺したくないと思っているかもしれない。あるいは，たいした訓練も受けさせてもらえず，武器の使い方もろくに知らないかもしれない。それでも戦場で相まみえるならば，自分が殺されるかもしれない以上，相手を攻撃せざるをえないでしょう。はたしてそれが道徳的に正しいことなのか。国際法上は正しいとしても，本当にそれでいいのか。こういった疑問はありえるでしょう。

　ところで，ジュネーブ諸条約などでは「文民」もまた保護されることが規

定されています。文民とはなんでしょうか。ここではおおよそ「武器をもたず，戦闘にも参加していない人びと」と定義しておきます。兵士と違って武器をもっていない以上，反撃ができないのだから，戦闘から保護されるのは当然だと考える読者も少なくないでしょう。しかし歴史的にみると，文民がいつどのように保護されるべきかという問題はしばしば論争の的でした。

　たとえば，19世紀の戦争では，しばしば占領と文民の関係が問題になりました。あなたの国が近隣の国を攻撃し，いくつかの町を占領したと仮定しましょう。占領した町ではあなたの国が嫌われており，住民たちは駐屯する軍隊に不満をもっています。そこで住民たちは武器を手にし，ゲリラ戦に打って出ました。クラウゼヴィッツは『戦争論』のなかで，こうした戦闘を「人民蜂起」と呼び，その特性を「抵抗体は至る所に存在するが，どこにも見つからない」（クラウゼヴィッツ 1968 下：69。ただし訳は筆者が修正）と分析しました。敵がどこからか突如襲いかかってくるゲリラ戦は，対処するのが非常に困難です。実際，1870～1871年の普仏戦争（独仏戦争）では，プロイセンがフランス市民によるゲリラ戦に苦しめられ，報復的措置をとりました。このように19世紀の戦争では，文民はしばしば占領軍に抵抗するやっかいな存在であったため，必要に応じて攻撃対象にしたのです。

　では，なぜ現在，文民は戦闘での保護対象と規定されているのでしょうか。その原因はいろいろあるのですが，最も大きな原因のひとつが大規模な空爆の開始です。空爆は20世紀初頭にヨーロッパ列強がアジア・アフリカ地域で開始しました。第一次世界大戦では，それがヨーロッパでも実施され，第二次世界大戦になると，いよいよ本格的に市街地を対象にしました。その代表例がイギリスによるドレスデン空襲です。この空襲は都市全体を徹底的に破壊することを目的とし，イギリス軍はそこで軍事的必要性と道徳的要請のあいだで激しいジレンマに直面しました。アジア・アフリカ地域ではほとんど問題にならなかったにもかかわらず，ヨーロッパが戦場になった途端，無防備な一般市民を大量に殺害することが道徳的に大きな問題となり，それが戦後，文民保護の議論につながったのです。

　こうして一見すると自明な兵士／文民のカテゴリーですが，実際の戦争で

は文民が保護されるとは限らないのが現実です。文民保護の具体的な政策と
して，安全地帯や人道回廊の設置があります。紛争当事者が攻撃を控える場
所をつくったり，文民が安全な場所に避難するための経路を確保したりする
のです。近年ではシリア紛争やウクライナ戦争でそうした試みがおこなわれ
ましたが，あまりうまくいきませんでした。それどころか，敵国の市民（あ
るいは敵の民族の構成員）に恐怖を与えるために，わざと文民を虐殺し，そ
の遺体を見せしめのごとく市街地にさらすという戦術が，ウクライナ戦争で
は問題になりました。国際法上，保護されるはずの文民を戦争の現場でどの
ように保護するか，さらには文民を計画的に虐殺した場合に，その責任をど
のように問うかが国際社会の大きな課題となっています。

(4) ジェンダーのカテゴリー

　一般的にいって，戦場で保護されるべき存在としてイメージされるのが，
子どもや女性，お年寄りです。実際，第二次世界大戦で兵士として戦場に送
り込まれた人びとの大半が男性でした。現在でも，徴兵制において男性だけ
を対象にしている国が少なくありません。内戦でいえば，旧ユーゴスラビア
紛争での最大の悲劇のひとつとしてスレブレニツァ事件がありますが，そこ
で虐殺された被害者のおよそ9割が16〜60歳の男性だったといわれていま
す（Brunborg et al. 2003：239）。総力戦でも内戦でも，一定の年齢に達した
男性は兵士になるよう強い圧力を受けたり，優先的に攻撃対象にされたりす
る傾向がみられます。

　では，戦争における女性とは，どういう存在なのでしょうか。この論点は
非常に複雑です。女性はときに兵士になり，銃後で軍需産業を支える労働者
になり，はたまた男性たちを戦地へと送り出す妻となり，新たな兵士を生み
育てる母にもなるからです。しかし，その多様な役割は女性たちが自発的に
担ったものとはいいきれません。フェミニズム研究の第一人者であるエン
ローは，国家が軍事的なシステムをつくりあげるために，社会規範を操作し
ながら，女性にさまざまな役割を担わせてきたことを明らかにしました（エ
ンロー 2006）。戦争は常に女性を必要としているのです。

　軍国主義における「妻」の役割を考えるうえで有用なのが，戦前の日本で銃後の支援体制を支えたことで知られる国防婦人会です。もともと，この組織は 1932 年に大阪の主婦たちが兵士を応援しようと 40 名あまりでつくった有志の団体でした。それが日本で軍国主義が拡大，浸透するのにともない，10 年後にはおよそ 1000 万人にまで拡大しました（藤井 1985）。「母」という役割でいえば，戦間期，フランスでは子どもをたくさん出産した母親に「フランス家族メダル」を授与し，ナチス・ドイツでも同じように「母親名誉十字章」を与え，表彰しました。いずれも人口と安全保障の論理が結びつけられた政策でした（マゾワー 2015：114-120）。

　戦争の歴史のなかであまり語られてこなかったのが，「兵士」としての女性の役割です。アレクシエーヴィチが 1984 年に発表した『戦争は女の顔をしていない』では，ソ連が第二次世界大戦でドイツと死闘を繰り広げるなか，多くの女性たちが兵士として戦った歴史を，膨大な当事者のインタビューをもとに紡ぎ出しました。女性たちはしばしばナショナリズムを動機として従軍し，男性たちに交じって戦闘に参加しました。辛うじて生き残った女性たちの多くは，重度の傷を心身に負いながらも，それをひた隠しにし，戦後ひっそりと生活してきたのです（アレクシエーヴィチ 2016）。近年では，先進国の軍隊の多くが女性の積極的な登用を目指しています。はたして，これは男女平等の規範を動機にしたものなのか，それとも入隊希望者の減少から仕方なく女性に範囲を広げただけなのか。今，戦争は女性にどのような役割を担わせているのでしょうか。

　最後に触れておかねばならないのが，「被害者」としての女性の側面です。冷戦後，性暴力が戦争犯罪のひとつとして認識されるようになりました（女性はもちろん，しばしば男性もその被害者となります）。いうまでもなく，長い戦争の歴史のなかで，数多の女性が性暴力の被害者となってきましたが，それが戦争犯罪とみなされたのは，つい最近のことです。ある勢力が敵対する民族全体を敵とみなし，その殲滅を狙う場合，レイプは民族浄化の重要な戦術となります。そうした犯罪の結果，心身に大きな傷害を負う女性が少なくありません。また，戦争被害者であるにもかかわらず，性暴力を理由に地

元の共同体で差別されることもあります。望まない妊娠・出産の結果，シングルマザーとなった女性たちが育児をしながら生き延びなければいけない事例が数多く報告されています。あるいは，難民になって国外に逃げるなかで人身売買の被害にあう事例もあります。実際，2022 年のウクライナ戦争では，ウクライナの女性たちがロシア兵から暴行を受けたり，難民として避難した先で被害にあったりしているとの報告が数多くあがりました。このように，戦争には女性を幾重にも苦しめる契機が内在しているのです。

3　戦争をなくすための試み

　ここまで戦争とはなにか，またそれにともなう苦しみがどのようなものであるかについて検討してきました。最後に，戦争をなくすために人類がどういう取り組みをおこなってきたのか考えてみましょう。そこで注目したいのが国際連合（国連）です。第二次世界大戦後，二度の大戦の反省に基づき設立された国連は，国際社会の紛争が武力衝突にいたらないよう，また武力紛争が起きてしまっても，できるかぎり早期に解決するよう，さまざまな取り組みをおこなってきました。

(1)　仲介と調査

　戦争は基本的に集団間で利害が対立し，暴力による解決方法以外に道がないとそれぞれ認識することで発生すると考えられます。しかし，軍事衝突が激化し，それぞれのアクターが疲弊してくれば，政治的な交渉の余地が再び生まれ，解決の道がみえてきます。あるいは，そもそも戦争がはじまるまえの段階で，中立な第三者が外交交渉の仲介をしていれば，戦争そのものを避けられるかもしれません。それゆえ，国連では事務総長が和平交渉の仲介役として特別代表を任命するなどして，紛争当事者の対話をうながすことがあります。
　また，国連は大規模な人権侵害が起きている場合や，紛争が本格的な武力

衝突に発展した場合，事実調査をおこないます。事実調査によって人権侵害や紛争の全体像を明らかにし，必要に応じてそれを公表し，当事者に自制をうながします。もし武力紛争が深刻な場合には，国連の安全保障理事会（安保理）がなんらかの制裁を検討することになりますが，その場合でもまずは事実調査が重要になります。2022 年のウクライナ戦争に際しても，国連のいくつかの組織がすぐに戦争犯罪などの事実調査を開始しました。

多くの戦争がなかなか終わらないことから，国連の無力を非難する声がしばしば上がります。しかし，国連は世界政府でも警察でもありません。戦争に直面した際に国連が自由に使えるのは，言葉と信頼だけなのです。

(2)　資金と武器の制限

強制力を自由に使えない国連ですが，安保理の権限だけは非常に強いものです。アメリカ，ロシア，中国，イギリス，フランスといった常任理事国に，各地域から選出された非常任理事国 10 ヵ国を合わせた安全保障理事会は，国連加盟国に対して，法的拘束力のある決議を発出することができます。ですから，戦争の防止や終結をうながすうえで非常に重要な組織なのです。

戦争には多額の資金や武器が必要です。そうであるならば，国連は安保理決議を通じて，戦争を支えている資金や武器を止めればいいはずです。実際，そうした試みがおこなわれてきました。たとえば，南スーダンの内戦にともない，安保理は 2018 年 7 月に決議 2428 号を発出し，武器などの禁輸措置を実施しました。ただ，こうした経済的な制裁が紛争の停止に決定的な効果があるとは必ずしもいえません。歴史的にみれば，国連の前身である国際連盟にも経済制裁の機能は存在し，イタリアのエチオピア侵攻の際に実施されたことが知られています。2022 年のウクライナ戦争では，ロシアが安保理の常任理事国であったため，経済制裁の決議が実現せず，欧米や日本などが協力して経済制裁を実行しました。しかし，それによってすぐに戦争が止まることはありませんでした。

(3)　平和維持活動と国際刑事裁判

　紛争当事者間で運よく和平合意がまとまると，国連は平和維持活動
（PKO）を通じて停戦を監視したり，国家の再建を支援したりすることがで
きます。PKO とはもともと，停戦の監視をおこなうべく，国連に加盟して
いる中小国が要員を紛争地に派遣する活動として 1948 年にはじまりまし
た。PKO は国連憲章上の規定がありません。その代わり，そのつど，安保
理決議に基づき，加盟国から要員を集めて実施してきました。それが制度化
し，現在にいたっています。冷戦終結後におこなわれた大規模な PKO の多
くは，紛争（後）地域で国家の再建を通じて紛争の構造的な要因を取り除く
ことを目的としました（上杉・藤重 2018）。

　たとえば，PKO の代表的な活動に選挙実施の支援があります。内戦が終
わりに近づくと，戦後，だれが権力を握るのかが問題になります。選挙はそ
の権力配分を決めるための方法ですが，やり方次第で当事者が結果に満足せ
ず，内戦に逆戻りする可能性があります。それゆえ，国連の支援で，選挙の
制度と実施をできるかぎり公平かつ正当なものにしなければなりません。

　また，紛争当事者の武装や動員の解除，さらに平時の社会への復帰をうな
がす活動も非常に重要です。戦争では軽火器が社会の隅々まで行き渡ってし
まっています。それを回収し，できるだけ暴力の手段を国家に独占させるよ
う努力しないと，すぐに戦争に逆戻りする恐れがあります。また，兵士たち
が暴力を放棄するには，かれらが平時の社会で十分に食べていけるようにし
なければなりません。また，子ども兵の事例では，武装や動員の解除ととも
に，心のケアも重要になります。

　その一方で，武装や動員の解除に応じず，和平合意を反故にしようとする
勢力もたびたび出現します。こうした勢力に対して，PKO の部隊はしばし
ば軍事力を行使する必要に迫られます。部隊の自衛に加え，現地の一般市民
に虐殺の危機が迫っている場合には，安保理決議に基づき，軍事力で対抗す
ることも求められます（文民の保護）。それゆえ，戦中と戦後の境界線は，冷
戦後の戦争では曖昧なことが非常に多いのです。PKO がどの程度の軍事力

を必要とするのかは重要な論点です。

　戦争被害にあった数多くの女性への対応も，平時への復帰には欠かすことができません。性暴力を受けた女性，シングルマザーとして生計を立てていかねばならない女性，兵士として戦った女性，さまざまな立場や境遇の女性をケアすることが，平和への近道となります。2000年10月には，安保理が初めて決議1325号で，戦争が女性に与えるさまざまな影響に焦点をあてました。これ以後，国連は女性のケアの問題に多くの注意を払ってきました。

　では，戦争中の人権侵害や国際人道法の違反行為はどうなるのでしょうか。戦争で難しいのは，戦後も人権侵害や国際人道法の違反行為をおこなった人びとが権力の座にとどまる可能性が高いことです。秩序を守るためには，正義を無視しなければいけないのでしょうか。そこで登場したのが国際刑事裁判です。国際刑事裁判の歴史は，第二次世界大戦にともなうニュルンベルク裁判や東京裁判にまでさかのぼることができます（構想だけでいえば，第一世界大戦後にも存在しました）（Bass 2000）。

　冷戦後の代表的な事例としては，旧ユーゴスラビア国際刑事裁判所（ICTY）の活動があげられます。ICTYは1993年，安保理決議に基づき設立され，旧ユーゴスラビア紛争に際して，大量虐殺，戦争犯罪，人道に対する罪などを犯した人びとを訴追するものでした。この一連の裁判のなかで，性暴力も遂に処罰の対象となりました。また1998年，「国際刑事裁判所ローマ規程」に基づき，常設の国際刑事裁判所（ICC）がつくられたことも，正義の実現の点では重要な進歩でした。ただ，ICCが大国の利害が対立する戦争に際して，どこまで戦争犯罪を裁くことができるのかが大きな課題となっています。

　戦争は国連憲章によって違法化されましたが，今なお世界中で発生しています。戦争は人間をさまざまなカテゴリーによって分類し，暴力のただなかにおきます。無数の人命を犠牲にしながら，それでもなおつづく，極めて厄介な社会現象です。国連を中心に，その社会現象をなくすための取り組みがつづいています。わたしたちがそこから逃れられないとすれば，まずはその歴史と現在を直視することからはじめなければならないはずです。

参考文献

アトワーン，A　2015『イスラーム国』中田考監訳，春日雄宇訳，集英社インターナショナル。

アレクシエーヴィチ，S　2016『戦争は女の顔をしていない』三浦みどり訳，岩波書店。

井上忠男　2015『戦争と国際人道法――その歴史と赤十字のあゆみ』東信堂。

上杉勇司・藤重博美編　2018『国際平和協力入門――国際社会への貢献と日本の課題』ミネルヴァ書房。

エンロー，C　2006『策略――女性を軍事化する国際政治』佐藤文香訳，岩波書店。

カルドー，M　2003『新戦争論』山本武彦・渡部正樹訳，岩波書店。

クラウゼヴィッツ　1968『戦争論』上中下巻，篠田英雄訳，岩波書店。

酒井啓子　2018『9.11後の現代史』講談社。

ナイワート，D・A　2013『ストロベリー・デイズ――日系アメリカ人強制収容の記憶』ラッセル秀子訳，みすず書房。

バーク，J　2016『21世紀のイスラム過激派――アルカイダからイスラム国まで』木村一浩訳，白水社。

藤井忠俊　1985『国防婦人会――日の丸とカッポウ着』岩波書店。

ブリュア，J　2003『財政＝軍事国家の衝撃――戦争・カネ・イギリス国家1688-1783』大久保桂子訳，名古屋大学出版会。

マクニール，W・H　2014『戦争の世界史――技術と軍隊と社会』上下巻，高橋均訳，中央公論新社。

マゾワー，M　2015『暗黒の大陸――ヨーロッパの20世紀』中田瑞穂・網谷龍介訳，未來社。

Barrett, M. 2014. "White Graves" and Natives: The imperial war graves commission in East and West Africa, 1918-1939. In P. Cornish & N. J. Saunders (eds)., *Bodies in Conflict*. London: Routledge, pp.80-90.

Bass, G. J. 2000. *Stay the Hand of Vengeance: The Politics of War Crimes Tribunals*. Princeton, N. J.: Princeton University Press.

Brunborg, H., T. H. Lyngstad & H. Urdal 2003. Accounting for genocide: How many were killed in Srebrenica? *European Journal of Population* 19: 229-248.

Mac Ginty, R. 2017. A material turn in international relations: The 4x4, intervention and resistance. *Review of International Studies* 43 (5): 855-874.

Mjøset, L. & S. Van Holde 2002. Killing for the state, dying for the nation: An introductory essay on the life cycle of conscription into Europe's armed forces. *The Comparative Study of Conscription in the Armed Forces* 20: 3-94.

Wilson, W. 1984. *The Papers of Woodrow Wilson*, vol.45., A. S. Link et al. (eds.), Princeton: Princeton University Press.

●推薦図書—— 一歩先に踏み出すために

入江昭『20世紀の戦争と平和』
　　本書では19世紀末から20世紀にかけて，戦争がどのように発生し，いかな
　　るかたちで平和が追求されてきたのか，非常に明快に論じられています。[東
　　京大学出版会，2000]

木畑洋一『20世紀の歴史』
　　本書は欧米だけでなく，アジア・アフリカを含めたグローバルな国際政治の
　　歴史をわかりやすく，かつダイナミックに描いています。[岩波書店，2014]

篠田英朗『平和構築入門——その思想と方法を問いなおす』
　　本書では，冷戦後も世界各地で発生するさまざまな戦争に対して，国際社会
　　がどのような方法でその解決に取り組んできたのか，その文脈と思想を学ぶ
　　ことができます。[筑摩書房，2013]

あとがき

　本書の企画をいただいたのは，3年前の初春のことであった。私は，前著を上梓したあとで疲れも取れず，職場も多忙を極めていて，少しばかり考えた。なにより，入門書を書くなど，私の力の及ぶところではないと思われた。

　それでもお引き受けしたのは，編集者の松井久見子さんの熱量におされてというのと，最近しばしば感じるようになってきた，いわゆる素朴実証主義に対するある種の居心地の悪さゆえに，である。

　居心地の悪さとは，自分自身に対するそれである。私こそ，素朴実証主義を地で行くような学者の端くれだ。実証史学は骨が折れるが，これほどたのしいことはないと思っている。熱中していたらいつのまにかというのが本音だが，長くやっていれば自己を省みるときもある。とくに近年，歴史否認主義の台頭をまえに歴史学はなにができるか，そのスタンスやアプローチは同業者のあいだでもさまざまだったので，悩むことも多かった。

　そうした諸々を整理するよい機会かもしれないと，いささか省察的な思いにかられて本書第1章を書いてはみたが，案の定，活字にしてみれば心許ない。「後悔先に立たず」である。読者からの叱正を乞う。

　ただ，それでも本書がだれにでもひらかれた歴史学入門として，その役割をいくらかでも果たすことができるとすれば，なにより今この本を読んでくださっている読者のおかげである。そして，そうした読者との縁を結んでくださった執筆者のおかげである。この場を借りて深く御礼申し上げたい。みな第一線で活躍する執筆陣である。よくもこんなにすごい書き手が呼びかけに応じてご参集いただき，魅力的な論考を寄せてくださったものだと，編者としての立場も忘れて感動しながら，このあとがきを書いている。

　もっとも，心残りがないわけではない。少なくとも二つある。まず，「歴史学入門の入門」的な位置づけとはいえ，論点選別の偏りは否めない。いわゆる日本史プロパーの論考はない。物語や心性史や資料論も，環境問題と

いった重要な今日的課題をカバーする論考も，収めることはできなかった。

　もうひとつは，自分も含めて（シス）男性執筆者数の割合が高くなってしまったことだ。「男性中心の歴史」そのものがながらく現代歴史学の課題のひとつであったはずなのに，その歴史学のたのしさや効用を社会にアピールしようとする本書がこれでは，弁解の余地もない。

　これらの心残りは，ひとえに編者である私の力量不足の結果である。それでも，現状できうるかぎりで，そうした不足を補って余りある優れた論考を揃えた本になったと自負している。執筆者各位に加えて，最初に話をもってきてくださった松井さんには感謝の言葉しかない。本書は当初，大学生の教科書を念頭においた企画だった。私のほうから，もっと幅広い読者層に歴史学の魅力を伝えたいとお願いした。そんな勝手な逆提案を快く受け止め，コロナ禍でさまざまに制限されながらも辛抱強くおつきあいくださった昭和堂のみなさんには，あらためて深く感謝申し上げたい。

　本書はそうして3年越しでようやく世に送り出すことができた，だれにでもひらかれた歴史学入門である。大学の授業でも使えるように，14章にまとめた。1セメスターで，十分に深掘りできるコンテンツである。史学専攻かどうかにかかわらず，大学生に読んでもらいたい。もちろん，これから本格的に学ぶ高校生や，自分で学びなおしをしたい社会人にとっても使い勝手のよい有意義な本であればと願う。あるいは本書が歴史学の専門書を手に取る最後の機会になるかもしれない多くの読者も想定して書かれている。

　その意味では，じつは私の身近にこそ，そうした想定読者のひとりがいる。現役高校生の息子である。ゲームなどの歴史コンテンツは好きだけれど，歴史の授業が大好きだというそぶりはみせない。そんな彼が，本書を読んだらどんな感想をもつだろうか。「歴史学っておもしろそうだね」といってくれるだろうか……そんなことを考えていると，たのしくもあり，怖くもある，のである。

　2023年5月

編者　前川一郎

索　引

事項索引

あ行

アジア停滞論　67

アストロラーベ　82

アナール学派　63, 214

アボリジナル・アートセンター　184

アメリカ（合衆国）　25-26, 45, 55, 73, 78, 80, 83, 88, 104, 106, 108-109, 112, 117-118, 120-121, 142, 170, 173-174, 176, 178-180, 184-185, 198, 210, 213, 217, 220-221, 233-234, 245-247, 249, 256

　──独立革命　170, 174

慰安婦　14, 76, 123-124, 126, 128

家永教科書裁判　116-119

イギリス　23, 26, 28, 30-32, 45, 52-53, 67, 78-80, 83, 87, 99-102, 105, 109, 111, 118-119, 139-147, 170, 173, 180, 187, 198, 208, 213-215, 217-220, 224, 228, 231, 235, 239, 246, 250, 252, 256

移民　161, 169-170, 177-178, 180-181, 187

インド洋　74, 76-77, 84-89, 91-92, 94

ウィリアムズ・テーゼ　220

ウクライナ　125, 149, 164, 225, 233-234, 237-238, 243, 246, 248, 253, 255-256

エスノ象徴主義　153-154

エタ→「非人」もみよ　171-172

『エリュトラー海案内記』　86

沖縄戦　117-122, 126

オリエンタリズム　72

か行

海禁　132-133, 137

海洋中心史観　1, 77, 83

科学　1, 5, 8, 11-12, 21, 41-57, 62, 64, 67, 69, 72, 99, 117, 147, 173, 192-195, 230, 248

　──革命　47, 49

　──史　1, 12, 41, 43-44, 46-47, 49-51, 55, 57

　インターナルな──史　43-44

　エクスターナルな──史　44

　──思想史　43-44

　──の学説史　43, 52

　──のジェンダー史　46

　──の制度史　44-46

　──の文化史　44-46

閣議決定　123-124

格差　55, 100, 104, 129, 167, 209-211, 213, 217-219, 221-222, 226

学習指導要領　115-116, 125

カスタス制度　175-176

263

人名索引

■執筆者紹介（執筆順）

前川一郎　　　　　　　　　　はしがき，第Ⅰ部・Ⅱ部トビラ，第1章，第13章，あとがき
　　＊編者紹介参照

小林和夫（こばやし・かずお）　　　　　　　　　　　　　　　　第2章，第12章
　現在，早稲田大学政治経済学術院准教授，Ph. D.（経済史）。専攻はアフリカ経済史，グ
　ローバル経済史。
　主な業績：『奴隷貿易をこえて——西アフリカ・インド綿布・世界経済』（名古屋大学出版会，
　2021年），*Indian Cotton Textiles in West Africa: African Agency, Consumer Demand and
　the Making of the Global Economy, 1750-1850*（Cham: Palgrave Macmillan, 2019），『岩
　波講座　世界歴史11　構造化される世界——14〜19世紀』（分担執筆，岩波書店，2022
　年）など。

隠岐さや香（おき・さやか）　　　　　　　　　　　　　　　　　　　第3章
　現在，東京大学教育学研究科教授，博士（学術）。専攻は初期近代フランス科学史，科学技
　術社会論。
　主な業績："Les finances de l'Académie Royale des Sciences: histoire des tentatives
　d'obtention d'un financement durable pour les institutions scientifiques"（*Annales
　historiques de la Révolution française*, 2022/1, No.407, pp.29-53），『文系と理系はなぜ分か
　れたか』（星海社新書，2018年），『科学アカデミーと「有用な科学」』（名古屋大学出版会，
　2011年）など。

浅田進史（あさだ・しんじ）　　　　　　　　　　　　　　　　　　　第4章
　現在，駒澤大学経済学部教授，博士（学術）。専攻はドイツ植民地主義，ドイツ＝東アジア
　関係史。
　主な業績：『グローバル経済史にジェンダー視点を接続する』（編著，日本経済評論社，2020
　年），"The Siege of Qingdao: Mobilization and War Experiences in a German Leasehold in
　China during World War I"（*monde(s)*, 2016, No.9, pp.75-92），『ドイツ統治下の青島——経
　済的自由主義と植民地社会秩序』（東京大学出版会，2011年）など。

鈴木英明（すずき・ひであき）　　　　　　　　　　　　　　　　　　第5章
　現在，国立民族学博物館グローバル現象研究部准教授，博士（文学）。専攻はインド洋海域
　世界史，グローバル・ヒストリー。
　主な業績：『解放しない人びと，解放されない人びと——奴隷廃止の世界史』（東京大学出
　版会，2020年），『東アジア海域から眺望する世界史——ネットワークと海域』（編著，明
　石書店，2019年），*Slave Trade Profiteers in the Western Indian Ocean: Suppression and
　Resistance in the Nineteenth Century*（Cham: Palgrave Macmillan, 2017）など。

馬路智仁（ばじ・ともひと）　　　　　　　　　　　　　　　　　　第6章

現在，東京大学大学院総合文化研究科准教授，Ph. D. (Politics and International Studies)。専攻は政治思想史，国際関係思想史。

主な業績：*The International Thought of Alfred Zimmern: Classicism, Zionism and the Shadow of Commonwealth* (Cham, Switzerland: Palgrave Macmillan, 2021), "Colonial Policy Studies in Japan: Racial Visions of Nan'yo, or the Early Creation of a Global South" (*International Affairs*, 2022, Vol.98, No.1, pp.165-182), "The British Commonwealth as Liberal International Avatar: With the Spines of Burke" (*History of European Ideas*, 2020, Vol.46, No.5, pp.649-665) など。

平井美津子（ひらい・みつこ）　　　　　　　　　　　　　　　　　第7章

現在，大阪府公立中学校教諭，大阪大学・大阪公立大学・立命館大学非常勤講師。専攻は教科書問題，「慰安婦」問題。

主な業績：『「慰安婦」問題を子どもにどう教えるか』（高文研，2017年），『事典　太平洋戦争と子どもたち』（編著，吉川弘文館，2022年），『植民地化・脱植民地化の比較史——フランス―アルジェリアと日本―朝鮮関係を中心に』（共著，藤原書店，2023年）など。

太田　淳（おおた・あつし）　　　　　　　　　　　　　　　　　　第8章

現在，慶應義塾大学経済学部教授，Ph. D. (History)。専攻はインドネシア史，グローバル・ヒストリー。

主な業績：『近世東南アジア世界の変容——グローバル経済とジャワ島地域社会』（名古屋大学出版会，2014年），*In the Name of the Battle against Piracy: Ideas and Practices in State Monopoly of Maritime Violence in Europe and Asia in the Period of Transition* (編著，Leiden and Boston: Brill, 2018)，『岩波講座　世界歴史12　東アジアと東南アジアの近世——15〜18世紀』（分担執筆，岩波書店，2022年）など。

中澤達哉（なかざわ・たつや）　　　　　　　　　　　　　　　　　第9章

現在，早稲田大学文学学術院教授，博士（文学）。専攻は中・東欧近世近代史，ナショナリズム論。

主な業績：『近代スロヴァキア国民形成思想史研究——「歴史なき民」の近代国民法人説』（刀水書房，2009年），『ハプスブルク帝国政治文化史——継承される正統性』（共編，昭和堂，2012年），『王のいる共和政——ジャコバン再考』（共編，岩波書店，2022年）など。

藤川隆男（ふじかわ・たかお）　　　　　　　　　　　　　　　　　第10章

現在，大阪大学大学院人文学研究科教授，専攻はオーストラリア史，デジタル・ヒストリー。

主な業績：『妖獣バニヤップの歴史——オーストラリア先住民と白人侵略者のあいだに』（刀水書房，2016年），『人種差別の世界史——白人性とは何か』（刀水書房，2011年），『アニメで読む世界史2』（共編，山川出版社，2015年）など。

小田原琳（おだわら・りん）　　　　　　　　　　　　　　　　　　　　　第 11 章
　　現在，東京外国語大学総合国際学研究院教授，博士（学術）。専攻はイタリア近現代史，ジェンダー史。
　　主な業績：『ブラック・ライヴズ・マターから学ぶ——アメリカからグローバル世界へ』（分担執筆，東京外国語大学出版会，2022 年），"A Challenging Conversation between Feminists and People with Disabilities: Fight for the Reproductive Rights and Fight against Eugenics in Postwar Japan" (*DEP: Deportate, Esuli, Profughe*, 2021, Vol.47, pp.169-174)，『コロナの時代の歴史学』（分担執筆，績文堂出版，2020 年）など。

五十嵐元道（いがらし・もとみち）　　　　　　　　　　　　　　　　　　第 14 章
　　現在，関西大学政策創造学部教授，Ph. D (IR)。専攻は国際関係論，安全保障。
　　主な業績：『批判的安全保障論——アプローチとイシューを理解する』（共著，法律文化社，2022 年），『支配する人道主義——植民地統治から平和構築まで』（岩波書店，2016 年）など。

■編者紹介

前川一郎（まえかわ・いちろう）
　　1969年生まれ。現在，立命館大学グローバル教養学部教授，博士（人文学）。専攻はイギリス帝国史，歴史認識問題。
　　主な業績：『教養としての歴史問題』（編著，東洋経済新報社，2020年），"Cold War and Decolonisation: The British Response to Soviet Union Anti-colonialism in Sub-Saharan Africa"（*The Journal of Imperial and Commonwealth History*, 2023, Vol.51, No.1, pp.182–210）, "Neo-Colonialism Reconsidered: A Case Study of East Africa in the 1960s and 1970s"（*The Journal of Imperial and Commonwealth History*, 2015, Vol.43, No.2, pp.317–341）など。

歴史学入門
だれにでもひらかれた 14 講

2023 年 8 月 10 日　初版第 1 刷発行
2024 年 5 月 30 日　初版第 2 刷発行

編　者　前 川 一 郎

発行者　杉 田 啓 三

〒 607-8494　京都市山科区日ノ岡堤谷町 3-1
発行所　株式会社　昭和堂
TEL（075）502-7500 ／ FAX（075）502-7501
ホームページ　http://www.showado-kyoto.jp

© 前川一郎ほか　2023　　　装幀・絵：竹中尚史　印刷：亜細亜印刷

ISBN978-4-8122-2219-5

＊乱丁・落丁本はお取り替えいたします。

Printed in Japan

マッカロック
コーワン 著 イギリス教育学の社会史
学問としての在り方をめぐる葛藤 定価4180円

北原靖明 著 北インド高原の物語
イギリス植民地時代に生きた人々の記録 定価3960円

レヴァイン 著 イギリス帝国史
移民・ジェンダー・植民地へのまなざしから 定価2970円

水戸部由枝 著 近代ドイツ史にみるセクシュアリティと政治
性道徳をめぐる葛藤と挑戦 定価6380円

イタリア史研究会 編 イタリア史のフロンティア 定価3850円

北川勝彦 他編 概説世界経済史［改訂版］ 定価2530円

昭和堂
（表示価格は税込）